MYTHOLOGIE GRECQUE ET ROMAINE

INTRODUCTION FACILE ET MÉTHODIQUE À LA
LECTURE DES POÈTES

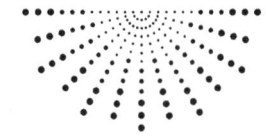

JEAN HUMBERT

ALICIA EDITIONS

TABLE DES MATIÈRES

SECTION DEUXIÈME : DIEUX DU SECOND ORDRE

Partie I
DIEUX CHAMPÊTRES

Partie II
DIEUX MARINS

Partie III
DIEUX DOMESTIQUES

SECTION TROISIÈME : HÉROS ET DEMI-DIEUX

SECTION QUATRIÈME : PRINCIPAUX PERSONNAGES DE L'ILIADE, DE L'ODYSSÉE ET DE L'ÉNÉIDE

SECTION CINQUIÈME : MÉTAMORPHOSES DIVERSES D'APRÈS OVIDE

SECTION SIXIÈME ET DERNIÈRE : CONTES ET FAITS DÉTACHÉS

PRÉFACE

Voici un petit volume qui a obtenu en France et en Suisse de flatteurs encouragements. La première édition, publiée sous forme de dictionnaire, fut promptement épuisée ; la seconde, disposée par ordre de matières, mérita l'approbation du Conseil royal, qui décida qu'elle pourrait être donnée en prix dans les écoles. En même temps la Société des Méthodes daignait la faire examiner par une Commission, et lui accorder une mention très-honorable. Vers 1840, l'Académie de Genève et celle de Lausanne, sans que j'eusse fait auprès de MM. les recteurs aucune démarche, ni adressé aucune demande, l'introduisirent comme obligatoire dans leurs collèges respectifs, où elle s'est dès lors maintenue. Enfin, plusieurs maîtresses de pension, qui avaient répugné à permettre l'enseignement mythologique dans leurs établissements, ne firent aucune objection contre mon livre, qu'elles adoptèrent dès son apparition, en me remerciant par lettres de leur avoir fourni le moyen de combler une lacune dans les études littéraires de leurs élèves.

Ces témoignages de faveur donnés à ce Manuel ne m'ont point fermé les yeux sur ses défauts, que je reconnais et que j'avoue, mais que j'ai sensiblement atténués dans cette nouvelle édition, œuvre de patience et de conscience. L'addition de quatre-vingts articles ou portions d'articles, le style amélioré à chaque page, l'adoucissement de plusieurs expressions qui avaient pu déplaire, une meilleure division dans les chapitres, font presque de cette troisième édition un nouveau livre.

J'avais, pour me soutenir dans ma tâche, l'ardent désir d'être utile à cette jeunesse aux mains de laquelle on a trop souvent confié des Mythologies inconvenantes ou insipides, remplies de noms à peine connus, de faits présentés sans ordre et sans choix. Je voulais tenter une voie nouvelle, essayer un livre qui pût instruire sans ennui, qui fût clair avec décence, où la narration s'animât, et où l'unité de récit, ce point capital, ne fût pas sacrifiée. L'érudition proprement dite devenait étrangère à ce plan, et je n'ai rien eu à emprunter aux Grimm ni aux Creuzer. J'ai dirigé ailleurs mes recherches ; j'ai puisé dans les poètes latins et grecs, dans Ovide,

Virgile, Horace, Homère, sans négliger les Mythologies françaises qui pouvaient faciliter mon travail ou l'enrichir.

Jaloux de bien faire, j'ai beaucoup effacé et corrigé ; mais plus jaloux encore d'un repos qui m'est devenu indispensable, j'eusse mieux aimé laisser la tâche à un autre, et m'abstenir d'une nouvelle publication. Il vient un âge où l'on n'imprime qu'avec défiance ; un âge où l'on respecte le public, et où l'on voit ce qu'il y a de difficultés dans les compositions même les moins ambitieuses et les plus chétives. La vie littéraire apparaît alors dans son vrai jour ; on regrette d'avoir trop vite imprimé et trop imprimé ; d'avoir compromis, souvent en pure perte, sa tranquillité et ses forces, et l'on ne demande plus au Ciel, comme le nautonier d' Horace, que de goûter enfin, après cette vaine agitation, un calme véritable, un calme bienfaisant et réparateur.

Paris, le 7 septembre 1847.

SECTION PRÉLIMINAIRE : LE CHAOS - DES DIVERSES CLASSES DE DIEU

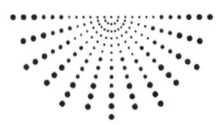

LE CHAOS

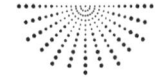

Au commencement du monde, disent les anciens auteurs, la nature entière n'était qu'une masse informe appelée Chaos. Les éléments étaient confondus : le soleil ne répandait point sa lumière, la terre n'était pas suspendue dans les airs, et la mer était sans rivages. Le froid et le chaud, le sec et l'humide, les corps pesants et les corps légers se mêlaient et s'entre-choquaient continuellement, lorsqu'un dieu, pour mettre fin à cette lutte prolongée, sépara le ciel d'avec la terre, la terre d'avec les eaux, et l'air le plus pur d'avec l'air le plus grossier. Une volonté toute-puissante façonna le globe, forma les fontaines, les étangs, les lacs et les fleuves, commanda aux campagnes de s'étendre, aux arbres de se couvrir de feuilles, aux montagnes d'élever leurs cimes, aux vallées de s'abaisser. Les astres brillèrent dans le firmament, les poissons habitèrent les eaux, les quadrupèdes eurent la terre pour demeure, et les oiseaux voltigeant dans l'air, y commencèrent des chants harmonieux. L'univers fut ainsi créé, et les dieux veillèrent à sa conservation.

DES DIVERSES CLASSES DE DIEUX

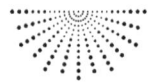

Les païens divisaient leurs DIEUX en trois classes : les Grands dieux, les dieux Inférieurs et les Demi-dieux.

I. **Les GRANDS DIEUX ou DIEUX SUPÉRIEURS** étaient au nombre de vingt-deux, dont *douze* seulement composaient la cour céleste et y pouvaient délibérer ; savoir, parmi les déesses : Cybèle (ou Vesta), Junon, Cérès, Minerve, Vénus et Diane ; parmi les dieux, Jupiter, Neptune, Vulcain, Mars, Apollon et Mercure. Les *dix* autres appelés *Selecti* ou *dieux d'élite, dieux choisis,* partageaient avec les douze grandes divinités le privilège d'être représentés en or, en argent et en ivoire. C'étaient : Le Ciel (ou Uranus), Saturne, Pluton, Bacchus, Janus, les Muses, le Destin et Thémis[1].

II. **Les DIEUX INFÉRIEURS ou DIEUX DU SECOND ORDRE** se divisaient en dieux Champêtres, dieux Marins, dieux Domestiques et dieux Allégoriques.

III. On appelait **HÉROS ou DEMI-DIEUX** les hommes nés d'un dieu et d'une mortelle, ou d'un mortel et d'une déesse, comme Hercule, Pollux, Énée ; et ce nom s'étendit plus tard à de simples hommes qui avaient mérité par des actions d'éclat d'être admis au ciel après leur mort.

---

1. Les mythologues varient sur la composition de cette liste : quelques-uns remplacent Thémis et les Muses par *Génius* et *Proserpine*.

SECTION PREMIÈRE : DIEUX SUPÉRIEURS

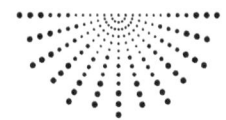

- *§ 22. Thémis*

§ 1. LE CIEL ET LA TERRE

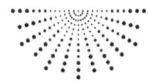

L e plus ancien des dieux était le Ciel ou Cœlus, qui épousa la Terre ou Titéa. De ce mariage naquirent deux filles, nommées Cybèle et Thémis, et un grand nombre de fils, entre lesquels Titan, l'aîné de tous, Saturne, l'Océan, et Japet, sont les plus célèbres.

Cœlus, qui redoutait la puissance, le génie et l'audace de ses fils, les traita avec dureté, les persécuta sans relâche, et enfin les emprisonna dans des cachots souterrains. *Titéa* n'osait se déclarer en leur faveur. A la fin pourtant, touchée de leur sort, elle s'enhardit, brisa leurs chaînes, et leur fournit des armes contre Cœlus. Saturne attaqua ce père cruel, le réduisit à l'état de serviteur, et occupa le trône du monde.

§ 2. SATURNE

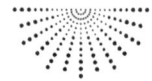

Titan et Saturne étaient frères, mais Titan, comme l'aîné de la famille, prétendait régner. Leur mère, qui avait une prédilection pour Saturne, mit en usage tant de supplications et de caresses que Titan consentit à se désister de l'empire, pourvu que son frère à son tour prît l'engagement de n'élever aucun enfant mâle, et qu'ainsi la royauté retournât un jour aux Titans. Saturne accepta cette convention, et se mit à dévorer ses fils aussitôt qu'ils avaient vu le jour.

Cybèle, femme de Saturne, ne put voir froidement cette atrocité ; elle trompa la vigilance de son époux, et substitua à Jupiter dont elle venait d'accoucher, une pierre emmaillotée, que Saturne avala sans se douter de la ruse. Jupiter, porté clandestinement dans l'île de Crète, y fut allaité par une chèvre nommée Amalthée ; et pour que les cris du petit enfant ne fussent pas entendus de Saturne, les *Corybantes*, prêtres de Cybèle, faisaient retentir l'air du bruit des cymbales, des sonnettes et des tambours, ou dansaient près du berceau, en frappant de leurs lances leurs boucliers. La supercherie fut cependant découverte ; et Titan, courroucé contre un frère qu'il croyait parjure, lui déclara la guerre, le vainquit, et le fit prisonnier.

Jupiter, parvenu à l'âge de l'adolescence, envisageait avec douleur l'esclavage où Saturne gémissait, et il se prépara à l'en délivrer. Il assemble une armée, attaque les Titans, les précipite de l'Olympe, et fait asseoir de nouveau son père sur le trône. Mais Saturne jouissait peu de cette gloire : il avait appris des destins qu'un de ses fils le détrônerait ; et cette pensée, empoisonnant son existence, lui faisait voir d'un œil de jalousie la valeur que déployait Jupiter dans un âge encore si tendre. La crainte ferma son cœur aux sentiments de la nature : il dressa des embûches à un fils digne de son amour. Jupiter, adroit, actif et courageux, évita les pièges ; et, après avoir vainement essayé toutes les voies de conciliation, ne garda plus de ménagement, livra bataille à Saturne, le chassa du ciel et s'établit pour jamais monarque des cieux.

Le dieu détrôné alla cacher sa défaite en Italie, près du roi *Janus*, qui le reçut avec amitié, et daigna même partager avec lui le pouvoir souverain. Saturne, de son côté, touché d'un accueil si généreux, appliqua ses soins à civiliser le Latium (c'est la contrée où régnait Janus), et enseigna à ses grossiers habitants divers arts utiles. On appela *Age d'or* cette heureuse époque. Alors, point de lois écrites, point de tribunaux, point de juges ; la justice et les mœurs respectées ; l'abondance, la paix, l'égalité, maintenues. La terre, sans être déchirée par le soc, fournissait toute espèce de fruits ; un printemps perpétuel souriait à la nature ;

> *La vigne offrait partout des grappes toujours pleines,*
> *Et des ruisseaux de lait serpentaient dans les plaines.*

— BOILEAU

Cet âge d'or dura peu. L'*Age d'argent* le remplaça. L'année fut partagée en saisons ; les vents glacés et les brûlantes chaleurs se firent sentir tour à tour ; il fallut cultiver la terre et l'arroser des sueurs de l'ouvrier. A ces deux âges succéda celui d'*Airain*. Les hommes devenus farouches respirèrent les batailles et recherchèrent le gain, sans s'abandonner pourtant aux excès qui ont caractérisé l'*Age de fer*. Dans ce dernier âge, la bonne foi, bannie de la terre, fit place à la trahison et à la violence ; on ne vécut que de brigandages. La discorde se glissa entre les plus proches parents ; le fils osa attenter aux jours de son père, la marâtre à ceux de sa belle-fille. La piété fut tournée en dérision ; et Astrée quitta en soupirant un séjour souillé de forfaits[1].

— *Saturne* est une image ou emblème du temps. C'est pourquoi on le représente comme un vieillard sec et décharné, dont le visage est triste, la tête courbée. Dans sa main est une faux, qui signifie que le temps détruit tout ; il a des ailes et tient une sorte d'horloge, pour indiquer la fuite des ans ; enfin il dévore ses *enfants*, pour marquer que le temps engloutit les jours, les mois, les siècles, à mesure qu'il les produit.

Les fêtes de Saturne, appelées Saturnales chez les Romains, commençaient le seize de décembre, et duraient trois jours, pendant lesquels on fermait les tribunaux et les écoles publiques, on suspendait l'exécution des criminels, et l'on n'exerçait d'autre art que celui de la cuisine. Les festins, les jeux, le plaisir, régnaient partout. Durant ces fêtes, qui rappelaient l'égalité et la liberté de l'âge d'or, les esclaves étaient servis à table par leurs maîtres, auxquels ils pouvaient dire impunément des vérités dures, ou lancer des malices et des épigrammes mordantes.

---

1. Voyez même section, § 22.

§ 3. CYBÈLE

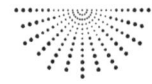

YBÈLE OU RHÉA, sœur et femme de Saturne, a plusieurs noms chez les poètes. Elle est appelée *Dindymène, Bérécynthie* et *Idéa*, de trois montagnes de Phrygie (Dindyme, Bérécynthe et Ida), où elle était principalement adorée. Elle est aussi appelée la *Grande-Mère*, parce que la plupart des dieux du premier ordre lui doivent la naissance, entre autres Jupiter, Neptune, Pluton, Junon, Cérès et Vesta[1]. Enfin on la nomme *Tellus* et *Ops*, parce qu'elle présidait à la terre, et procurait aux hommes protection, secours et richesses[2].

— On représente cette déesse comme une femme robuste, chargée d'embonpoint. Sa couronne de chêne rappelle que les hommes se sont anciennement nourris du fruit de cet arbre ; les tours qui ceignent sa tête indiquent les villes qui sont sous sa garde ; et la clef qu'elle tient à la main désigne les trésors que le sein de la terre renferme en hiver et qu'il donne en été. Elle est assise sur un char traîné par des lions ; quelquefois elle est entourée de bêtes sauvages. Un tambour est placé près d'elle. Sa robe est parsemée de fleurs.

Quand Saturne fut exilé du ciel, Rhéa le suivit en Italie, où elle seconda ses vues de bienfaisance, et se fit chérir comme lui des peuples du Latium. Aussi les poètes désignent-ils souvent le temps heureux de l'âge d'or sous le nom de Siècle de Rhée.

Ses prêtres nommés *Curètes, Corybantes, Dactyles* et *Galles*, célébraient ses fêtes par des danses qu'ils exécutaient au son du tambour et des cymbales, imprimant à leur corps des mouvements convulsifs, et frappant leurs boucliers avec des épées. Ils mêlaient à ce bruit des cris lamentables, en mémoire du malheur d'Atys, leur patron. *Atys* était un berger phrygien que Cybèle honorait d'une bienveillance particulière et à qui elle confia le soin de son culte, à condition qu'il ne se marierait point. Atys oublia son serment, et épousa *Sangaride*. Cybèle le punit de son parjure en faisant périr cette nymphe ; et peu contente de cette première vengeance, elle inspira au coupable une frénésie qu'il tourna contre lui-même ; il se déchirait le corps, et allait, dans un accès de fureur, terminer ses jours, lorsque la déesse, émue enfin du spectacle de ses douleurs, le métamorphosa en *pin*, arbre qu'elle affectionna dès lors, et qui lui fut consacré.

Les Phrygiens avaient institué, en l'honneur de Cybèle, des Jeux publics appelés Mégalésiens, qui furent introduits à Rome pendant la seconde guerre punique. Les magistrats y assistaient en robe de pourpre ; les dames y dansaient devant l'autel de la déesse ; les esclaves n'osaient y paraître, sous peine de mort.

---

1. Quelquefois Vesta est confondue avec *Cybèle*, et elles ne forment ensemble qu'une seule et même divinité.
2. En latin *tellus* veut dire terre, et *ops* secours.

§ 4. JUPITER

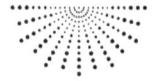

Devenu maître du monde par la défaite de Saturne, Jupiter partagea l'empire avec ses deux frères ; il donna les eaux à Neptune, les enfers à Pluton, et se réserva pour domaine la vaste étendue des cieux.

Le commencement de son règne fut troublé par la révolte des *Géants*, hommes d'une grandeur colossale, dont quelques-uns avaient cinquante têtes et cent bras, d'autres avaient, au lieu de jambes, d'énormes serpents.

Jupiter gouvernait en paix le monde, lorsque ces monstrueux ennemis résolurent de le détrôner. Ils entassèrent montagnes sur montagnes, l'Ossa sur le Pélion, et l'Olympe sur l'Ossa, voulant se former ainsi un marche-pied, une sorte d'échelle pour escalader les cieux. Au premier combat qui fut livré, ils remportèrent l'avantage ; Jupiter fut vaincu, et, dans son extrême frayeur, appela les dieux à sa défense ; mais les dieux tremblèrent aussi en présence des Géants, et se sauvèrent tous, excepté Bacchus, au fond de l'Égypte, où ils prirent, pour se mieux cacher, différentes formes d'animaux, d'arbres et de plantes. Un ancien oracle avait prédit que les habitants du ciel auraient le dessous tant qu'un mortel ne viendrait pas les secourir. Jupiter, réduit aux derniers abois, implora l'assistance d'Hercule, un des Dactyles idéens[1] ; et aussitôt les dieux reprenant courage, quittèrent l'Égypte, s'armèrent de toutes pièces, et exterminèrent les Géants. Hercule tua Alcyonée et Eurytus ; Jupiter terrassa Porphyrion ; Neptune vainquit Polybotès ; Vulcain assomma Clytius d'un coup de massue ; Encelade et Typhée furent ensevelis sous le mont Etna[2] ; le reste, frappé de la foudre, s'abîma dans les profondeurs du tartare.

Le crime régnait sur la terre.

Prométhée, fils de Japet, avait fait une statue d'homme, et lui avait communiqué le mouvement et la vie en dérobant une parcelle de feu au char du Soleil. Jupiter, indigné de ce larcin, ordonna à Mercure d'attacher l'audacieux coupable sur le mont Caucase et de l'y faire dévorer par un vautour.

Lycaon, tyran d'Arcadie, se plaisait à immoler aux dieux des victimes humaines, et faisait périr, avec une joie féroce, tous les étrangers qui mettaient le pied dans son royaume. Jupiter quitta l'Olympe et descendit sur la terre pour être témoin de ses attentats ; il vint en Arcadie, entra dans le palais de Lycaon, et y demanda l'hospitalité. Les Arcadiens, qui l'avaient reconnu à son air de dignité et de grandeur, se disposaient à lui offrir des sacrifices : Lycaon se moqua de leur puérile crédulité ; et pour s'assurer si son hôte était un dieu, il égorgea un enfant, le coupa par morceaux, et en fit cuire la chair parmi d'autres viandes qu'il servit à table. Cet abominable festin fit horreur à Jupiter, qui, saisissant la foudre, mit le feu au palais. Lycaon réussit à s'enfuir ; mais à peine était-il sorti de la ville, qu'il fut métamorphosé en *loup*.

Ce fut à l'occasion de ce forfait et d'autres semblables, que Jupiter envoya le *déluge*, et changea la terre en une mer immense. Les plus hautes montagnes avaient disparu ; une seule s'élevait encore au-dessus des flots : c'était le mont Parnasse, en Béotie. Sur cet océan sans rivages et parmi les débris de l'humanité, voguait une frêle barque, jouet des vents ; elle portait *Deucalion* et *Pyrrha*, époux fidèles et vertueux. Guidés par une main protectrice, ils abordèrent sur la cime du Parnasse, et furent sauvés ; mais leurs yeux ne voyaient de toutes parts que des tableaux de destruction et de deuil. Les eaux décroissaient peu à peu ; on découvrait les collines et quelques plaines ; le couple pieux descendit, et alla consulter l'oracle de *Thémis*, à Delphes, pour apprendre les moyens de repeupler la terre : « *Sortez du temple, s'écria Thémis, couvrez d'un voile votre visage, et jetez derrière vous, par-dessus vos têtes, les ossements de votre grand-mère.* » La piété de Deucalion fut alarmée d'un ordre qui lui paraissait cruel ; mais bientôt, réfléchissant que la Terre est notre mère commune, et que les pierres qu'elle renferme peuvent être appelées ses os, il en ramassa quelques-unes et les jeta religieusement derrière lui, en fermant les yeux. Ces pierres s'animèrent, prirent une figure humaine et devinrent des hommes ; les cailloux lancés par la main de Pyrrha se changèrent en femmes, et le monde fut ainsi repeuplé.

— On représente *Jupiter* assis sur un trône d'or, tenant la foudre d'une main, un sceptre de l'autre, et ayant à ses pieds un aigle aux ailes déployées. Son air est majestueux, sa barbe longue et négligée.

Le chêne lui était consacré, parce qu'à l'exemple de Saturne il avait appris aux hommes à se nourrir de glands. Ses oracles les plus célèbres étaient ceux de Dodone, en Grèce, et d'Ammon, en Libye.

Ses principaux enfants furent, parmi les divinités du ciel, Minerve, Apollon, Diane, Mars, Mercure, Vulcain et Bacchus ; parmi les héros et les demi-dieux, Pollux, Hercule, Persée, Minos, Rhadamanthe, Amphion et Zéthus. Cette nombreuse postérité n'étonnera pas ceux qui savent qu'il a existé huit personnages du nom de Jupiter. Le plus célèbre était originaire de Crète, les autres étaient nés en Arcadie, en Égypte, en Assyrie et ailleurs.

---

1. Cet Hercule Idéen n'est pas le fils d'Alcmène.
2. *Etna*, montagne de Sicile. Les Romains attribuaient les tremblements de terre de cette île, aux mouvements que fait *Encelade* pour se remuer ou changer de position.

§ 5. JUNON

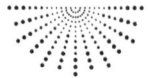

J UNON, sœur et femme de Jupiter, était la reine des dieux, la maîtresse du ciel et de la terre, la protectrice des royaumes et des empires. Elle présidait aux naissances et aux mariages, et accordait aux épouses vertueuses une protection particulière[1]. Mais son caractère était impérieux, son humeur difficile et vindicative, sa volonté opiniâtre ; elle épiait jusqu'aux moindres actions de Jupiter, et faisait retentir le ciel des cris que la jalousie lui arrachait. Jupiter, de son côté, époux dur et volage, employait souvent la violence pour étouffer les plaintes de son épouse. Il poussa même la barbarie jusqu'à lui attacher une enclume à chaque pied, lui lier les mains avec une chaîne d'or, et la suspendre à la voûte du ciel. Les dieux ne purent la dégager de ses entraves : il fallut recourir à Vulcain qui les avait forgées. Un traitement de cette nature augmenta les ressentiments de Junon, qui ne cessa de persécuter les favoris et les amantes de Jupiter. L'infortunée *Io* fut le principal objet de son courroux.

Cette nymphe, fille d'Inachus fleuve d'Argolide, était un jour poursuivie par Jupiter, qui, pour l'empêcher de fuir, couvrit les campagnes d'un épais brouillard dont elle se trouva enveloppée. Junon étonnée de ce phénomène descendit sur la terre, dissipa le nuage, et découvrit Io qui venait d'être métamorphosée en *vache*. Mais comme la nymphe sous cette nouvelle forme conservait encore des charmes, Junon, feignant de la trouver de son goût, la demanda à Jupiter avec tant d'instances qu'il n'osa la lui refuser. Maîtresse de sa rivale, elle en confia la surveillance à un gardien qui avait cent yeux, dont cinquante veillaient, tandis que les autres cédaient au sommeil. *Argus* (c'était son nom) ne la perdait pas un instant de vue pendant le jour, et la tenait pendant la nuit étroitement liée à une colonne. Jupiter n'avait qu'un moyen de débarrasser Io de cet incommode satellite : il appelle Mercure, et lui intime l'ordre de le tuer. Mercure aborde Argus au commencement de la nuit, lui raconte des histoires amusantes, enchaîne un récit à un autre, l'endort à la fin, et lui tranche la tête. Privée d'Argus, Junon déchargea toute sa colère sur la jeune vache, bien innocente du crime : elle lâcha contre elle un insecte malfaisant, un *taon*, qui, la piquant sans relâche, la jetait dans des transports convulsifs. Harcelée, ensanglantée, cette malheureuse parcourut dans sa fuite la Grèce et l'Asie-Mineure, traversa à la nage la Méditerranée, et arriva en Égypte, sur les bords du Nil. Épuisée de souffrance et de fatigue, elle supplia Jupiter de lui rendre sa première forme, et elle mit au monde un fils nommé Épaphus. Junon, qui regrettait toujours le fidèle espion tué par Mercure, prit ses cent yeux, les répandit sur la queue du paon et perpétua de cette manière son souvenir.

Orgueilleuse autant que jalouse, Junon ne pardonna pas au troyen *Pâris*, fils de Priam, de ne lui avoir pas adjugé la pomme d'or, et elle devint l'ennemie du peuple troyen ; les Grecs, au contraire, furent les objets constants de sa faveur.

Les *Prœtides*, filles de Prœtus, fières de leur excessive beauté, osèrent se comparer à Junon, qui punit leur orgueil en les rendant insensées et maniaques. Leur folie consistait à se croire des génisses, à pousser comme elles des mugissements, et à se cacher au fond des bois pour éviter le joug de la charrue. Le devin Mélampe, médecin habile, offrit de les guérir si leur père s'engageait à l'accepter pour gendre et à lui accorder le tiers de son royaume. Prœtus agréa sans peine ces conditions ; et Mélampe ayant réussi épousa la plus belle des trois sœurs.

Le culte de *Junon* était universel, et la plus grande solennité présidait à ses fêtes. On l'adorait surtout à Argos, à Samos et à Carthage. — Elle est représentée assise sur un trône, avec un diadème sur la tête et un sceptre d'or à la main ; un ou plusieurs paons sont à ses pieds. Quelquefois deux paons traînent son char ; derrière elle Iris déploie les couleurs variées de l'arc-en-ciel. *Iris*, fille de Junon, messagère des dieux, portait leurs ordres sur la terre, sous les eaux et jusqu'aux enfers. Vouée en même temps à des fonctions plus pénibles, elle assistait les femmes agonisantes, et coupait le fil qui attachait leur âme à leur corps : remplissant, au nom de Junon, ce pieux devoir.

---

1. On l'appelait *Lucine*, ou *Junon-Lucine*, ou *Ilithye*, lorsqu'elle présidait à la naissance des enfants.

§ 6. VESTA

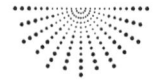

Vesta, déesse du feu, était fille de Saturne et de Cybèle. Son culte fut introduit en Italie par Énée, prince troyen ; cinq siècles plus tard, Numa lui bâtit un *temple* à Rome, où était conservé le palladium, et où brûlait continuellement le feu sacré. — On la représente vêtue d'une longue robe et le front voilé. De la main droite elle tient une lampe ou un flambeau, et de la gauche un javelot ou une corne d'abondance.

Ses prêtresses, appelées Vestales, furent d'abord choisies par les rois et ensuite par les pontifes. Elles devaient être de condition libre, et sans aucun défaut corporel. Leur fonction principale était de garder le temple de Vesta et d'y entretenir le *feu sacré*, symbole de la perpétuité de l'empire. Si le feu venait à s'éteindre, le deuil était général dans la ville ; on interrompait les affaires publiques ; on se croyait menacé des plus grands malheurs, et l'on ne se rassurait qu'après avoir obtenu un feu nouveau que les prêtres se procuraient par les rayons du soleil, ou par le feu de la foudre, ou en tournant avec rapidité une tarière dans une pièce de bois.

Un célibat rigoureux était imposé aux Vestales : leur chasteté, leur innocence devaient être exemplaires. La mort était le châtiment réservé aux coupables : et quelle mort ! La Vestale était plongée vivante dans un tombeau. Elle y descendait au milieu des cérémonies les plus effrayantes ; le bourreau y plaçait près d'elle une petite lampe, un peu d'huile, un pain, de l'eau et du lait ; puis on refermait la tombe sur sa tête. Mais les Vestales trouvaient, dans les égards de leurs concitoyens et dans la distinction dont elles jouissaient, un dédommagement aux privations qui leur étaient imposées. Tous les magistrats leur cédaient le pas. En justice, elles étaient crues sur leur simple parole. Quand elles sortaient, un licteur les précédait armé de faisceaux. Si en passant dans les rues, une Vestale rencontrait un criminel qu'on menât au supplice, elle lui sauvait la vie, pourvu qu'elle affirmât que cette rencontre était fortuite. Les testaments, les actes les plus secrets, les choses les plus saintes, étaient déposées entre leurs mains. Elles avaient une place d'honneur au cirque ; elles étaient nourries et entretenues somptueusement aux dépens du trésor de l'État.

Après trente années de sacerdoce, il leur était permis de rentrer dans le monde, et de quitter le feu de Vesta pour le flambeau de l'hyménée. Mais elles n'usaient que rarement de ce privilège, accordé un peu tard : la plupart préféraient passer la fin de leur vie où s'était écoulé leur printemps. Elles servaient alors de guides et d'exemples aux novices qu'elles initiaient.

§ 7. NEPTUNE

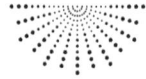

Neptune, dieu de la mer, était fils de Saturne et de Cybèle. Dans sa jeunesse, il forma une conspiration contre Jupiter, qui le chassa de l'Olympe et le relégua parmi les mortels. Laomédon bâtissait alors les murailles de Troie ; il pria Neptune de l'aider dans ce travail et d'élever de fortes digues contre la violence de la mer. Le dieu se fit maçon, travailla sous les ordres de ce monarque exigeant, et endura pendant plusieurs mois toute espèce de fatigues et de mécomptes.

Rentré en grâce et réconcilié avec son frère, Neptune s'occupa du soin de gouverner l'empire qui lui était confié ; il choisit ses ministres, leur assigna des emplois distincts, promulgua des lois, et promit à tous ses sujets une impartiale justice.

Il voulut ensuite s'associer une épouse ; et ses vœux se fixèrent sur Amphitrite, fille de l'Océan, nymphe d'une admirable beauté. Il la demanda en mariage à son père, qui accueillit avec joie un vœu dont il était flatté ; mais la nymphe, avant que de rien conclure, voulut voir l'époux qu'on lui destinait… Elle recula à son aspect. Ce teint basané, cette chevelure épaisse et en désordre, cette barbe limoneuse, lui inspirèrent un profond dégoût. En vain Neptune fut-il auprès d'elle soumis et respectueux ; en vain sa bouche fit-elle entendre les plus aimables propos : rien ne put décider Amphitrite à l'épouser. Triste, solitaire, découragé, Neptune se plaignait amèrement des rigueurs du sort : un *dauphin*, témoin de sa peine, vint lui offrir son intervention et son ministère. Il se rendit auprès de la nymphe rebelle, lui vanta les richesses du monarque, la grandeur de son empire, les hommages dont elle serait l'objet, les palais somptueux qu'elle aurait pour habitation : cette éloquence triompha. Le dauphin eut la gloire d'amener lui-même Amphitrite à son époux.

Mais le pouvoir de Neptune n'était pas borné aux mers, aux lacs, aux rivières et aux fontaines : il s'étendait sur les îles et les presqu'îles, sur les montagnes et même sur les continents, qu'il ébranlait à son gré. Les secousses violentes, les tremblements de terre étaient son ouvrage.

L'enfer s'émeut au bruit de Neptune en furie.
Pluton sort de son trône ; il pâlit, il s'écrie.
Il a peur que le dieu, dans cet affreux séjour,
D'un coup de son trident ne fasse entrer le jour.

— BOILEAU.

C'est à Neptune qu'est attribuée la création du cheval, un des plus beaux présents que les dieux aient pu faire aux hommes ; mais en le créant, il enseigna aussi l'art de le dompter ; il apprivoisa ce quadrupède fougueux, et l'assujettit à la main et à la voix du cavalier.

Tous les peuples honorèrent Neptune, le craignirent, lui dressèrent à l'envi des statues et des autels. Les habitants de la Libye le regardaient comme leur principale divinité. Il eut des temples sans nombre dans l'Asie-Mineure, dans la Grèce, en Italie, spécialement dans les contrées maritimes. Il était invoqué par les navigateurs ; il était le patron des athlètes aux courses de chars et de chevaux. Les jeux Isthmiques, à Corinthe, et les Consuales, à Rome, furent institués en son honneur. On lui immolait le cheval et le taureau. Les aruspices lui offraient le fiel des victimes, par analogie avec l'amertume des eaux de la mer.

— On représente *Neptune* comme un vieillard robuste, dont la large poitrine et les épaules charnues sont couvertes d'une draperie de couleur azurée. Son sceptre est un trident ou fourche à trois pointes ; son char est une vaste coquille, traînée par des hippocampes ou chevaux marins à deux pieds. Les *Tritons* qui lui servent de cortège annoncent sa présence en soufflant dans une conque, sorte de trompette recourbée qui va toujours en s'élargissant, et dont le bruit éclatant se propage jusqu'aux extrémités du monde.

Il ne faut pas confondre les Tritons avec TRITON : celui-ci commande, les autres lui obéissent. Triton, fils de Neptune, a le pouvoir de soulever les flots ou de les calmer : les Tritons sont des subalternes sans autorité et sans importance. Mais tous, tant le maître que les sujets, sont moitié hommes et moitié poissons, et sonnent également de la conque devant le char majestueux du dieu des eaux

§ 8. PLUTON

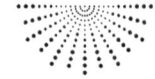

Dans le partage du Monde entre les trois fils de Saturne (Jupiter, Neptune et Pluton), c'est à Pluton, comme au plus jeune, que fut abandonné le triste royaume des enfers.

On appelle *Enfers* les demeures souterraines où vont les âmes des morts pour y être jugées, et y recevoir la peine de leurs crimes ou le salaire de leurs actions vertueuses. A la porte des enfers veille incessamment un chien à trois têtes, Cerbère, qui, par ses triples aboiements et ses morsures, empêche les vivants d'y entrer et les ombres d'en sortir[1].

Si l'on en croit les poètes, l'espace entier des enfers est entouré de deux fleuves, l'Achéron et le Styx, qu'il faut traverser pour parvenir à la résidence de Pluton. Mais le batelier Caron, vieillard farouche, repousse durement à grands coups de rame les malheureux qui sont morts sans sépulture, et tous ceux qui ne peuvent lui payer une obole (deux sous) pour prix du passage ; il fait asseoir les autres dans sa barque, les transporte sur la rive opposée, et les livre à Mercure, qui les conduit devant le redoutable tribunal. Trois juges y siègent et y rendent la justice au nom et en présence de Pluton : ce sont Minos, ancien roi de l'île de Crète ; Éaque, ancien roi de l'île d'Égine, et Rhadamanthe, frère de Minos ; tous trois d'une intégrité éprouvée : mais Minos, plus éclairé que ses collègues, a la prééminence, et tient en main un sceptre d'or.

Quand la sentence a été lue, les gens de bien sont introduits dans les Champs élysées, et les méchants précipités dans le Tartare.

On appelle *Élysée* ou *Champs élysées* le séjour destiné aux bienheureux après la mort. Des bosquets toujours verts, l'haleine embaumée du zéphyr, des prairies émaillées de fleurs, embellissent cette retraite fortunée. Une multitude d'oiseaux y chantent mélodieusement sous l'ombrage ; le soleil n'y est jamais voilé par le plus léger brouillard. Le Léthé y coule avec un doux murmure ; une terre féconde y renouvelle ses productions trois fois l'année, et présente tour à tour des fleurs et des fruits. Plus de douleurs, plus de maladies, plus de vieillesse. Aux biens du corps se joint l'absence des maux de l'âme. L'ambition, la haine, l'envie et les basses passions qui agitent les mortels, leur sont étrangères.

Le *Tartare*, où sont enfermés les criminels, est une vaste prison, fortifiée d'un triple mur, et entourée d'un fleuve de feu, nommé Phlégéton. Trois furies, Alecton, Mégère et Tisiphone, en sont les geôlières ; et tenant d'une main une torche brûlante, de l'autre un fouet sanglant, elles châtient, elles frappent sans mesure et sans pitié les malfaiteurs dont les crimes appellent une sévère punition. C'est dans le tartare que Titye a le sein rongé par un vautour, que Tantale court après l'onde fugitive, et que les Danaïdes s'efforcent à remplir un tonneau sans fond[2]. Là sont ceux qui ont haï leurs frères, maltraité leurs parents, trompé leurs pupilles ; là gémissent les serviteurs infidèles, les citoyens traîtres à leur patrie, les avares, les princes qui ont fait des guerres injustes. Tous expient leurs fautes ; tous voudraient revenir à la lumière, pour y recommencer une existence paisible et vertueuse. Non loin du tartare habitent les Remords, les Maladies, la Misère vêtue de haillons, la Guerre dégouttante de sang, la Mort, les Gorgones aux cheveux de serpents, la Chimère, les Harpyes, et d'autres monstres non moins hideux.

Là, depuis des milliers d'années, régnait Pluton, ennuyé du célibat. L'horreur de sa demeure, la laideur de son visage, la dureté de son caractère, éloignaient de lui toutes les déesses, dont aucune ne voulait consentir à l'épouser : il eut recours à la violence. La fille de Cérès, PROSERPINE, retirée en Sicile, vers les champs d'Enna, y voyait couler sa jeunesse dans la paix et l'innocence. Un jour que sur le bord des eaux elle s'amusait avec ses compagnes à cueillir des fleurs nouvelles, Pluton l'aperçut, et l'enleva malgré ses cris et malgré les remontrances de Minerve. Ivre d'amour et fier de sa proie, le dieu pousse avec vigueur ses chevaux noirs, ouvre la terre d'un coup de son sceptre, et s'enfonce dans le ténébreux séjour.

Cérès, au premier bruit de ce malheur, partit précipitamment à la recherche de sa fille, parcourut les montagnes, visita les cavernes et les bois, franchit les fleuves, allumant chaque soir deux flambeaux pour continuer ses courses durant la nuit. Parvenue au lac de Syracuse, elle y trouva le voile de Proserpine, et comprit que le ravisseur avait passé dans cet endroit ; elle apprit ensuite de la nymphe Aréthuse le nom de cet audacieux amant ; c'était Pluton roi des enfers. A cette nouvelle, Cérès monte sur un char attelé de deux dragons[3], traverse l'espace des airs, arrive au ciel, et se présente devant Jupiter. Les yeux pleins de larmes, les cheveux épars, la voix altérée, elle demande justice de cet enlèvement. Le père des dieux essaie de l'apaiser, en lui représentant qu'elle doit être flattée d'avoir un monarque pour gendre : « *Si cependant, ajoute-t-il, vous désirez que Proserpine vous soit rendue, j'y consens, pourvu qu'elle n'ait rien mangé depuis son entrée aux enfers : tel est l'arrêt du destin.* » Plus prompte que l'éclair, Cérès pénètre jusqu'aux bords de l'Achéron, questionne avec anxiété ceux qu'elle rencontre : Proserpine venait de cueillir une grenade, dont elle avait mâché quelques grains. Son retour fut impossible. Cependant, à force de prières, Cérès obtint que sa fille ne resterait que six mois de l'année dans les enfers, et qu'elle passerait sur la terre les six autres mois.

— On représente *Pluton* avec un visage livide, des sourcils épais, des yeux rouges et un regard menaçant. Dans sa main droite est un sceptre, ou une fourche à deux pointes : dans la gauche il tient une clef qui désigne l'impossibilité de sortir des enfers. Sa couronne est faite de bois d'ébène, dont la couleur obscure annonce le dieu des ténèbres ; quelquefois sa tête est couverte d'un casque qui le rend invisible. Près de lui sont assises les trois Parques ; à ses pieds repose le chien Cerbère.

Seul des divinités supérieures, Pluton n'eut jamais de temples ni d'autels. On lui sacrifiait des victimes noires dont le sang était reçu dans une fosse. Le cyprès et le narcisse lui étaient consacrés.

— On représente *Proserpine* à côté de Pluton, sur un trône d'ébène, ou sur un char traîné par des chevaux noirs. Sa main tient des fleurs de narcisse. Sous le nom d'*Hécate*, elle présidait à la magie et aux enchantements ; son pouvoir s'étendait sur la mer et sur la terre, dans le tartare et dans les cieux. Peuples, rois, magistrats, guerriers, invoquaient son nom, sollicitaient son appui, et lui offraient, pour la rendre propice, des agneaux, des chiens et du miel. Tous les mois on célébrait à Athènes, en l'honneur d'Hécate, des fêtes nommées Hécatésies, durant lesquelles les gens riches offraient dans les carrefours un repas public appelé Repas d'Hécate, destiné surtout aux pauvres de la ville et aux voyageurs indigents.

Les poètes donnent quelquefois aux régions infernales les dénominations de Ténare, d'Érèbe et d'Orcus. Le *Ténare* est un promontoire de Laconie, à l'extrémité duquel se voyait une caverne profonde, d'où s'exhalaient tant de vapeurs noires et infectes, que l'imagination crédule du vulgaire y avait placé le vestibule de l'enfer. *Érèbe* est le nom donné à la partie la plus ténébreuse du sombre empire ; « *la nuit de l'Érèbe,* » en style poétique, c'est le tombeau, la mort, l'enfer. *Orcus*, un des surnoms de Pluton, a été appliqué au royaume même que gouverne ce dieu ; « *descendre dans l'Orcus* » est l'équivalent de descendre au séjour des morts.

---

1. L'*ombre* tenait le milieu entre l'âme et le corps ; elle était immatérielle comme l'âme, et avait la figure du corps.
2. *Titye*, un des géants, ayant offensé Latone, mère d'Apollon, ce dieu le tua d'un coup de flèche. — *Tantale*, assassin de son propre fils, était condamné à avoir toujours soif au milieu des eaux et toujours faim près d'un arbre chargé de fruits. Voyez section III, § 17. — Le crime des *Danaïdes*, est raconté section VI, § 5.
3. Le *dragon*, animal fabuleux, est un énorme serpent ailé, terrible comme le lion, rapide comme l'aigle, et qui ne dort jamais.

§ 9. CÉRÈS

C ÉRÈS, déesse des blés et des moissons, chercha longtemps Proserpine sa fille, que Pluton avait enlevée.

Un jour que cette mère infortunée voyageait en Attique sous la figure d'une simple femme, elle s'arrêta près d'Éleusis, et s'assit sur une pierre pour s'y délasser. La fille de Céléus, roi d'Éleusis, l'ayant aperçue, et jugeant à son air abattu qu'elle avait un sujet de chagrin, s'approcha d'elle et la pria de venir se reposer dans la maison de son père. Cérès y entra ; et Céléus lui fit un si bon accueil que la déesse, pleine de reconnaissance pour cette hospitalité, rendit la santé à son fils *Triptolème*, encore au berceau.

Elle fit plus encore ; elle se chargea d'élever Triptolème et de le rendre immortel. Dans ce but, elle le nourrissait pendant le jour de son lait divin, et pendant la nuit le mettait sur des charbons ardents, pour le dépouiller de ce qu'il avait de terrestre. L'enfant croissait à vue d'œil, et d'une manière si prodigieuse que la curiosité de la mère en fut éveillée : elle voulut savoir ce qui se passait durant la nuit, et quels procédés magiques employait Cérès. Elle se cacha dans un coin de l'appartement, et voyant la déesse prête à mettre son fils dans le feu, elle poussa un tel cri d'effroi que l'enchantement fut détruit. Cérès ne pouvant plus rendre immortel le jeune Triptolème, voulut du moins le faire chérir du monde entier : elle lui apprit l'art de semer le blé et de faire le pain ; elle lui donna ensuite un char attelé de deux dragons, et l'envoya par toute la terre pour y enseigner l'agriculture.

De retour de ses voyages, Triptolème établit le culte de Cérès à Éleusis, ville d'Attique, et institua des fêtes à l'honneur de cette bienfaisante divinité.

Pour être initié aux *Mystères d'Éleusis*, il fallait avoir subi un noviciat qui durait au moins une année, et d'ordinaire cinq ans, à l'expiration desquels on était admis à l'autopsie, c'est-à-dire à la contemplation de la vérité. On aspirait à ce dernier état comme à celui de la perfection. La cérémonie d'admission avait lieu de nuit. Les initiés se réunissaient près du temple, dans une enceinte assez vaste pour contenir un peuple nombreux. Ils se couronnaient de myrte, se lavaient les mains, écoutaient la lecture des lois de Cérès, prenaient un léger repas, et entraient dans le sanctuaire, où régnait une obscurité profonde. Ces ténèbres cessaient tout à coup. Une vive lumière éclairait la statue de Cérès magnifiquement parée ; mais, tandis que la foule étonnée donnait l'essor à son admiration, la lumière disparaissait ; les voûtes du temple étaient sillonnées d'éclairs, qui laissaient apercevoir çà et là des spectres effrayants et des figures monstrueuses. Le bruit du tonnerre achevait de porter l'épouvante dans l'âme de l'initié. Enfin, après un moment de calme, deux hautes portes s'ouvraient, et l'on apercevait, à la lueur des flambeaux, un jardin délicieux disposé pour la danse, les fêtes et le plaisir. C'était là, c'était dans ce champ élysien que l'hiérophante (ou grand pontife) révélait aux initiés les choses saintes et tout le secret des mystères[1]. Divulguer ce qu'on avait vu et entendu était un crime odieux et punissable de mort.

Une autre fête, appelée *Thesmophories*, fut instituée dans l'Attique en mémoire des sages lois que Cérès avait données aux mortels. Les Thesmophories étaient célébrées par des femmes de distinction, qui devaient plusieurs jours d'avance se purifier, s'abstenir de tout divertissement et vivre dans une sobriété exemplaire. Les hommes ne pouvaient y assister. Pendant ces fêtes, qui duraient cinq jours, de jeunes vierges vêtues de robes blanches portaient sur leurs têtes, d'Athènes à Éleusis, les corbeilles sacrées, où étaient enfermés un enfant, un serpent d'or, un van, des gâteaux et d'autres symboles.

— On représente *Cérès* couronnée d'épis, tenant d'une main une torche allumée, et de l'autre un pavot. Le porc lui était immolé, parce que cet animal, en creusant et en fouillant la terre, y détruit le germe des moissons.

---

1. *L'hiérophante* devait être athénien, et appartenir à la famille des Eumolpides.

§ 10. MINERVE

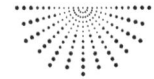

MINERVE, déesse de la sagesse, vint au monde d'une manière extraordinaire. Jupiter, éprouvant de grandes douleurs dans la tête, ordonna à Vulcain de lui fendre le cerveau d'un coup de hache, et Minerve en sortit armée de pied en cap et âgée de vingt ans. Admise au conseil des dieux, elle y obtint les plus grandes prérogatives. Elle avait comme Jupiter le privilège de lancer la foudre ; elle donnait l'esprit prophétique, prolongeait la vie des mortels et leur procurait le bonheur après la mort. Toutes ses promesses avaient leur exécution ; tout ce qu'elle autorisait d'un signe de tête devait s'accomplir.

Protectrice des savants et des artistes, elle avait inventé l'écriture, la peinture et la broderie : la musique même ne lui était pas étrangère. Elle jouait agréablement de la flûte ; mais comme cet instrument lui gâtait la bouche et lui fatiguait la poitrine, elle le jeta de dépit dans une fontaine.

Fière de ses talents supérieurs et de sa majestueuse beauté, elle voyait d'un œil de jalousie les femmes qui se vantaient de l'égaler : Méduse fut punie d'avoir comparé ses attraits à ceux de la fille de Jupiter.

Méduse, une des trois gorgones, était née avec tous les agréments de la figure ; sa chevelure faisait l'admiration générale, et une foule d'amants la recherchaient pour épouse. Enorgueillie de tant d'hommages, elle osa disputer de beauté avec Minerve, et se préférer à cette déesse. Minerve dans son indignation changea les cheveux de cette gorgone en serpents, couvrit son corps d'écailles, incrusta des ailes à ses épaules, défigura ses traits, et lui donna un regard si affreux que son seul aspect tuait ou changeait en pierre ceux qui avaient le malheur de la rencontrer. On se cachait, on fuyait à son approche.

Arachné fut victime aussi des jalouses fureurs de Minerve. Arachné, fameuse ouvrière de la ville de Colophon, travaillait si bien en broderie que les curieux de tous les pays venaient s'extasier devant ses tableaux. Ce concert unanime de louanges lui inspira une si grande présomption, qu'elle défia Minerve de la surpasser. Le défi fut accepté : elles se mirent l'une et l'autre à l'ouvrage. Le travail de la déesse fut très-beau sans doute, mais celui d'Arachné ne l'était pas moins. Elle avait représenté sur la toile Europe enlevée par Jupiter transformé en taureau ; Astérie se débattant contre le même dieu changé en aigle ; Léda dont il se fait aimer sous la forme d'un cygne ; Alcmène qu'il trompe sous les traits d'Amphitryon. On y voyait encore le roi des dieux s'introduire en pluie d'or dans la tour de Danaé, se changer en flamme auprès d'Égine, et, sous le vêtement d'un berger, gagner le cœur indifférent de Mnémosyne. Le dessin en était si régulier et les figures si vivement exprimées, que Minerve n'y pouvant découvrir aucun défaut, mit en pièces cette belle tapisserie, où les folles aventures de son père étaient trop bien représentées ; elle porta même le ressentiment jusqu'à frapper Arachné, qui alla se pendre de désespoir. La déesse, touchée d'une pitié tardive, la soutint en l'air de peur qu'elle n'achevât de s'étrangler, et la changea en *araignée*. Sous cette nouvelle forme, Arachné conserve encore sa passion de filer et de faire de la toile.

L'événement le plus remarquable de la vie de Minerve est son différend avec Neptune. La déesse voulait donner son nom à la ville que Cécrops venait de bâtir en Attique : Neptune y aspirait aussi. Les dieux promirent cet honneur à celui des deux prétendants qui produirait la chose la plus utile à la nouvelle cité. Neptune frappa la terre de son trident et fit naître le cheval, qui est l'emblème de la guerre ; Minerve d'un coup de sa lance produisit l'olivier, symbole de la paix. Les dieux se déclarèrent pour la déesse, et la ville s'appela *Athènè* (Athènes) : c'est, en grec, le nom de Minerve.

— On la représente avec un air grave et sévère, tenant une pique de la main droite et un bouclier de la gauche. Elle a sur sa poitrine la véritable égide, espèce de cuirasse où est sculptée en relief la tête de Méduse. Un casque, surmonté d'un panache ou d'un coq, ombrage son front divin. A ses pieds sont une chouette ou un hibou, oiseaux vigilants, calmes et réfléchis.

Sous le nom de Pallas, elle préside à la guerre et aux batailles. Ce nom lui fut donné quand elle vainquit le géant Pallas, dont elle porta la peau en mémoire de son triomphe.

§ 11. VÉNUS

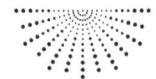

Vénus, déesse de la beauté et de l'amour, naquit, avec tous ses charmes, de l'écume de la mer, et aborda dans l'île de Cythère, où elle fut accueillie par les Heures, qui la firent asseoir sur un char diaphane et la transportèrent dans l'Olympe : elle avait pour cortège les Ris, les Grâces et les Jeux[1]. Sa ceinture merveilleuse, appelée ceste, ajoutait encore à sa puissance et à ses attraits. Quand elle parut devant les dieux, ils en furent épris, et chacun la demandait en mariage : Jupiter l'accorda à Vulcain, qui venait d'inventer les foudres sous lesquelles avaient péri les géants.

Mais fort ennuyée d'avoir pour mari un forgeron boiteux, noir et farouche, Vénus, déesse inconsidérée et frivole, prêta une oreille complaisante aux flatteries des courtisans. Le dieu des buveurs, le dieu des guerriers, Adonis fils de Myrrha, et bien d'autres, réussirent sans beaucoup de peine à donner le change à ses déplaisirs.

Adonis, beau jeune homme, né en Arabie, aimait passionnément la chasse et se livrait sans relâche à cet exercice, malgré les prières de Vénus, qui craignait pour lui la dent cruelle des bêtes féroces. Un jour surtout, emporté par son courage, il oublia les conseils de la déesse. Ayant blessé un sanglier sur le mont Liban, il fut poursuivi par l'animal furieux, qui l'atteignit, le renversa et le mit en pièces. Vénus accourut trop tard au secours de son amant : il était sans vie. Elle arrosa de nectar son sang, qu'elle changea en une fleur appelée *anémone*. Mais incapable de surmonter la douleur qu'elle éprouvait de cette perte, elle demanda au maître des dieux que son cher Adonis revînt à la vie et lui fût rendu. La loi du destin s'y opposa. Elle obtint seulement qu'il passerait chaque année six mois sur la terre et six mois dans les enfers. On lui éleva des temples ; on le mit au rang des dieux, et l'on institua des fêtes en son honneur sous le nom d'*Adonies* ; elles duraient huit jours, dont les quatre premiers se passaient dans le deuil, et les autres dans les réjouissances, pour marquer tour à tour le trépas et l'apothéose du favori de Vénus.

Le culte de cette divinité était universel, mais on ne lui sacrifiait pas de victimes, et ses autels n'étaient jamais souillés de sang ; on se contentait d'y brûler de l'encens et des parfums. Ses temples principaux étaient ceux de Paphos, d'Amathonte et d'Idalie, dans l'île de Chypre ; ceux de Cnide, en Carie ; de Cythère, dans le Péloponèse, et du mont Eryx, en Sicile[2]. Le sculpteur Praxitèle fit pour les Cnidiens une statue de Vénus qui passait pour un chef-d'œuvre.

— On représente *Vénus* assise dans un char que traînent des colombes, des cygnes, ou des moineaux. Une couronne de roses et de myrte orne sa blonde chevelure. Le myrte était son arbre de prédilection.

Cupidon ou l'Amour, fils de Vénus, dieu malin, séduisant et trompeur, eut à peine reçu le jour, que Jupiter, prévoyant les maux dont cet enfant serait la cause, voulut contraindre Vénus à s'en défaire. Celle-ci, pour le soustraire aux regards du maître des dieux, le cacha dans les forêts, où il suça le lait des lionnes et des tigresses. Dès qu'il eut assez de force, il se fit un arc de frêne ; un cyprès lui fournit le bois de ses flèches. En s'exerçant contre les animaux qui l'avaient nourri, il apprit l'art de percer les hommes de ses traits.

— Les monuments de l'antiquité représentent ordinairement *Cupidon* sous la figure d'un enfant qui s'amuse à quelque jeu de son âge ; tantôt il roule un cerceau, badine avec les nymphes, poursuit un papillon, et agite son flambeau ; tantôt il joue devant sa mère avec un luth, ou tient un cygne étroitement embrassé. Quelquefois, le pied en l'air, il semble méditer une espièglerie ; ou bien il marche en conquérant, le casque en tête, la pique sur l'épaule et le bouclier au bras ; souvent on le voit lutinant un centaure, domptant un lion, ou brisant les foudres de Jupiter. Il est toujours peint avec des ailes, parce que la passion qu'il inspire n'est pas durable, et il porte un bandeau sur les yeux, parce que l'amant ne voit point de défauts dans l'objet de sa tendresse[3].

Les compagnes ordinaires de Vénus et de Cupidon sont les trois *Grâces* : Aglaé, Thalie et Euphrosine. Jeunes, belles et modestes, les cheveux négligemment noués, elles se tiennent par la main dans l'attitude de la danse, ou bien elles élèvent un bras au-dessus des épaules et de la tête, tandis que l'autre, élégamment courbé, va chercher la main de la Grâce voisine. Elles président aux bienfaits, à la reconnaissance et à tout ce que le monde offre d'agréable, de doux et d'attrayant. Elles dispensent aux hommes non-seulement l'amabilité, l'enjouement, l'égalité d'humeur et les autres qualités qui font le charme de la vie sociale, mais encore la libéralité, l'éloquence et la sagesse. On les représente quelquefois au milieu des plus laids Satyres, pour marquer qu'il ne faut pas juger d'une personne sur l'apparence, et que les défauts de la figure se rachètent par les qualités de l'esprit et du cœur.

---

1. Homère fait naître *Vénus* de Jupiter et de Dioné. Virgile donne le surnom de *Dionæus* à Jules César qui descendait de Vénus par Énée, fils d'Anchise.
2. De là viennent les noms de *Cypris*, de *Cythérée* et d'*Érycine*, donnés à Vénus.
3. L'*Amour* n'est pas toujours un enfant jouant dans les bras de sa mère ; quelquefois il se montre avec la fraîcheur de la jeunesse : c'est ainsi qu'on représente l'amant de *Psyché*. Voyez section VI, § 1.

§ 12. VULCAIN

Vulcain, fils de Jupiter et de Junon, était si difforme en naissant, que son père, effrayé de sa laideur, le précipita du ciel. L'avorton céleste roula un jour entier dans le vague des airs, et, de tourbillon en tourbillon, arriva le soir dans l'île de Lemnos, dont les habitants le reçurent si à propos qu'il ne se cassa qu'une jambe.

Privé des avantages extérieurs, Vulcain était abondamment pourvu des dons du génie : c'était le plus industrieux des immortels. Avec de l'argile détrempée dans l'eau, il forma la première femme, et il sut l'embellir de tant d'attraits, que les dieux invitèrent à leur assemblée cette admirable créature, la comblèrent de présents, et lui donnèrent le nom de Pandore. Après ce premier succès, Vulcain établit à Lemnos des forges considérables ; et ce fut dans les montagnes de cette île que l'or, le fer, l'airain et l'acier se polirent pour la première fois. De nouveaux ateliers furent construits par ses soins dans les antres de Lipare et dans les cavernes du mont Etna : il y travaillait avec ses Cyclopes, dont les bras nerveux soulevaient sans relâche des marteaux retentissants. Ces Cyclopes, ou forgerons de Vulcain, étaient une race de géants anthropophages, qui n'avaient qu'un œil au milieu du front.

Marié à Vénus, déesse de la beauté, Vulcain ne trouva pas dans cette alliance le bonheur qu'il en espérait. Mais Jupiter le dédommagea des disgrâces de l'amour, en le nommant dieu du feu, honneur auquel il avait d'autant plus de droit que chaque jour voyait sortir de ses ateliers quelque chef-d'œuvre. A la prière de Thétis, il fabriqua pour Achille un casque, une cuirasse et un bouclier, qui firent l'étonnement et l'effroi des guerriers troyens ; sollicité par Vénus, il forgea des armes pour Énée ; par ordre de Jupiter, il composa ce merveilleux bouclier d'Hercule que nulle force humaine ne pouvait rompre ni percer. Parmi ses plus beaux ouvrages, il faut ranger le collier magique, dont il fit présent à Hermione, femme de Cadmus ; le sceptre d'Agamemnon, et les vingt trépieds à roulettes, qui allaient d'eux-mêmes et sans impulsion à l'amphithéâtre où se réunissaient les dieux.

— On représente *Vulcain* dans sa forge, tout couvert de sueur, le front noirci par la fumée, tenant d'une main un marteau et de l'autre un foudre. Sa poitrine est découverte ; sa tête est surmontée d'un bonnet ; ses cheveux et sa barbe sont négligés.

Les principaux fils de ce dieu furent : 1° Cécrops, fondateur et roi d'Athènes ; 2° Érichthonius, autre roi d'Athènes, qui vint au monde avec des jambes torses, et qui, pour cacher cette difformité, inventa les chars ; 3° le brigand Cacus, tué en Italie par Hercule.

§ 13. MARS

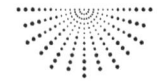

Mars, dieu de la guerre, fils de Jupiter et de Junon[1], fut élevé par un des Titans, qui lui enseigna la danse et les exercices corporels. Avant lui, les hommes, armés seulement de bâtons ou de pierres, combattaient à l'aventure, sans tactique et sans ordre : il fixa pour l'attaque et la défense des règles certaines ; il réduisit en principe l'art de s'entre-tuer ; et le fer, jusqu'alors consacré à des usages innocents, fut converti en épées et en poignards.

Mars déploya beaucoup de valeur dans la guerre contre les géants ; mais il donna dans une embuscade, et fut fait prisonnier par les fils d'Aloüs, qui le jetèrent au fond d'un cachot, où il gémit durant quinze mois. Délivré par Mercure, il revint dans l'Olympe, où il s'efforça de plaire à Vénus. Un costume guerrier, l'éclat de ses armes, son héroïque valeur, l'embellissaient aux yeux de la déesse, dont la vanité voyait avec plaisir trembler à ses genoux celui qui intimidait les phalanges. L'époux boiteux, Vulcain, ne tarda pas à devenir jaloux ; il se plaignit à Jupiter, et Jupiter accueillit sa juste plainte. Mars quitta le ciel, se retira en Thrace, et habita quelque temps ce pays qu'il affectionnait, et dont il était la divinité principale. De là il parcourut la Grèce. Arrivé en Attique, il y fut témoin des outrages faits à sa fille Alcippa par le cruel Halirrhotius, fils de Neptune ; et, ne pouvant maîtriser son indignation, il fit tomber l'agresseur sous ses coups. Neptune cita Mars en jugement devant un tribunal auguste que les Athéniens venaient d'instituer. L'accusé exposa l'affaire à ses juges avec toute la simplicité-la franchise d'un soldat, et plaida si bien qu'il fut renvoyé absous. Ce tribunal prit alors le nom d'Aréopage[2].

La guerre de Troie survint, et fournit à la vaillance de Mars un nouveau champ d'exploits. Il se rangea du côté des Troyens, et combattit sous la figure d'Acamas, roi de Thrace.

Le culte de Mars était surtout répandu chez les Romains, nation belliqueuse, qui regardait ce dieu comme le père de Romulus et le protecteur de l'empire. Numa Pompilius institua en l'honneur de Mars un collège de douze prêtres, nommés Saliens, dont la fonction principale était de veiller à la conservation des anciles ou boucliers sacrés. Quand les consuls partaient pour la guerre, ils offraient des prières et des vœux dans le temple de Mars, touchaient avec solennité la lance du dieu, et s'écriaient : « *Dieu de la guerre, protège cette république !* » Dans les fêtes dont il était l'objet, on lui sacrifiait un cheval, symbole de l'ardeur martiale, ou un loup, emblème de la fureur. Le pivert, oiseau qui passe pour courageux, lui était consacré.

— On représente *Mars* sous les traits d'un homme jeune encore, au regard farouche, à la démarche précipitée. Son vêtement est celui d'un guerrier ; un casque ombrage sa tête ; sa poitrine découverte semble provoquer les atteintes de l'ennemi. De la main droite il brandit une lance énorme ; de la gauche il porte un bouclier ou secoue un fouet. Un coq est à ses pieds. On le voit aussi sur un char traîné par des coursiers fougueux qu'il conduit lui-même ou qu'il laisse diriger par Bellone.

BELLONE, déesse de la guerre, sœur de Mars, préparait le char de ce dieu lorsqu'il allait au combat. Les poètes et les peintres la représentent au milieu des batailles, les cheveux épars, armée d'un fouet ensanglanté, et animant, au plus fort de la mêlée, le courage des soldats. Ses prêtres s'appelaient Bellonaires. Dans les fêtes de leur déesse, ils parcouraient les rues comme des furieux, tenant à la main un glaive ou un rasoir, avec lequel ils se déchiraient le corps. Quand ils avaient terminé leurs courses et leurs sacrifices, le peuple se pressait autour d'eux pour les consulter : leurs réponses étaient considérées comme des oracles.

La compagne inséparable de Bellone était LA DISCORDE, exilée du ciel à cause des contestations et des troubles qu'elle y occasionnait parmi les dieux. — On la représente coiffée de serpents au lieu de cheveux, tenant une torche d'une main, et de l'autre une couleuvre ou un poignard.

---

1. Selon Homère et Hésiode. Mais les poètes latins racontent que Jupiter ayant fait sortir Minerve de son cerveau, Junon fit naître *Mars* de l'attouchement d'une fleur, dans les champs d'Olène, ville d'Achaïe.
2. *Aréopage* ou colline de Mars. *Arès* en grec signifie Mars, et *pagos*, colline. L'aréopage siégeait en effet sur la colline où Mars avait plaidé.

§ 14. APOLLON

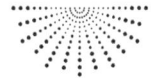

APOLLON ou PHÉBUS, conducteur du char du soleil, est pris souvent pour le SOLEIL même. Il naquit dans l'île de Délos, une des Cyclades ; sa mère fut Latone ; sa sœur Diane.

Le premier usage qu'Apollon fit de ses flèches, fut d'en percer le serpent Python, qui dévastait les champs de la Thessalie ; la peau de cet animal servit à couvrir le trépied sur lequel s'asseyait la prêtresse de Delphes. Fier de cette victoire, Apollon osa braver l'Amour et ses traits. Le fils de Vénus tira aussitôt de son carquois deux flèches, dont l'une à pointe d'or donnait l'amour, et l'autre à pointe de plomb inspirait la haine ou le dédain. Il lança la première à Apollon, il décocha la seconde à *Daphné*, fille du fleuve Pénée. Le dieu éprouve aussitôt une violente passion pour la belle nymphe ; et la nymphe, loin de répondre à sa tendresse, prend la fuite et se dérobe à ses regards. Apollon court après elle dans la prairie qui borde le fleuve ; il est au moment de l'atteindre… Daphné, épuisée de fatigue, implore le secours de Pénée, qui la métamorphose en *laurier*. Apollon ne serra entre ses bras qu'un tronc inanimé. Mais cet arbre devint ses délices ; il l'adopta, il en détacha un rameau dont il se fit une couronne, et voulut que, dans les siècles suivants, le laurier fût la récompense flatteuse des poètes, des artistes et des guerriers.

D'autres disgrâces l'attendaient : il vit mourir son fils Esculape, médecin fameux, que Jupiter foudroya pour le punir d'avoir ressuscité Hippolyte, fils de Thésée. Apollon, n'osant se venger sur Jupiter, tua les Cyclopes, fabricateurs de la foudre ; mais cette barbarie eut son châtiment ; il fut banni du ciel et condamné à errer sur la terre, soumis aux mêmes infortunes, aux mêmes accidents que les simples mortels. C'est alors qu'il se mit aux gages du troyen Laomédon ; c'est alors aussi qu'il chercha une retraite chez Admète, roi de Thessalie, et que, devenu berger, il garda durant plusieurs années les troupeaux de ce prince loyal et hospitalier.

Hyacinthe, fils d'Amyclas, était le plus intime ami d'Apollon ; et ce dieu, pour le voir plus souvent, s'était chargé de lui enseigner à tirer de l'arc et à jouer du luth.

Zéphyre aimait aussi le jeune Hyacinthe, sans être payé de retour ; la confiance et tous les témoignages d'attachement n'étaient que pour Apollon. Tourmenté, aveuglé par la jalousie, Zéphyre ne recula pas devant un crime. Un jour que son heureux rival jouait avec Hyacinthe, il détourna le palet, et le poussa si violemment contre la tempe du jeune homme, que le coup en fut mortel. Apollon appliqua vainement sur la blessure les plantes qui avaient le plus de vertu ; son ami expira, et fut changé en une fleur qui porte le nom d'*hyacinthe* ou *jacinthe*.

Apollon avait tout pour plaire : aux qualités de l'esprit, il joignait la beauté du corps, la fraîcheur de la jeunesse, une voix touchante, un port majestueux ; et avec tant d'avantages il ne réussit pas toujours à se faire aimer. Coronis, Déiphobe, Cassandre et d'autres femmes, dédaignèrent ses hommages. Son talent même fut méconnu par un satyre nommé Marsyas.

Marsyas, habile musicien de Phrygie, ayant trouvé près d'une fontaine la flûte que Minerve y avait jetée, en tira des accords pleins d'harmonie. Fier des éloges dont il se voyait comblé, il osa faire à Apollon un défi insultant qui fut accepté, mais sous la condition expresse « *que le vaincu se mettrait à la discrétion du vainqueur* ». Les habitants de Nysa furent pris pour juges du combat : Marsyas parut le premier au milieu d'eux. Sa flûte imita tour à tour le gazouillement des oiseaux, le murmure des fontaines, la voix lointaine des échos, les sifflements de l'orage, le cri joyeux des buveurs. L'assemblée ravie éclata en applaudissements. Apollon, sans se laisser intimider par ces marques bruyantes d'approbation, accorda sa voix avec sa lyre, et commanda le silence par un prélude mélancolique. Se livrant ensuite au délire de son art, il fit passer dans tous les cœurs l'ivresse de la volupté. Il chantait « *Ariane abandonnée dans une île déserte, Ariane plaintive et gémis-sante, Ariane qui se reprochait d'avoir quitté un père, une sœur, une patrie pour un volage amant ; Ariane qui n'avait pour témoins de sa peine que les rochers insensibles et les vagues mugissantes ; Ariane enfin dont la flamme survivait à la trahison du perfide athénien[1].* » Les larmes coulèrent des yeux de tous les assistants et la victoire lui fut décernée. Mais sa cruauté ternit la gloire de son triomphe. Il fit saisir Marsyas, lui lia les mains derrière le dos, l'attacha au tronc d'un sapin, et l'y écorcha tout vif. Sa mort causa un deuil universel. Les Faunes, les Satyres, les Dryades le pleurèrent, et de leurs larmes naquit un fleuve de Phrygie, qui fut nommé Marsyas.

Après un long exil, Apollon fut rappelé dans l'Olympe, et Jupiter lui rendit son premier emploi.

De tous les dieux, *Apollon* est celui dont les poètes ont publié le plus de merveilles. Il était le dieu de la Médecine, l'inventeur de la Poésie et de la Musique, le protecteur des campagnes et des bergers ; il possédait au plus haut degré la connaissance de l'avenir. La Grèce et l'Italie respectaient ses oracles, dont les plus célèbres étaient ceux de Délos, de Ténédos, de Claros, de Patare, et surtout de Delphes. Les habitants de l'île de Rhodes élevèrent à son honneur une statue colos-sale de bronze, qui passait pour une merveille. En sa qualité de dieu de la poésie, Apollon instruisait les Muses, et habitait avec elles tantôt les sommets du mont Parnasse, de l'Hélicon et du Pinde, tantôt les bords fleuris du Permesse et de la fontaine d'Hippocrène.

Comme dieu des arts, on le représente sous la figure d'un jeune homme sans barbe, la chevelure flottante, une lyre à la main, et le front ceint de laurier. Comme dieu de la lumière, on le voit, couronné de rayons, parcourir les cieux sur un char attelé de quatre chevaux blancs.

Ses principaux enfants furent l'Aurore ; Esculape, dieu de la médecine ; Circé, magicienne fameuse ; Linus, qui fut le maître d'Orphée, et Phaéton, dont la mort tragique mérite d'être détaillée.

Phaéton, fils d'Apollon et de Clymène, eut un jour un vif démêlé avec Épaphus. Dans la dispute ils s'échauffèrent et en vinrent aux injures. Épaphus alla jusqu'à reprocher à Phaéton de n'être pas le fils du Soleil. « *On connaît ton origine, lui dit-il ; ta mère facile n'a imaginé des amours divines que pour mieux cacher sa conduite déréglée.* » Outré de ce reproche, Phaéton court à la demeure de Clymène : « *On me conteste ma naissance, s'écrie-t-il d'un ton pénétré ; on attaque votre honneur, ô ma mère ! Vengez votre fils, vengez-vous, ou dites-moi ce qu'il faut faire.* » Le plan est bientôt conçu. La mère conseille à Phaéton de demander au Soleil la conduite de son char pendant un jour, afin de prouver ainsi à ses détracteurs son origine céleste.

Phaéton monte au palais du Soleil, lui expose l'affront qu'il a reçu, et le supplie de lui accorder une faveur qui démontre à l'univers entier qu'il est son fils. Le Soleil chérissait Phaéton ; il jura par le styx de ne lui refuser aucune de ses demandes. « *Eh bien, mon père, lui dit-il, laissez-moi conduire pendant un jour le char de la lumière : à cette marque de votre tendresse, mes ennemis connaîtront l'auteur de mon être.* » Phébus avait juré par le styx ; le serment était irrévocable. Il essaya donc de détourner son fils d'une entreprise aussi périlleuse ; mais voyant toutes ses représentations inutiles et le jeune homme de plus en plus obstiné, il appelle en soupirant les Heures matinales. Elles accourent, précédées de l'Aurore ; elles attellent les coursiers au char du soleil. Phaéton s'y élance avec orgueil, saisit les rênes étincelantes et daigne à peine écouter son père, qui lui crie :

> « *Dans ton vol trop timide ou trop ambitieux,*
> *Évite également et la terre et les cieux.*
> *Suis le milieu : c'est là le chemin qu'il faut prendre.* »

Apollon parlait encore, et déjà le présomptueux Phaéton planait sous la voûte azurée. Les coursiers impétueux, ne reconnaissant plus la main de leur maître, se détournent de la route accoutumée ; tantôt ils s'élèvent trop haut et menacent d'embraser le ciel ; tantôt ils descendent trop bas et dessèchent les rivières. Ce fut alors que les Éthiopiens prirent ce teint noir qu'ils conservent encore aujourd'hui ; ce fut alors que l'Afrique perdit pour jamais sa verdure. La Terre, calcinée jusque dans ses fondements, gémit, s'agite, lève vers le ciel sa tête brûlante, et conjure le souverain des dieux de mettre fin à ses tourments… Jupiter alarmé saisit la foudre et en frappe l'enfant de Clymène. Tandis que les coursiers achèvent au hasard la carrière du jour, Phaéton, jouet des vents et de la foudre, tourbillonne et tombe dans l'Éridan. Ses sœurs ne peuvent commander à leur désespoir et sont changées en *peupliers*. Cycnus, ami de Phaéton, succombe au poids de sa douleur et se trouve métamorphosé en *cygne*. Deux moralités se cachent sous cette fable : Phaéton nous représente un ambitieux, qui forme des entreprises extravagantes et au-dessus de ses forces. Le Soleil est l'image de ces pères faciles, qui n'osent rien refuser à leurs enfants, et causent leur perte par une aveugle condescendance.

---

1. Voyez l'article *Thésée*, section III, § 12.

§ 15. DIANE

IANE, fille de Latone et sœur d'Apollon, présidait à la chasse. Vouée à ce mâle exercice, elle resta inaccessible aux goûts timides et faibles de son sexe : aucun des prétendants qui cherchèrent à s'en faire aimer ne put y réussir, et le nom de Chaste Diane lui est demeuré. L'histoire d'Endymion ne contredit point ce que j'avance. *Endymion*, berger de Carie, avait obtenu de Jupiter le privilège de ne point vieillir, et de conserver, jusqu'à la fin de sa vie, l'éclat et la fraîcheur de la jeunesse. Une nuit, à la clarté de la lune, Diane l'aperçut qui dormait, sur le mont Latmos, et fut si frappée de sa beauté qu'elle attacha longtemps sur lui un regard admirateur : voilà la fable. La vérité est qu'Endymion, habile astronome de Carie, passait souvent la nuit au sommet des monts, où il s'occupait à observer et à calculer la marche des astres. La lune (ou Diane) éclairait ses veilles prolongées, dans lesquelles, épuisé de travail, il cédait quelquefois au sommeil. Quand la fable dit qu'Endymion ne vieillissait pas, la fable dit vrai, puisque le génie et la science peuvent rendre l'homme immortel.

Mais cette même déesse, habituée à combattre les animaux les plus féroces et à répandre leur sang, avait par cela même un naturel farouche, et se portait sans scrupule à des actes d'inhumanité. La mort d'Actéon en est un exemple mémorable.

Actéon, fils d'Aristée et d'Autonoé, n'avait d'autre passion que la chasse. Un jour qu'il avait tué un grand nombre de bêtes sauvages sur le mont Cithéron, et que le soleil était brûlant, il appelle ses compagnons qui se livraient encore, au travers des bois, à leur impétueuse ardeur : « *Soyez contents de votre matinée, leur dit-il, pliez vos toiles, et ne vous tourmentez pas davantage.* » On obéit et l'on se repose. Près de là était la vallée de Gargaphie, consacrée à Diane, retraite charmante, ombragée de pins et de cyprès, au milieu desquels, entre deux rives émaillées de fleurs, coulait une eau fraîche et limpide. Diane, fatiguée de ses courses, venait d'y arriver avec les nymphes de sa suite pour s'y baigner ; Actéon, qui se promenait sans but dans la forêt, eut le malheur de pénétrer dans ce même vallon et de s'approcher du même ruisseau. Les nymphes entendant du bruit et voyant tressaillir le feuillage, poussent un cri... Diane s'indigne contre le téméraire chasseur ; et puisant, avec le creux de sa main, de l'eau dans la source, la lui jette à la tête. Sa tête est à l'instant surmontée de cornes rameuses ; son cou s'allonge, ses bras deviennent des jambes longues et menues, et tout son corps est couvert d'un poil tacheté : il est métamorphosé en cerf. Ses chiens, qui le découvrent, s'élancent... Il veut leur crier : « *Je suis Actéon, reconnaissez Actéon, votre maître !* » il ne trouve plus de paroles, plus de voix, et il meurt déchiré par ces mêmes chiens qu'il avait élevés et nourris, et qui, tout à l'heure, bondissant de joie à ses côtés, lui prodiguaient les plus caressantes marques de leur amour.

Les habitants de la Tauride (aujourd'hui Crimée) dont Diane était la divinité, croyaient lui plaire en égorgeant devant ses autels tous les étrangers que la tempête jetait sur le rivage. Elle avait à Aricie un temple desservi par un prêtre qui ne pouvait parvenir à cette fonction qu'en tuant son prédécesseur[1]. Les Lacédémoniens lui offrirent tous les ans des victimes humaines jusqu'au siècle du sage Lycurgue, qui substitua à cet horrible usage la flagellation.

Les noms de Diane ou de Délie lui étaient donnés sur la terre[2] ; mais on rappelait Lune ou Phébé dans le ciel ; Hécate ou Proserpine dans les enfers. De là, les noms de Triple Déesse, de Triple Hécate, de Déesse à trois formes, qu'on trouve quelquefois dans les poètes ; de là aussi les sacrifices qu'on lui offrait dans les places où aboutissaient trois chemins.

— On représente *Diane* armée d'un carquois et d'un arc, et suivie d'une meute de chiens ; ses jambes et ses pieds sont nus, ou couverts d'un brodequin. On la reconnaît au croissant qu'elle porte sur le front, et à son habit de chasseresse : elle surpasse de toute la tête les nymphes de sa cour. La biche lui était consacrée.

---

1. Ce temple d'Aricie fut élevé à Diane par *Hippolyte*, fils de Thésée, après qu'Esculape l'eut ressuscité et que Diane l'eut transporté en Italie.
2. *Délie*, c'est-à-dire née dans l'île de Délos.

§ 16. MERCURE

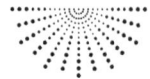

C'est en Arcadie, sur le mont Cyllène, que naquit Mercure, fils de Jupiter et de Maïa. Le jour même de sa naissance, il était déjà si adroit et si fort, qu'il lutta avec Cupidon, le renversa d'un croc-en-jambe, et lui vola son carquois. Au moment où les dieux le félicitaient de sa victoire, il déroba l'épée de Mars, le trident de Neptune, la ceinture de Vénus et le sceptre de Jupiter ; il allait escamoter la foudre : la crainte de s'y brûler les doigts l'en empêcha.

Tant de friponnerie et d'audace le firent bannir du ciel : il vint sur la terre, en Thessalie, où il passa son adolescence et sa jeunesse. Apollon, exilé, gardait alors les bœufs du roi Admète : Mercure, berger comme lui, trouva commode de se procurer un troupeau à peu de frais. Il profita d'un moment où Apollon, dans un tendre délire, célébrait sur la flûte ses amours pastorales, et adroitement détourna ses bœufs, qu'il emmena et cacha au fond d'une forêt. Ces larcins multipliés le firent envisager comme le dieu des voleurs et des filous. Cependant Apollon ayant découvert l'auteur du vol, se fâcha beaucoup, puis s'adoucit, et tout se termina à l'amiable : Apollon reçut de Mercure une lyre à trois cordes, et lui donna en retour une baguette de coudrier, qui avait la propriété d'apaiser les querelles et de réconcilier les ennemis. Mercure, pour éprouver le pouvoir de ce talisman, le jeta entre deux serpents qui se battaient ; soudain ils se réunirent autour de la baguette, y demeurèrent entrelacés, et formèrent ainsi le caducée, principal attribut de Mercure.

La vie pastorale qu'avait menée Mercure, en Thessalie, le fit adorer comme dieu des bergers. L'invention de la lutte, et les exercices corporels dans lesquels il se montrait supérieur, le firent passer pour le dieu des athlètes.

Mais peu satisfait de ces honneurs vulgaires, il essaya d'une carrière plus brillante : il parcourut les grandes villes, s'établit au milieu des places publiques, et y exerça l'art de l'éloquence. Les orateurs, les rhéteurs se mirent sous sa protection, et il fut appelé le dieu des arts libéraux et des belles-lettres. Voulant joindre l'utile à l'agréable (car la littérature n'enrichit guère), il entreprit le négoce, perfectionna le commerce des échanges, inventa les poids et les mesures, et son nom ne tarda pas à être en honneur chez les marchands et les négociants, qui l'appelèrent le dieu du commerce.

L'exil de Mercure faisait un vide à la cour céleste : on l'y rappela ; et comme il avait montré sur la terre beaucoup d'adresse et d'intelligence, Jupiter le nomma son ministre, son interprète et le messager de l'Olympe. En cette qualité, il exécute les commissions des dieux, leurs négociations publiques ou secrètes, importantes ou frivoles, et remplit tour à tour le rôle de valet, d'échanson, d'espion, d'ambassadeur, de satellite et de bourreau. Par l'ordre des dieux, il tua l'incommode Argus, cloua Prométhée sur le mont Caucase, délivra Mars de la prison où l'avaient enfermé les géants, porta Bacchus aux nymphes de Nysa, accompagna Pluton quand ce dieu enleva Proserpine… Il serait trop long de poursuivre ces détails.

Des occupations si nombreuses semblaient devoir absorber son temps et ses forces. C'était lui cependant qui avait le soin de conduire jusqu'aux enfers les âmes des morts, et d'assister à leur jugement définitif devant le tribunal de Minos ; c'était lui enfin qui ramenait ces mêmes âmes sur la terre après mille ans écoulés, et les introduisait dans de nouveaux corps.

— On représente *Mercure* jeune, leste, riant, et vêtu d'un petit manteau. Il a des ailes à ses talons, à son bonnet et à son caducée, parce qu'il est le messager des dieux ; une chaîne d'or lui sort de la bouche, pour marquer avec quel pouvoir un habile orateur enchaîne les volontés de ceux qui l'écoutent ; il tient de la main droite le caducée, emblème d'un ministre plénipotentiaire et conciliateur ; de la main gauche, il présente une bourse, symbole du dieu qui protège les marchands. A ses pieds est un coq ou une tortue. Le coq désigne la vigilance que réclament tant de fonctions importantes et difficiles ; la tortue rappelle qu'il est l'inventeur de la lyre, faite originairement d'une écaille de cet animal.

Sur les grands chemins, Mercure avait des statues de forme carrée, qui servaient à montrer la limite des champs, ou à indiquer la route aux voyageurs égarés. Ces statues, appelées en grec *Hermès*, se plaçaient aussi au milieu des carrefours, et avaient autant de faces qu'il y avait, en cet endroit, de rues aboutissantes. On lui offrait en sacrifice du miel, du lait, et surtout les langues des victimes, parce qu'il était le dieu de l'éloquence.

§ 17. BACCHUS

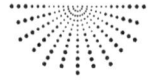

B ACCHUS, dieu du vin, fils de Jupiter et de Sémélé, vint au monde dans l'île de Naxos, et fut porté par Mercure en Arabie, chez les nymphes de Nysa, qui le nourrirent dans leurs montagnes. Silène lui apprit à planter la vigne ; les Muses lui enseignèrent le chant et la danse.

Quand les géants escaladèrent le ciel, Bacchus revêtit la forme d'un lion, et combattit contre eux avec autant de succès que de vigueur. Jupiter l'excitait dans la bataille en lui criant : *Évohé ! évohé !* courage, courage, mon fils !

Devenu grand, Bacchus entreprit la conquête des Indes. Il marchait, dans cette expédition, à la tête d'une troupe d'hommes et de femmes qui n'avaient d'autres armes que des thyrses, des cymbales et des tambours. Pan, Silène, les Satyres, les Corybantes, et Aristée, l'inventeur du miel, suivaient ses pas. Sa conquête ne coûta point de sang : les peuples se soumettaient avec joie à un conquérant plein d'humanité, qui leur imposait de sages lois, leur enseignait l'art de cultiver les champs, et leur découvrait l'usage de la vigne. Pressé un jour par la soif, dans les déserts sablonneux de la Libye, il implora le secours de Jupiter ; et aussitôt le maître des dieux fit paraître un bélier, qui conduisit Bacchus à une fontaine, où il se désaltéra lui et sa troupe. Dans l'effusion de sa gratitude, il fit bâtir en cet endroit, à l'honneur de Jupiter-Ammon, un temple devenu bientôt célèbre, et où, des trois parties du monde, venaient en foule les adorateurs, quoiqu'il fallût traverser, pour y parvenir, un désert immense et brûlant. A son retour en Grèce, Bacchus épousa une des filles de Minos, roi de Crète, *Ariane*, abandonnée dans l'île de Naxos par Thésée[1].

Malgré sa bienveillance naturelle, Bacchus châtia sans ménagements ceux qui ne voulurent pas le reconnaître pour un dieu, ou qui méprisèrent ses bienfaits.

Les Minéides et Lycurgue éprouvèrent le fatal effet de son courroux.

Les *Minéides*, filles de Minée, étaient au nombre de trois, Iris, Clymène et Alcithoé. Habiles à broder et à faire de la tapisserie, elles cherchaient, dans le travail, leur plus douce récréation. La fête solennelle de Bacchus était arrivée ; toute la population d'Orchomène y prenait part. Les Minéides seules, qui méprisent un culte extravagant, ne veulent quitter ni leurs navettes ni leurs fuseaux, pressent leurs esclaves plus que de coutume, et, se moquant de l'accoutrement des Bacchantes, tournent en ridicule les peaux dont elles s'affublent, le thyrse qu'elles agitent, les couronnes qui ceignent leurs fronts. Ni les conseils de leurs parents, ni les avertissements des prêtres, ni les menaces faites au nom de Bacchus, ne fléchissent leur résolution ; elles s'obstinent à travailler, et, sous prétexte de plaire à Minerve, déesse des arts, elles dérobent à Bacchus les heures qui lui sont destinées. Tout à coup, sans voir personne, elles entendent un bruit confus de tambours, de flûtes et de trompettes ; elles respirent une odeur de myrrhe et de safran ; la toile qu'elles ourdissaient se couvre de verdure ; un cep de vigne s'élève de leurs métiers ; le palais frémit et s'ébranle ; elles croient voir briller dans leurs appartements des torches allumées, et entendre hurler des bêtes féroces. Effrayées de ce prodige et enveloppées de fumée, les Minéides veulent fuir ; mais pendant qu'elles cherchent, pour s'y cacher, l'endroit le plus secret du palais, une peau déliée s'étend sur leurs membres, des ailes minces et transparentes couvrent leurs bras. Sans avoir de plumes, elles se soutiennent en l'air ; elles s'efforcent de parler : un cri est la seule voix qui leur reste. Devenues *chauves-souris*, elles se plaisent autour des maisons, et n'habitent point les forêts ; elles fuient la clarté du jour, et ne volent que pendant la nuit.

Lycurgue, roi des Édones en Thrace, ami de Bacchus, l'avait aidé à planter la vigne sur les bords du fleuve Strymon ; mais un jour, ayant bu immodérément de la nouvelle liqueur, dont il ignorait l'effet, il tomba dans l'ivresse, outragea sa mère et frappa son fils. Dès ce moment, ennemi déclaré du vin, il s'opposa de toutes ses forces à la propagation de la vigne, coupa les ceps qui tapissaient les coteaux de son territoire, et intima à ses sujets de suivre son exemple. Bacchus ne put envisager froidement des actes qu'il taxait d'impiété ; et bannissant de son cœur les sentiments d'amitié qui l'avaient uni à Lycurgue, il fit saisir ce roi, l'entraîna violemment au sein des forêts du mont Pangée, et l'ayant garrotté à un arbre, l'y abandonna aux bêtes féroces.

Les fêtes de Bacchus s'appelaient *Orgies* ou *Bacchanales*. Les femmes qui les célébraient se nommaient Bacchantes, Ménades, Thyades, et Bassarides.

Un point essentiel de ces fêtes, était d'y paraître couvert de peaux de boucs, de tigres ou d'autres animaux, soit domestiques, soit sauvages. On s'y barbouillait le visage avec du sang, avec de la lie de vin rouge, ou avec le jus des mûres. On se travestissait comme dans une mascarade ; on courait çà et là en poussant des cris, comme le feraient des frénétiques ; c'était à qui inventerait le plus de scandales ou de folies. Pour faire le personnage de Bacchus, on choisissait un gros garçon bien nourri, bien réjoui, que l'on plaçait sur un chariot auquel s'attelaient les prétendus tigres, tandis que les boucs et les chèvres gambadaient autour, à l'instar des Faunes et des Satyres. Le vieillard, qui représentait Silène, paraissait sur un âne, à la suite du cortège, et excitait par sa tournure grotesque les éclats de rire des spectateurs. Ces tumultueuses fêtes avaient lieu principalement sur le mont Cithéron, près de Thèbes, et sur les monts Ismare et Rhodope, en Thrace.

Penthée, roi de Thèbes et petit-fils de Cadmus, voyait avec douleur cette licence effrénée des Orgies ; et voulant y mettre enfin un terme, il se rendit en personne sur le mont Cithéron, bien déterminé d'y châtier les Bacchantes et leur abominable cortège. Mais ces femmes furieuses, parmi lesquelles se trouvaient sa mère Agavé et ses tantes, se jetèrent sur lui et le massacrèrent.

— On représente *Bacchus* sous la figure d'un jeune homme sans barbe, frais, joufflu, couronné de lierre ou de pampre, tenant le thyrse dans une main, et des grappes de raisin ou une coupe dans l'autre ; son vêtement est une peau de léopard. Tantôt il se repose à l'ombre d'une vigne, tantôt il est assis sur un tonneau, quelquefois on le voit dans un char attelé de tigres et de lions ; on le peint souvent avec des cornes, symbole de force et de puissance. Les Grecs lui immolaient la pie, parce que le vin rend indiscret, et le bouc, parce que cet animal détruit les bourgeons de la vigne. Sa plante favorite était le lierre, dont la vertu est d'empêcher l'ivresse ou d'en affaiblir le fâcheux effet.

Entre les noms et surnoms donnés à Bacchus par les Grecs et les Romains, six méritent surtout d'être connus. Il est appelé *Dionysus* ou *Dionysius*, mot d'une origine controversée ; — il est appelé *Liber*, c'est-à-dire *libre*, parce que le vin, en épanouissant l'esprit de l'homme, le dégage momentanément de tout souci, et le jette dans une certaine liberté d'actions et de discours ; — *Evius*, mot formé du cri d'*évohé* ! par lequel Jupiter encourageait son fils pendant le combat contre les géants ; — *Iacchus*, d'un verbe grec, qui veut dire « *crier, vociférer,* » à cause des clameurs des ivrognes et des éclats bruyants dont retentissent les cabarets ; — *Thyonéus*, du nom de *Thyoné* que porta Sémélé, mère de Bacchus, après que Jupiter l'eut rappelée à la vie, et admise au séjour des immortels ; — enfin *Lénéus*, c'est-à-dire dieu des pressoirs, ou qui en fut l'inventeur.

Dans les poètes français, il est quelquefois surnommé l'*Amant d'Érigone*, dénomination élégante dont voici l'origine :

Érigone, fille d'Icarius roi de Laconie, était sœur de Pénélope, et avait, comme elle, un caractère timide, circonspect et réservé. Bacchus visitant les diverses contrées de la Grèce, séjourna dans les états d'Icarius, auquel il enseigna l'art d'améliorer la culture de la vigne et d'obtenir des plants d'une qualité supérieure. Érigone était jeune et belle : elle enflamma bien vite le cœur du dieu, qui ne rêva plus qu'aux moyens de plaire, et déploya pour se rendre aimable toutes les saillies d'un esprit jovial, tous les charmes d'une conversation variée et bouffonne. Mais, hélas ! il perdait son temps et sa peine. Les allures bruyantes du dieu-vendangeur, son ton cavalier, ses propos extravagants, ses éternels couplets, étaient antipathiques à la modeste jeune fille ; et l'éloignement qu'elle sentait pour lui, croissait avec la persistance même de ses hommages. A peine ouvrait-il la bouche pour lui faire une déclaration ou un simple compliment, qu'elle souriait de pitié, et le laissait achever seul sa harangue. Tout espoir d'être même écouté semblait perdu, et le vainqueur de l'Inde, vaincu à son tour, allait tristement partir, lorsqu'il découvrit qu'Érigone aimait avec passion les raisins, et s'échappait chaque soir pour en aller manger à son aise sur le coteau. Ravi de cette découverte, il court à la vigne d'Icarius, se place sur le passage de la jeune princesse et revêt la forme d'une grappe vermeille pendant à un cep. Erigone arrive, elle aperçoit la grappe à la lueur du crépuscule, s'élance et la cueille. Bacchus reprend aussitôt son premier état, et peut enfin faire écouter à la belle indifférente une déclaration commencée tant de fois, et jamais finie.

---

1. Suivant une tradition bien différente, *Ariane*, trahie par Thésée, se donna la mort. Racine y fait allusion dans ces vers de la tragédie de *Phèdre* ; c'est Phèdre qui parle (*act.* I, *sc.* 5) :
   Ariane, ma sœur, de quel amour blessée,
   Vous mourûtes aux bords où vous fûtes laissée !

§ 18. L'AURORE

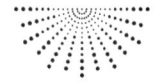

L'AURORE, avant-courrière du Soleil, préside à la naissance du jour. — Les poètes la représentent couverte d'un voile, et assise dans un char vermeil que traînent quatre chevaux blancs. Elle ouvre avec ses doigts de rose les portes de l'orient, répand la rosée sur la terre et fait croître les fleurs. Le Sommeil et la Nuit fuient devant elle ; les étoiles disparaissent à son approche.

Elle aima si tendrement *Tithon*, qu'elle pria Jupiter d'accorder à ce prince l'immortalité[1]. Ses vœux furent accomplis ; mais comme elle oublia de demander en même temps que Tithon ne vieillît point, il devint si caduc et si infirme qu'il fallut l'emmailloter et le bercer comme un enfant. Dans cet état, la vie lui sembla un fardeau insupportable ; il souhaita mourir, et fut métamorphosé en *cigale*.

---

1. *Tithon* était fils de Laomédon et frère de Priam.

§ 19. JANUS

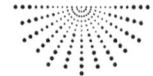

JANUS, le plus ancien roi du Latium, était originaire de Thessalie. Lorsqu'il arriva sur les bords du Tibre, les habitants de ces lieux sauvages vivaient sans religion et sans lois. Janus adoucit la férocité de leurs mœurs, les rassembla dans des villes, leur donna des lois, leur fit sentir les charmes de l'innocence, et leur inculqua l'amour de ce qui est juste et honnête. Saturne chassé du ciel choisit le Latium pour sa retraite ; et Janus poussa la générosité envers lui jusqu'à l'associer à son empire. Saturne à son tour le doua d'une sagacité extraordinaire, par laquelle il connaissait le passé, le présent et l'avenir. — On représente *Janus* comme un jeune homme qui a deux ou quatre visages ; il tient de la main droite une clef, parce qu'il inventa les portes, et de la gauche un bâton, comme présidant aux chemins. On l'invoquait le premier dans les cérémonies religieuses, et on lui offrait des sacrifices sur douze autels, pour marquer les douze mois de l'année.

Numa lui bâtit à Rome un *temple* qu'on tenait fermé dans les temps de paix, et qui s'ouvrait aussitôt qu'une guerre venait à éclater. Alors les chefs de la nation, les magistrats, les pontifes, se rendaient solennellement au temple de Janus, détachaient des voûtes du sanctuaire les anciles ou boucliers sacrés, les agitaient, frappaient dessus en cadence, et s'écriaient tous ensemble : *Mars, Mars, réveille-toi !* l'issue des hostilités, les portes en étaient de nouveau fermées, non d'une manière ordinaire, mais par d'énormes barres de fer et par cent verrous, pour qu'il fût long et difficile de les ouvrir, et que le peuple comprît par là que la guerre, source infinie de calamités, ne doit pas être entreprise sans d'impérieux motifs, et sans avoir été mûrement délibérée.

§ 20. LES MUSES

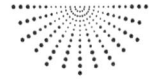

Les Muses, filles de Jupiter et de Mnémosyne, présidaient aux arts, aux lettres et aux sciences. On en compte ordinairement *neuf* :
Calliope, Clio, Melpomène, Thalie, Euterpe, Terpsichore, Érato, Polymnie ;
En voila huit : ajoutez Uranie.

Elles naquirent sur le mont Piérus, et habitèrent tour à tour le Parnasse au double sommet, dans la Phocide ; le Pinde, en Thessalie ; l'Hélicon, en Aonie (ou Béotie). Le cheval Pégase leur servait de monture. Jupiter les appelait souvent auprès de lui sur le mont Olympe, où elles chantaient les merveilles de la nature, et réjouissaient la cour céleste par leurs concerts. Elles se plaisaient aussi sur les bords du fleuve Permesse, et près des fontaines de Castalie, d'Hippocrène et d'Aganippé.

S'étant un jour éloignées de leur demeure, elles furent assaillies par un orage, et contraintes de chercher un abri. *Pyréné*, roi de Phocide, vint à leur rencontre, et leur offrit dans son palais une retraite qu'elles acceptèrent. Mais à peine eurent-elles franchi le seuil de cette dangereuse maison, que les portes se fermèrent sur elles, et qu'on les déclara esclaves du tyran. Sa brutalité croyait cette proie assurée, et déjà il marquait de l'œil sa première victime, lorsque soudain ces neuf sœurs prennent des ailes, s'envolent et fuient avec la légèreté des oiseaux. Pyréné, pour les atteindre, monte à l'étage supérieur du palais, s'élance à leur poursuite, tombe, et se tue.

Une autre fois les *Piérides*, filles de Piérus roi de Macédoine, fières du talent qu'elles croyaient avoir dans la poésie et la musique, traversèrent la Thessalie et une partie de la Grèce, pour venir disputer aux Muses le prix du chant. « *Si vous êtes vaincues, dirent-elles aux filles de Mnémosyne, vous nous céderez le mont Parnasse et les bords fleuris de l'Hippocrène ; mais si vous remportez la victoire, nous vous abandonnerons les vallées de la Macédoine et nous chercherons un asile sur les monts glacés de la Thrace.* » Les Muses acceptèrent le défi, et les Piérides commencèrent. Elles chantèrent longuement, et en vers monotones, le combat de Jupiter et des géants, et exaltèrent outre mesure le courage de ces enfants de la Terre. Point de vie, point de couleur dans leurs chants, point d'ensemble ni d'accord. Calliope se chargea de répondre. Elle célébra d'abord la puissance infinie du maître de l'univers, qui d'un souffle anime la création et d'un regard plonge tous les êtres dans le néant. Elle chanta ensuite l'histoire de Cérès, ses courses errantes, sa sollicitude maternelle, ses alternatives d'espoir et de crainte, les nombreux bienfaits qui lui méritèrent des temples et des autels. A peine eut-elle fini, que les nymphes prises pour juges lui décernèrent la victoire. Les filles de Piérus éclatèrent alors en murmures, et se mirent à frapper leurs rivales ; mais tout à coup leurs corps se couvrirent de plumes noires et blanches ; elles furent changées en *pies*, et allèrent se percher sur les arbres voisins. Sous cette nouvelle forme, elles conservent le même babil, et continuent d'être importunes.

Les Athéniens, passionnés pour la poésie, élevèrent un autel aux Muses ; Rome leur consacra trois temples, dans l'un desquels on les invoquait sous le nom de *Camænes* ou Chanteuses, parce qu'elles célébraient dans leurs hymnes les dieux et les héros. Les poètes les appellent tantôt Piérides, du mont Piérus où elles naquirent, et de leur victoire sur les filles de Piérus ; tantôt les Doctes Sœurs, les Nymphes de la double colline, les Filles de Mémoire, les Neuf Sœurs.

— On les représente jeunes, belles, modestes, vêtues simplement, assises à l'ombre d'un laurier ou d'un palmier, et se tenant par la main :

Les Muses, filles du Ciel,
Sont des sœurs sans jalousie ;
Elles vivent d'ambroisie,
Et non d'absinthe et de fiel.

— VOLTAIRE.

Quelquefois Apollon est à leur tête, jouant de la lyre : on lui donne alors le surnom de Musagète, c'est-à-dire de conducteur ou chef des Muses.

Calliope présidait à la Poésie héroïque. On la représente couronnée de laurier, tenant de la main droite une trompette et de l'autre les trois meilleurs poèmes épiques, l'*Iliade*, l'*Odyssée* et l'*Énéide*.

Clio présidait à l'Histoire. Son occupation principale était de conserver le souvenir des actions généreuses et des exploits éclatants. On la représente, (comme Calliope), couronnée de laurier, tenant une trompette de la main droite, et de la gauche un livre ouvert.

Melpomène présidait à la Tragédie. Son costume est riche, son maintien grave, son visage sérieux ; elle tient d'une main un poignard ensanglanté, de l'autre un sceptre ou des couronnes. Son front est orné d'un diadème ; elle a pour chaussure le cothurne. Quelquefois elle s'appuie sur une massue, pour faire comprendre aux auteurs que la tragédie est un art difficile, qui exige un génie puissant et une imagination vigoureuse.

Thalie, muse de la Comédie, tient un masque à la main. Elle a l'air vif et le regard moqueur ; sa tête est couronnée de lierre[1] : ses pieds sont chaussés de brodequins.

Euterpe, dont le nom veut dire *agréable, réjouissant*, présidait à la Musique. On la représente couronnée de fleurs et tenant une flûte à la main.

Terpsichore présidait à la Danse. L'air enjoué, la taille svelte, une attitude légère, des guirlandes autour d'elle, une lyre : voilà ce qui la caractérise.

Érato présidait à la Poésie lyrique et amoureuse. On la représente le front ceint de myrte et de roses, tenant de la main gauche un luth, instrument à cordes dont elle fut l'inventrice. Des tourterelles se becquètent à ses pieds. Près d'elle est un Amour ailé, équipé d'un arc, d'un carquois et d'un flambeau.

Polymnie présidait au Chant et à la Rhétorique. On la représente couronnée de perles, et vêtue d'une robe blanche. Sa main droite est toujours en action, comme celle d'un orateur ; sa gauche tient un sceptre ou des chaînes, symbole du pouvoir qu'exerce l'éloquence.

Uranie, muse de l'Astronomie, tient d'une main le globe du monde, et de l'autre un compas. Sa couronne est composée d'étoiles ; sa robe en est semée. A ses pieds sont épars quelques instruments de mathématiques.

---

1. Le *lierre*, plante toujours verte, est l'emblème de cette immortalité à laquelle aspirent les poètes.

§ 21. LE DESTIN — LES PARQUES

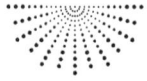

L e Destin est un dieu aveugle, fils du Chaos et de la Nuit. Il tient sous ses pieds le globe terrestre, et dans ses mains l'urne fatale où est contenu le sort des mortels. Ses arrêts sont irrévocables. Son pouvoir s'étend sur les dieux mêmes. Les Parques, filles de Thémis, exécutent ses ordres.

Les Parques étaient au nombre de trois : Clotho, Lachésis et Atropos, et habitaient ensemble le royaume de Pluton. — On les représente, le plus souvent, sous la figure de femmes pâles et maigres, qui filent en silence à la lueur d'une lampe. *Clotho*, la plus jeune, tient une quenouille qui est chargée de fils de toutes couleurs et de toutes qualités : d'or et de soie pour les hommes dont l'existence sera heureuse ; de laine et de chanvre pour la foule de ceux qu'attendent la pauvreté et le malheur ; *Lachésis* tourne le fuseau où vient s'enrouler le fil que lui a transmis sa sœur ; *Atropos*, la plus âgée, l'œil morne et attentif, considère leur travail, et, maniant de larges ciseaux, tranche à l'improviste et quand bon lui semble, le tissu fatal. Jeunes et vieux, riches et pauvres, bergers et monarques, rien n'échappe à l'inexorable déité.

§ 22. THÉMIS

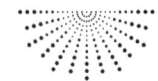

THÉMIS ou la JUSTICE, fille du Ciel et de la Terre, tient un glaive d'une main et une balance de l'autre. Elle a un bandeau sur les yeux, pour marquer qu'elle ne doit voir ni le rang ni la qualité des personnes qui ont recours à ses jugements ; elle s'appuie sur un lion, pour indiquer que la justice doit être secondée de la force.

Pendant l'âge d'or, la terre fut son séjour de prédilection ; mais les crimes de l'âge de fer l'ayant épouvantée, elle se réfugia au ciel, et y fut placée dans cette partie du zodiaque qu'on appelle la *Vierge*.

ASTRÉE, fille de Thémis, est souvent prise pour la déesse de la justice, et elle ne forme avec sa mère qu'une seule et même divinité.

SECTION DEUXIÈME : DIEUX DU SECOND ORDRE

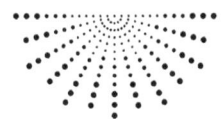

I) Dieux champêtres

- *§ 1. Pan — Faune — Les Satyres*
- *§ 2. Silène*
- *§ 3. Flore — Palès — Pomone*
- *§ 4. Les Dryades et les Oréades*
- *§ 5. Aristée*
- *§ 6. Terme*
- *§ 7. Priape*

II) Dieux marins

- *§ 8. L'Océan et Téthys*
- *§ 9. Nérée — Les Néréides*
- *§ 10. Aréthuse*
- *§ 11. Les Naïades*
- *§ 12. Protée*
- *§ 13. Phorcus*
- *§ 14. Glaucus*
- *§ 15. Les Fleuves*
- *§ 16. Éole*

III) Dieux domestiques

- § 17. *Les Pénates ou Lares*
- § 18. *Génius*
- § 19. *Hymen ou Hyménée*
- § 20. *Les Mânes*
- § 21. *Plutus*
- § 22. *Comus*

IV) Divinités allégoriques

- § 23. *La Fortune*
- § 24. *La Vengeance*
- § 25. *La Liberté*
- § 26. *L'Occasion*
- § 27. *La Renommée*
- § 28. *La Paix*
- § 29. *Le Travail*
- § 30. *La Nuit. — Le Sommeil*
- § 31. *La Mort*

PARTIE I
DIEUX CHAMPÊTRES

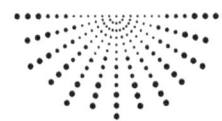

§ 1. PAN — FAUNE — LES SATYRES

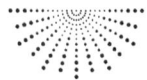

P AN, né en Arcadie, était le dieu des campagnes et des bergers. Il vint au monde avec des jambes et des pieds de bouc, avec des cornes de bouc et une longue paire d'oreilles velues. Sénoé sa nourrice, et les autres nymphes arcadiennes, poussèrent, en le voyant, un cri d'horreur ; Mercure au contraire se prit à rire, enveloppa l'enfant chèvre-pied dans une peau, et le porta au ciel, où sa bizarre structure fut un sujet de divertissement pour les dieux.

Dans le feu de sa jeunesse, Pan poursuivait, près du fleuve Ladon, *Syrinx*, dont il était épris, et il n'avait plus qu'un pas à faire pour l'atteindre, quand les dieux, touchés de l'angoisse de cette nymphe, la métamorphosèrent en roseau. Pan interdit et troublé soupira longtemps auprès de cette plante nouvelle, qui, agitée par le vent, paraissait rendre des sons plaintifs. Il en coupa quelques tiges, en fit sept tuyaux d'inégale grandeur, et les réunit sur une même ligne ; il forma ainsi la flûte pastorale qu'on appelle chalumeau, et dont il sut tirer des accords pleins d'harmonie. Privé de Syrinx, il voulut plaire à la nymphe *Pitys* ; peut-être en eût-il fait son épouse, sans la jalousie de Borée, qui l'aimait aussi, mais qui, ne pouvant se la rendre favorable, la précipita du haut d'un rocher. Les dieux changèrent son cadavre en *pin*, arbre qui se plaît sur les montagnes, et qui fut consacré à Pan.

Pour se distraire de tant de chagrins, il accompagna Bacchus à la conquête des Indes, partagea sa gloire et contribua à ses triomphes. Ce fut dans cette expédition que le dieu Pan perfectionna la tactique militaire, inventa la manière de ranger les troupes en phalanges, et de donner aux armées une aile droite et une aile gauche.

L'Arcadie lui rendait un culte particulier sur les monts Ménale et Lycée. Évandre, roi d'Arcadie, obligé de fuir son pays natal, transporta le culte du dieu Pan dans le Latium, où ses fêtes furent nommées Lupercales. Ses prêtres les célébraient en immolant des boucs et des chèvres, et en se couvrant de leurs peaux ; travestis de la sorte, ils couraient dans les rues, armés de fouets dont ils frappaient les passants, pour exciter le rire de la populace.

Les Égyptiens adoraient Pan comme le symbole de la fécondité et le principe de toutes choses. On lui attribuait les alarmes subites et les craintes frivoles ou imaginaires, qui par cette raison sont appelées terreurs *paniques*.

FAUNE ou FAUNUS, fils de Picus et de la nymphe Canente, se rendit recommandable aux habitants du Latium par sa vaillance et par sa profonde sagesse. Protecteur de l'agriculture, il mérita d'être associé après sa mort aux dieux champêtres, et d'obtenir un temple et des autels. — On le représente, comme Pan, avec des jambes et des pieds de bouc, deux cornes à la tête, un nez épaté, des cheveux et une barbe négligée[1].

LES SATYRES, connus aussi sous les noms de *Faunes* et de *Sylvains*, habitaient les bois et en avaient la surveillance. Gais, folâtres, malicieux, ils servaient d'escorte à Bacchus, et participaient à la plupart de ses fêtes. Les bergères les redoutaient ; les bergers fuyaient à leur approche, et croyaient les apaiser en leur offrant les prémices des fruits et les premiers-nés des troupeaux.

Les noms de Faunes et de Sylvains étaient inconnus aux Grecs, qui désignaient du nom de *Satyres* tous les dieux chèvre-pieds.

---

1. *Sylvain*, dieu des forêts, est quelquefois confondu avec Faunus. Les Romains lui élevèrent des temples, et son culte fut toujours chez eux en grande vénération.

§ 2. SILÈNE

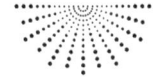

S ILÈNE, divinité champêtre, nous est représenté sous la figure d'un vieillard trapu, dont le nez est camard, les oreilles grandes, le front chauve et couronné de lierre. Presque toujours ivre, il a pour monture un âne sur lequel il se peut à peine soutenir. L'enfance de Bacchus lui fut confiée, et il accompagna ce dieu dans ses pacifiques expéditions. Au retour des Indes, Silène s'établit dans les campagnes de l'Arcadie, où son humeur joviale le fit aimer et rechercher des villageois.

A en croire les anciens auteurs, Silène n'avait rien d'épais que le corps. Doué d'un esprit vif, subtil, enjoué, il était fort agréable aux dieux, qui l'appelaient à leurs festins pour y jouir de ses saillies piquantes et y écouter les adages de sa philosophie. Dans une des églogues de Virgile, on voit *Silène*, encore échauffé par le vin qu'il a bu la veille, développer en beaux vers les principes d' Épicure sur le chaos et sur la formation du globe terrestre.

§ 3. FLORE — PALÈS — POMONE

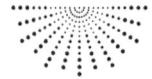

F LORE ou FLORA, divinité des Romains, épousa *Zéphyre*, qui lui accorda une jeunesse perpétuelle et la surintendance des jardins et des fleurs.

— On la représente couronnée de roses et tenant à la main une corne d'abondance. Tatius lui éleva le premier un temple à Rome. Les fêtes de cette déesse s'appelaient Florales et duraient six jours. On les institua vers l'an 172 avant notre ère, à l'occasion d'une grande stérilité. C'est durant ces fêtes que les Jeux floraux avaient lieu ; ils étaient célébrés la nuit, aux flambeaux, et avec des désordres de toute espèce.

PALÈS, déesse des pâturages et des bergeries, a une parure simple comme son culte ; ses cheveux sont couronnés de laurier et de romarin ; sa main tient une poignée de paille, litière des bestiaux. On célébrait, au mois d'avril, sa fête appelée Palilie. Ce jour-là les bergers, pour se divertir, allumaient à des distances égales trois grands feux de paille, par-dessus lesquels ils sautaient à qui mieux mieux, et accordaient le prix au plus agile. Après ce combat d'adresse, on offrait à Palès des fruits et du miel, et l'on terminait la fête par un festin.

POMONE était honorée, chez les Romains, comme déesse des fruits. Elle ne se plaisait que dans les vergers, où elle s'occupait à tailler les arbres, à les greffer, à les arroser. Recherchée en mariage par tous les dieux champêtres, elle n'en voulut écouter aucun, leur interdit l'entrée de ses domaines, et fit clore de murs ses jardins. Mais le dieu des saisons, *Vertumne*, ne se laissa pas rebuter. Il prit toutes sortes de formes et employa mille déguisements pour parvenir jusqu'à elle et lui parler : il se changea tour à tour en laboureur, en vigneron, en faucheur, en berger ; mais inutilement. A la fin, il se métamorphosa en vieille femme, et, sous cette figure, il obtint la liberté de voir Pomone et de lui parler. Son éloquence la toucha, ses instances la persuadèrent. Il reprit alors sa première forme, et Pomone consentit à l'épouser.

— On la représente assise sur une corbeille pleine de fleurs et de fruits, tenant un rameau d'une main et des pommes de l'autre.

Vertumne est l'emblème de l'année, de ses variations et de l'inconstance des choses. Son nom vient d'un mot latin qui signifie « *tourner, changer.* »

§ 4. LES DRYADES ET LES ORÉADES

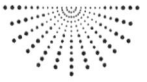

Les Dryades étaient des nymphes ou déesses qui présidaient aux arbres et aux bois. Leur nom vient de *drys*, qui en grec signifie « *chêne.* »

On les distingue en *Dryades* proprement dites, et en *Hamadryades* ; ces dernières sont incorporées et identifiées avec l'arbre ; elles naissent et meurent avec lui. La cognée, qui frappe le tronc, blesse l'Hamadryade et la fait souffrir ; les Dryades, au contraire, sont immortelles, et extérieures à l'arbre qu'elles protègent. Le jour, la nuit surtout, elles forment, autour des troncs, une danse légère, à laquelle viennent souvent se joindre les Satyres aux pieds de chèvre. — Cette fable des Dryades a été imaginée sans doute pour empêcher les peuples de détruire imprudemment les bois. Chez les Romains, aucun propriétaire ne pouvait couper un arbre avant que les ministres de la religion eussent déclaré que les nymphes l'avaient abandonné.

On donnait le nom d'Oréades aux nymphes des montagnes. Elles composaient le cortège de Diane, qu'elles accompagnaient dans ses promenades et à la chasse. On croit communément que ce furent les Oréades qui détournèrent les hommes de l'anthropophagie, et leur apprirent à se nourrir de plantes, de châtaignes et de miel.

On appelait Napées les nymphes qui présidaient aux collines, aux vallons et aux bosquets.

§ 5. ARISTÉE

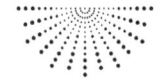

A RISTÉE, honoré par les Siciliens comme une de leurs divinités champêtres, était fils de Cyrène, une des naïades, et d'Apollon. Son éducation fut confiée aux nymphes, qui lui enseignèrent à cultiver les oliviers, à cailler le lait, et à faire des ruches à miel. Un jour qu'il poursuivait dans les campagnes la belle Eurydice, femme d'Orphée, un serpent caché sous l'herbe piqua cette nymphe, et la blessure fut mortelle. Les dieux, pour le punir, envoyèrent parmi ses abeilles une maladie contagieuse qui les détruisit toutes, jusqu'à la dernière. Dans la douleur que lui causait cette perte, il va trouver *Cyrène*, sa mère, au fond de la grotte qu'elle habitait près de la source du fleuve Pénée, et le cœur gonflé de soupirs : « *Ma mère, lui dit-il, à quoi me sert d'être issu des dieux et fils d'Apollon, si je dois être à jamais en butte aux coups du sort ? Ces abeilles qui faisaient ma gloire, ces ruches que j'avais acquises par tant d'opiniâtres travaux et de soins assidus, je les perds aujourd'hui ! et tu es ma mère !... Eh bien ! achève ; arrache, détruis toi-même de tes propres mains les arbres que j'ai plantés ; livre mes bergeries aux flammes ; brûle mes moissons, puisque l'honneur d'un fils te tient si faiblement au cœur !* »

Cyrène ne put entendre sans émotion les plaintes de son fils, quoiqu'elle en jugeât la cause un peu légère. Elle le serre entre ses bras, essuie ses larmes, calme son agitation, et lui dit : « *Dans ta triste position, mon fils, ta mère ne peut rien pour toi : ses lumières ni son bon vouloir ne seraient en cette conjoncture d'aucun secours. Mais le nom du sage Protée, fils de l'Océan, est sans doute parvenu à ton oreille. Va trouver, au bord de la mer carpatienne, ce devin célèbre pour qui l'avenir et les secrets de la nature n'ont point d'obscurité ; il peut seul te révéler la cause de ton malheur, et t'apprendre le moyen infaillible d'obtenir de nouveaux essaims.* » Aristée part, et arrive chez Protée, qui d'abord refuse de l'écouter, puis élude de mille manières les questions qui lui sont adressées, hésite, tergiverse, cède enfin, et annonce au jeune agriculteur que la vengeance divine le poursuit, qu'il porte la peine d'un grand crime, et que son devoir est d'apaiser le courroux des nymphes, sœurs d'Eurydice ; qu'il faut dresser devant la porte de leur temple quatre autels, répandre au pied de ces autels le sang de quatre taureaux et de quatre génisses, abandonner leurs cadavres dans le bois sacré, et ne revenir en cet endroit qu'après neuf jours. Tous ces ordres sont observés ; et sitôt que la dixième aurore éclaire l'horizon, Aristée, dans son inquiète curiosité, court vers le bois et y découvre le plus étonnant des prodiges. Il entend bourdonner, dans le ventre de ces cadavres en putréfaction, de nombreux essaims d'abeilles, qui bientôt, s'ouvrant un passage à travers la peau, s'élancent dans les airs, y forment des nuées immenses, puis se réunissant à la cime des arbres, y restent suspendus en forme de grappes. La surprise qu'il en éprouve ne peut être comparée qu'à sa joie.

Dans la suite, *Aristée* épousa Autonoé, fille de Cadmus, dont il eut Actéon. Après la mort cruelle de ce fils, il se retira dans l'île de Cos, de là en Sardaigne, puis en Sicile, où il répandit ses bienfaits. Vers la fin de sa vie, il se fixa en Thrace, et Bacchus daigna lui-même l'initier aux mystères des Orgies.

§ 6. TERME

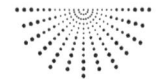

L e dieu Terme était le gardien des propriétés, le protecteur des limites, et le vengeur des usurpations.

Pendant le règne de Saturne, les champs n'avaient point de bornes déterminées ; tout était en commun, et les hommes ne connaissaient pas encore le tien et le mien. La cupidité donnant lieu aux empiétements, aux querelles et aux procès, Cérès, la législatrice, ordonna que chaque propriétaire distinguât son champ de celui du voisin, par des arbres, par des pierres ou par tout autre signe qui en marquât l'étendue et les limites. Cette borne fut honorée comme un dieu, qu'on appela *Terme*, et dont le culte fut institué chez les Romains par Numa Pompilius.

La statue de ce dieu n'était d'abord qu'une tuile, une pierre ou un tronc d'arbre ; dans la suite, on lui donna la figure d'un homme sans pieds et sans bras, que l'on plaçait sur une borne pyramidale. Le jour de sa fête (appelée Terminales), les deux possesseurs de terres contiguës se rendaient ensemble près de la borne qui séparait leurs champs, y suspendaient des guirlandes et l'arrosaient d'huile. Ils immolaient ensuite des agneaux et de jeunes porcs, qui servaient aux repas des deux familles réunies. Un événement miraculeux accrédita beaucoup le dieu *Terme*. Tarquin-le-Superbe voulant bâtir un temple à Jupiter sur le Capitole, il fallut déplacer les statues, les niches, les piédestaux. Tous les dieux abandonnèrent sans opposition l'endroit qu'ils occupaient ; le dieu *Terme* résista seul aux efforts qu'on fit pour l'enlever ; on fut obligé de le laisser en place, et il se trouva de cette manière au milieu du nouveau temple. Cette fable se débitait parmi le peuple, pour lui persuader que les limites des champs sont sacrées, et qu'il faut dévouer aux Furies l'usurpateur sacrilège qui aurait l'audace de les changer.

§ 7. PRIAPE

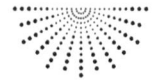

Priape, dieu de l'horticulture et de la fructification, naquit à Lampsaque dans l'Asie-Mineure. Les Romains lui offraient au printemps une corbeille de fleurs variées, et dans l'été une guirlande d'épis.

L'âne lui était immolé.

— On représente *Priape* sous la forme d'un Terme, avec une tête d'homme, des cornes de bouc, des oreilles de chèvre, et une couronne de pampre ; quelquefois il est armé d'une baguette pour écarter des jardins les oiseaux qui les dévastent, ou d'une massue pour donner la chasse aux voleurs, ou d'une sorte de faucille pour moissonner les blés et tailler les arbrisseaux.

PARTIE II
DIEUX MARINS

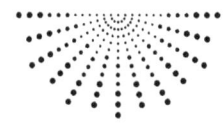

§ 8. L'OCÉAN ET TÉTHYS

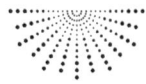

L'Océan, fils du Ciel et de la Terre, épousa Téthys déesse des eaux, et de ce mariage naquirent les *Fleuves* et les *Océanides*. — On représente l'*Océan* sous la figure d'un vieillard assis sur les ondes, et qui tient une pique dans sa main. Près de lui est un monstre marin d'une forme bizarre et fantastique.

— *Téthys* est représentée assise sur un char qui a la forme d'une coquille. Elle tient d'une main un sceptre d'or, pour commander aux vagues ; de l'autre, elle soutient sur ses genoux le petit dieu Palémon. Les Tritons conduisent ses chevaux. On lui offrait des sacrifices sur le rivage, et on lui immolait, comme à Neptune, un taureau noir. Dans les libations qu'on faisait en son honneur, on employait par préférence du vin, de l'huile et du miel[1].

---

1. Il ne faut pas confondre *Téthys*, femme de l'Océan, avec *Thétis*, la néréide, mère d'Achille.

§ 9. NÉRÉE — LES NÉRÉIDES

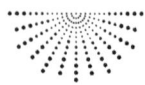

Néréе, un des dieux de la mer, épousa *Doris*, fille de l'Océan, et fut le père des Néréides. Il se distingua par sa douceur, sa bienfaisance, sa justice, et surtout par la connaissance parfaite qu'il avait de l'avenir. Quand Hercule reçut l'ordre d'enlever les pommes d'or des Hespérides, Nérée l'instruisit de la contrée et de l'endroit où étaient ces fruits merveilleux. Lorsque Pâris emmena Hélène à Troie, Nérée lui apparut au milieu de la traversée, arrêta son vaisseau, et lui annonça les suites fatales de son crime, l'incendie de Troie, la destruction de la famille royale, le châtiment que lui-même subirait, et dont la protection de Vénus ne pourrait le garantir.

Les filles de Nérée ou Néréides étaient au nombre de cinquante, parmi lesquelles on remarquait : Thétis, épouse de Pelée et mère d'Achille ; Galatée, amante d'Acis ; Cassiopée, mère d'Andromède ; Calypso, reine d'Ogygie ; Glaucé, Clytie, Aréthuse, Cymothoé, Panope, Spio, Cymodocé et Clymène. On leur consacrait, sur le rivage de la mer, des bois sacrés et des autels ; et on leur offrait, pour obtenir une heureuse navigation, du lait, de l'huile et du miel.

— Les poètes représentent les *Néréides* sous la figure de jeunes filles portées sur des chevaux marins, et tenant dans leurs mains le trident de Neptune, ou une couronne, ou un petit dauphin. Quelquefois on les peint moitié femmes et moitié poissons.

§ 10. ARÉTHUSE

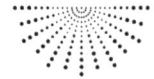

A RÉTHUSE, nymphe d'Élide, fille de Nérée, était attachée au service de Diane, et préférait, comme cette divinité, les ardents plaisirs de la chasse aux charmes amollissants de l'amour. Alphée, épris de sa beauté, s'attachait incessamment à ses pas, mais en vain : la nymphe refusait d'écouter ses vœux. Les dieux, voulant mettre un terme à des poursuites aussi indiscrètes qu'importunes, transportèrent Aréthuse dans un vallon de la Sicile, et l'y métamorphosèrent en fontaine : Alphée demeuré en Élide y fut changé en fleuve. Mais cette métamorphose ne diminua point l'amour d'Alphée : ses eaux traversaient le fond des mers sans se mêler à l'onde salée, et venaient s'unir, toujours pures et limpides, aux eaux d'Aréthuse. (Les objets qu'on jetait dans le courant de l'Alphée, en Grèce, se retrouvaient, dit-on, dans la fontaine d'Aréthuse, en Sicile. De cette croyance populaire est née la fable qu'on vient de lire.)

§ 11. LES NAÏADES

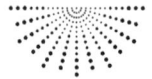

C'étaient les nymphes qui présidaient aux fleuves, aux rivières et aux fontaines. Elles habitaient les grottes voisines de la mer et le bord des ruisseaux, sans dédaigner le frais ombrage des bosquets. — On les peint jeunes et jolies, appuyées sur une urne qui verse de l'eau, ou tenant à la main un coquillage et des perles. Une couronne de roseaux ceint leur chevelure flottante. On leur offrait en sacrifice des chèvres et des agneaux ; on leur faisait des libations de vin, d'huile et de miel ; plus souvent on se contentait de mettre sur leurs autels, du lait, des fruits et des fleurs.

§ 12. PROTÉE

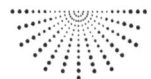

Protée, dieu marin, né à Pallène en Macédoine, avait pour occupation principale de nourrir sous les eaux les phoques, ou veaux marins, qui composaient le troupeau de Neptune ; et ce dieu, pour récompenser son zèle, lui avait donné la connaissance du passé, du présent et de l'avenir : le temps n'avait pour lui aucun voile.

Chaque jour, à l'heure de midi, *Protée* quittait les profondeurs de la mer, et se retirait dans une grotte du rivage pour s'y endormir au bruit des flots. C'était pendant la durée de ce sommeil qu'il fallait surprendre ce devin, employer la violence, et le garrotter étroitement, si l'on voulait apprendre de lui la révélation de quelque mystère. Il tâchait d'abord, par mille métamorphoses, d'échapper à ceux qui l'avaient enchaîné : tantôt il prenait la figure d'un sanglier, d'un tigre, d'un dragon ; tantôt il devenait une eau fluide, une flamme pétillante, un arbre, un rocher. Mais plus il prenait de formes différentes pour tromper les yeux ou effrayer, plus il fallait le serrer fortement et l'étreindre ; vaincu, il cédait à ses adversaires, et, reprenant sa première nature, il leur dévoilait l'avenir. Ménélas à son retour de Troie, Aristée après la perte de ses abeilles, obtinrent de lui les réponses qu'il leur importait de savoir.

Cette fable allégorique nous montre que ceux qui veulent pénétrer dans les secrets de la nature, approfondir les difficultés des arts et des sciences, parvenir en un mot à la connaissance de la vérité, doivent s'y appliquer avec un ardent courage, et sans se laisser rebuter jamais par les obstacles : la lutte tournera enfin à leur profit, et le succès suivra leurs efforts. (Le nom de *protée*, dans le langage ordinaire, se prend en mauvaise part, et désigne un homme versatile, inconstant, insaisissable, qui change sans cesse d'opinions, et joue toute espèce de rôles.)

§ 13. PHORCUS

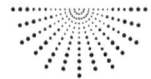

Phorcus ou Phorcys, dieu marin, fils de Neptune, est moins connu par lui-même que par sa progéniture. Il donna le jour à divers monstres de la fable, et principalement aux trois *Gorgones*, Sténo, Euryale et Méduse. Elles avaient des serpents au lieu de cheveux, des mains de fer, des ailes d'or, le corps couvert d'écailles, et ne possédaient à elles trois qu'un œil, une corne et une dent, dont elles faisaient usage tour à tour. Objets d'effroi et d'horreur, on ne pouvait les envisager sans perdre la vie, ou sans être changé en *pierre*. Persée, armé de son égide, combattit les Gorgones et trancha la tête à Méduse, du sang de laquelle naquirent Chrysaor et le cheval Pégase.

§ 14. GLAUCUS

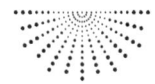

G LAUCUS, pêcheur de la ville d'Anthédon en Béotie, ayant vu que les poissons qu'il jetait sur le rivage y prenaient une vigueur nouvelle et s'élançaient dans la mer, soupçonna que l'herbe dont cette plage était tapissée, avait une propriété extraordinaire ; il en goûta, et éprouva soudain le désir de vivre dans les ondes. Cette bizarre envie devenant toujours plus pressante, et à la fin irrésistible, il se précipita au sein des flots, et fut métamorphosé en *dieu marin*.

Un jour qu'il côtoyait le bord de la mer, il aperçut *Scylla*, fille de Phorcus, devint amoureux d'elle et désira l'épouser ; mais la trouvant rebelle à ses vœux, il alla près de Circé, célèbre magicienne, fille du Soleil, et lui demanda un breuvage magique ou philtre, qui pût attendrir Scylla. Glaucus était le plus beau des dieux marins. Circé en le voyant conçut pour lui une violente passion, et lui conseilla d'oublier la fille de Phorcus qui le méprisait, pour s'attacher à une déesse, fille du Soleil, et plus digne de sa tendresse. Glaucus, sourd à cette déclaration, disparut. Circé indignée, forme le dessein de perdre sa rivale, et prépare un suc empoisonné qu'elle répand dans la fontaine où se baignait Scylla. Cette jeune nymphe n'a pas plus tôt mis les pieds dans l'eau, qu'elle se voit entourée de monstres qui aboient et qui semblent faire partie d'elle-même ; elle veut les fuir, mais elle les entraîne avec elle et ne s'en peut détacher. Épouvantée des hurlements de tous ces chiens cramponnés à son corps, elle se jette dans la mer, où elle est changée en une déesse malfaisante, qui effraie et tourmente les navigateurs. Vis-à-vis de sa caverne est le gouffre de *Charybde*, non moins dangereux, et où périssent les vaisseaux qui cherchent à éviter Scylla[1].

— On représente *Glaucus* avec une longue barbe, des sourcils épais, des cheveux flottants sur les épaules, et le corps terminé en queue de poisson.

---

1. Depuis que la navigation s'est perfectionnée, ce détroit a perdu ce qui en faisait le danger ; et cette *Charybde*, anciennement l'effroi des pilotes, mérite à peine aujourd'hui leur attention.

§ 15. LES FLEUVES

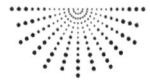

Les Païens rendaient un culte aux Fleuves, à cause des avantages qu'ils en retiraient pour le commerce et pour la fertilisation des terres. Les Égyptiens, les premiers, déifièrent le *Nil*. A leur exemple les Étoliens divinisèrent l'*Achéloüs*, les Phrygiens le *Scamandre*, les Lacédémonien l'*Eurotas*, les Athéniens l'*Ilissus*, les Romains le *Tibre*. — Dans les temples des Grecs et des Romains, on voyait en bronze ou en or les statues des principaux Fleuves. Ils y étaient représentés sous la figure de vieillards vénérables, ayant une barbe touffue, la chevelure longue et traînante, la tête couronnée de joncs. Couchés au milieu des roseaux, ils s'appuient sur une urne penchée d'où s'échappe l'eau qui forme la rivière à laquelle ils président. Quelquefois on les représente sous la forme d'un taureau, pour marquer le mugissement de leurs ondes, ou parce que les sinuosités d'un fleuve ressemblent assez aux cornes de ce quadrupède.

§ 16. ÉOLE

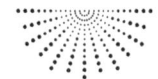

É OLE, dieu des Vents, petit-fils d'Hippotas, habitait au centre des îles éoliennes. C'est là qu'il tenait les Vents enchaînés dans un antre profond, et les gouvernait d'une volonté absolue. « *Assis sur la montagne la plus élevée, dit un poète, il modère leur fureur, les arrête dans leur prison, ou les met en liberté. S'il oubliait un seul moment de veiller sur eux, le ciel, la terre, la mer, seraient bouleversés et tous les éléments confondus.* »

Ce monarque, ou ce dieu, joue un grand rôle dans la poésie, comme excitant les tempêtes et les apaisant. Ulysse s'adresse à lui pour obtenir une heureuse navigation ; Junon implore son aide pour disperser la flotte des Troyens, et empêcher Énée d'aborder en Italie. — On représente *Éole* avec un sceptre, symbole de son autorité : autour de lui s'agitent les Vents, génies inquiets et mutins.

Le plus célèbre des Vents est *Borée*, qui faisait son séjour habituel en Thrace, d'où il répandait sur les contrées voisines le froid, la neige et les orages. Épris des charmes d'*Orithyie*, fille d'Érechthée roi d'Athènes, il la demanda en mariage ; mais Érechthée, qui ne voulait pas que sa fille habitât un climat aussi rude et aussi désert que la Thrace, lui refusa la main de cette princesse. Borée, qui chérissait Orithyie et ne pouvait renoncer à sa possession, l'enleva pendant qu'elle traversait l'Ilissus, et la transporta dans son royaume. De leur hyménée naquirent *Calaïs* et *Zèthès*, argonautes fameux, et *Chioné*, mère d'Eumolpus.

PARTIE III
DIEUX DOMESTIQUES

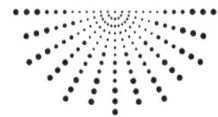

§ 17. LES PÉNATES OU LARES

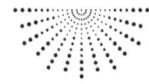

On appelait chez les Romains PÉNATES ou LARES les dieux domestiques, les dieux du foyer, les génies protecteurs de chaque maison, les gardiens de chaque famille. Énée, prince troyen, avait introduit leur culte en Italie.

Lorsque les enfants de qualité, parvenus à l'adolescence, quittaient la *bulla* ou petite boule d'or, qu'ils portaient au cou en guise de collier, ils offraient cet ornement aux dieux Lares ; quand un esclave recevait sa liberté, il consacrait aux dieux Lares sa chaîne, en témoignage de reconnaissance.

— On les représente sous la figure de marmousets, ou petites statues faites tantôt d'argent, de bronze ou d'ivoire, tantôt de bois ou de cire. Dans la cabane du pauvre, ces statues étaient placées derrière la porte ou au coin du foyer. Dans l'appartement des riches, elles occupaient une chapelle nommée laraire, et avaient un esclave pour les servir.

On offrait aux dieux Lares du vin et des fruits ; on les couronnait de violettes, de myrte et de romarin ; on brûlait des parfums en leur honneur, et l'on suspendait devant leurs images des lampes allumées. Rien d'important ne se commençait dans une famille sans avoir consulté les Pénates, dont les réponses étaient regardées comme des oracles. On leur adressait journellement des invocations et des prières :

O mes Pénates !...
Oh ! veillez bien sur notre porte,
Sur nos gonds et sur nos verrous :
Non point par la peur des filous,
Car que voulez-vous qu'on m'emporte ?
Je n'ai ni trésors, ni bijoux,
Je peux voyager sans escorte.
Mes vœux sont courts, les voici tous :

Qu'un peu d'aisance entre chez nous :
Que jamais la vertu n'en sorte !

Mais si une famille était affligée de quelque revers, ces idoles encensées la veille éprouvaient des traitements rigoureux autant que risibles ; on les battait, on les mutilait, on les jetait par la fenêtre. L'empereur Caligula en usa de la sorte envers eux, disant « *qu'il était mécontent de leur service.* »

§ 18. GÉNIUS

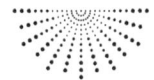

G ÉNIUS ou GÉNIE, divinité des Grecs et des Romains, présidait à la naissance de chaque mortel, s'attachait à lui durant le cours de sa vie, connaissait toutes ses pensées, et le dirigeait dans toute sa conduite. Chaque homme avait deux Génies : l'un bon, qui l'exhortait au bien ; l'autre mauvais, qui le poussait au mal. Chaque pays, chaque province, chaque ville, chaque maison, avait son Génie. A Rome on adorait le Génie *public*, c'est-à-dire la divinité tutélaire de l'Empire. Chaque individu, lorsqu'il célébrait son jour de naissance, sacrifiait à son Génie, auquel il offrait du vin, des fleurs, des fruits, de l'encens ; mais le sang des victimes ne coulait jamais sur son autel. — Le *bon* Génie est représenté sous les traits d'un jeune homme couronné de fleurs, et tenant une corne d'abondance ; le *mauvais* Génie est peint sous la figure d'un vieillard dont la barbe est épaisse et les cheveux courts, et qui porte sur sa main un hibou, oiseau de mauvais augure.

§ 19. HYMEN OU HYMÉNÉE

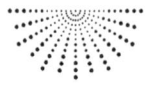

HYMÉNÉE, fils de Ténus, présidait au mariage et aux fêtes nuptiales. — On le représente sous la figure d'un jeune homme décemment vêtu, couronné de roses et tenant de la main droite un flambeau.

Des hymnes étaient chantés à sa louange le jour des noces, et son nom se répétait en chœur à chaque refrain : *Hymen ! Hymen ! ô Hyménée ! Hyménée !* Dans les sacrifices qu'on lui offrait, on avait soin d'enlever le fiel du milieu des entrailles de la victime et de le jeter au loin : emblème qui semblait prescrire aux époux de s'abstenir de ces propos amers, de ces paroles aigres, par lesquelles est si souvent compromise la paix domestique.

§ 20. LES MÂNES

C'est le nom donné par les Romains aux âmes séparées des corps. On avait pour les mânes des parents le même respect que pour les dieux : on les envisageait comme des divinités protectrices, qui habitaient auprès des tombeaux, et prenaient soin des cendres qui s'y trouvaient renfermées. On leur adressait des prières, on leur faisait des libations, et on leur immolait une brebis noire. Le *cyprès*, arbre funèbre, leur était consacré.

Le bruit du fer, le son de l'airain, leur étaient insupportables et les faisaient fuir ; mais la vue du feu les réjouissait : de là vient qu'en Italie on plaçait de petites lampes dans les sépulcres. Les Romains avaient coutume d'inscrire ces mots : *Aux dieux Mânes* ! sur les marbres funéraires, pour rappeler aux profanes et aux impies la sainteté des tombeaux.

Souvent le nom de *Mânes* est employé par les poètes latins pour désigner les Enfers et Pluton. Souvent aussi les Mânes sont confondus avec les dieux Lares et avec les Lémures.

On appelait *Lémures* ou *Larves* une sorte de déesses-fantômes, une espèce de revenants, de lutins, dont l'occupation favorite était d'effrayer les vivants. Le meilleur moyen de les mettre en fuite était de leur jeter des fèves ou d'en brûler : la fumée de ce légume rôti leur causait un dégoût insurmontable. Quelquefois on distingue les Lémures des Larves : les premières sont envisagées comme bienveillantes et propices ; les Larves, au contraire, comme redoutables et malfaisantes.

§ 21. PLUTUS

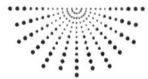

PLUTUS était le dieu des richesses. Privé de la vue, il ne pouvait distinguer les bons des méchants, les sages des fous, et distribuait indifféremment ses largesses aux uns et aux autres. Au reste, comme le dit spirituellement un poète :

> Tout est aveugle en cet humain séjour ;
> On ne va qu'à tâtons sur la machine ronde.
> On a les yeux bouchés à la ville, à la cour.
> Plutus, la Fortune et l'Amour
> Sont trois aveugle-nés qui gouvernent le monde.

— VOLTAIRE.

— Les Grecs représentent *Plutus* sous la figure d'un vieillard qui tient une bourse à la main. Il arrive à pas lents et en boitant, et s'en retourne avec des ailes : ce qui veut dire que les richesses s'acquièrent difficilement, mais qu'elles se dissipent très-vite. Quelquefois on met Plutus au rang des divinités infernales, et on le confond avec *Pluton*, parce que l'or et l'argent se tirent des entrailles de la terre.

§ 22. COMUS

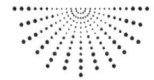

Comus, dieu des festins, de la joie et des danses nocturnes, n'avait point de temple ni de prêtres. On n'égorgeait ni quadrupèdes ni volatiles en son honneur ; mais avant et après le repas on lui adressait quelque invocation. Ceux qui célébraient ses fêtes, couraient déguisés et masqués pendant la nuit, à la lueur des flambeaux. — On le représente sous les traits d'un jeune homme couronné de roses, chargé d'embonpoint, la face enluminée, et pouvant à peine soutenir sa tête appesantie. Il s'appuie d'une main sur une longue pique de chasseur ; de l'autre il porte négligemment un flambeau renversé.

A Comus est ordinairement associé *Momus*, dieu du badinage, de la raillerie et des bons mots. Sa tête est surmontée d'un bonnet orné de grelots : il tient d'une main un masque, et de l'autre une marotte, sorte de poupée, qui est le symbole de la folie. *Chacun a sa marotte*, dit le proverbe, c'est-à-dire chacun a un goût de prédilection, chacun a un penchant favori qui l'entraîne, et le domine.

PARTIE IV
DIVINITÉS ALLÉGORIQUES

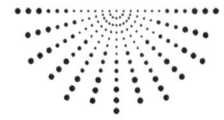

§ 23. LA FORTUNE

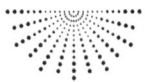

L a FORTUNE, déesse toute-puissante, fille de Jupiter, était la dispensatrice des biens et des maux, des plaisirs et des peines, de la richesse et de la pauvreté.

On l'honorait dans plusieurs cantons de la Grèce, et elle avait divers temples en Italie, dont les plus fameux étaient à Antium, ville du pays des Volsques, et à Préneste. Le temple d'Antium était enrichi d'offrandes et de présents magnifiques ; la statue de la déesse y rendait des oracles ; elle répondait aux demandes des suppliants par un mouvement de tête et par des gestes.

— On représente la *Fortune* avec un bandeau sur les yeux, et une corne d'abondance à la main. Un de ses pieds reste en l'air, tandis que l'autre s'appuie sur une roue qui tourne rapidement. Quelquefois elle a des ailes ; plus souvent elle tient dans ses bras une statue de Plutus ou un gouvernail.

§ 24. LA VENGEANCE

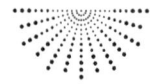

La Vengeance ou Némésis punissait certains coupables qu'épargnait la justice humaine : les ingrats, par exemple, les orgueilleux, les parjures, les cœurs inhumains. Ses châtiments étaient rigoureux, mais équitables, et les rois mêmes ne pouvaient s'y soustraire.

— On la représente avec des ailes, pour montrer avec quelle promptitude la punition suit le crime. Elle tient une lance dont elle frappe le vice, et une coupe pleine d'une liqueur divine dont elle fortifie la vertu contre le malheur. Son front est calme, son regard sévère, sa démarche assurée. Une couronne de narcisse couvre sa chevelure. Souvent sa tête est voilée, parce que la vengeance céleste est impénétrable, et atteint à l'improviste les criminels. Les Grecs l'adoraient sous le nom d'*Adrastée* et de *Rhamnusie*. A Rome, elle avait un autel sur le Capitole.

§ 25. LA LIBERTÉ

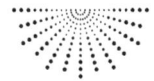

Le père des Gracques lui éleva le premier, à Rome, un temple sur le mont Aventin. Un incendie consuma cet édifice, que Pollion fit rebâtir avec plus de magnificence et dans lequel il établit la première bibliothèque publique qu'aient eue les Romains. — Sur les médailles et dans les tableaux, la *Liberté* est représentée vêtue de blanc comme une dame romaine, et coiffée d'un bonnet phrygien. Ses autres attributs sont un sceptre, un joug rompu, et un chat, animal qui ne peut supporter aucune contrainte.

§ 26. L'OCCASION

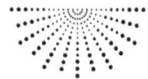

C'était la déesse de l'à-propos, c'est-à-dire qu'elle présidait au moment le plus favorable pour réussir dans les entreprises. — On la représente comme une jeune femme qui a une touffe de cheveux sur le devant de la tête, mais qui est chauve par derrière. Un de ses pieds repose sur une roue rapide, l'autre est en l'air. Sa main droite tient un rasoir. Ces emblèmes signifient que l'occasion étant fugitive, il faut la saisir dès qu'elle s'offre à nous, et trancher tous les obstacles. Quand elle est passée, on ferait pour l'atteindre de vains efforts.

§ 27. LA RENOMMÉE

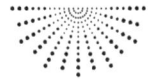

La Renommée, divinité allégorique des Grecs et des Romains, a cent yeux continuellement ouverts et cent bouches infatigables. Toujours en mouvement, toujours agitée, elle court, elle vole, le jour et la nuit, d'une extrémité de la terre à l'autre, divulguant avec la même assurance ce qu'elle sait et ce qu'elle ignore, le bien et le mal, la vérité et le mensonge. Les poètes modernes la représentent comme une femme ailée qui fend les airs, et tient une trompette à la main.

§ 28. LA PAIX

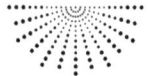

Toute l'antiquité païenne éleva à cette bienfaisante divinité des statues et des autels. Les Romains lui dédièrent dans la voie Sacrée le plus beau temple qui fût à Rome. Cet édifice, commencé par Agrippine et achevé par Vespasien, reçut les riches dépouilles que cet empereur et son fils avaient enlevées du temple de Jérusalem. — On représente la *Paix* sous la figure d'une femme couronnée de fleurs, tenant d'une main une branche d'olivier et de l'autre une corne d'abondance.

Les colombes de Vénus faisant leur nid dans le casque de Mars, sont une image ingénieuse et douce, qu'on a souvent employée comme un emblème de la paix.

§ 29. LE TRAVAIL

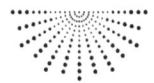

Il est ordinairement représenté sous la figure d'un homme nerveux, plein de force, d'une haute taille et d'un teint coloré. Dans ses mains et près de lui sont des instruments propres à différents travaux. Quelquefois il a pour emblème un jeune homme assis, écrivant à la clarté d'une lampe, et ayant près de lui un coq.

S'occuper, c'est savoir jouir ;
L'oisiveté pèse et tourmente.
L'âme est un feu qu'il faut nourrir,
Et qui s'éteint s'il ne s'augmente.

— VOLTAIRE.

Le ciel, par les travaux veut qu'on monte à la gloire :
Pour gagner un triomphe, il faut une victoire.

— CORNEILLE.

§ 30. LA NUIT — LE SOMMEIL

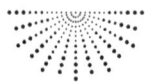

La Nuit, fille du Chaos, était la mère du Destin, du Sommeil et de la Mort. — Les anciens poètes la représentent couronnée de pavots, enveloppée d'un voile noir semé d'étoiles, et parcourant sur un char la vaste étendue des cieux. On lui immolait, de même qu'aux Furies et aux Parques, des brebis noires ; on lui sacrifiait aussi un coq, parce que les cris perçants de cet oiseau interrompent le calme des nuits.

Le Sommeil, disent les poètes, habite un palais impénétrable aux rayons du jour. Jamais le coq matinal, jamais les oies vigilantes ni les chiens n'en troublèrent la tranquillité. Le doux repos y fait sa demeure habituelle ; le fleuve d'Oubli y roule mollement ses eaux languissantes, dont le faible murmure invite à dormir. Au milieu de ce palais est un lit d'ébène, entouré de rideaux noirs : là repose, sur la plume et le duvet, le dieu paisible, environné de Songes de toute espèce. *Morphée*, ministre du Sommeil, veille à la porte de l'appartement, et empêche qu'on ne fasse à l'entour le plus léger bruit.

Les *Songes*, enfants du Sommeil, sont aussi nombreux que les feuilles des forêts et que les sables de la mer. Les uns, insignifiants ou trompeurs, sortent des enfers par une porte d'ivoire ; les autres, vrais et prophétiques, sortent par une porte de corne.

§ 31. LA MORT

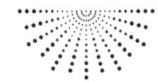

L a Mort, fille de la Nuit, habitait le seuil du Tartare. La Grèce ne lui éleva ni temples ni autels ; et, quoique reconnue pour déesse, elle n'eut jamais aucun prêtre dans cette contrée. Le *cyprès* et l'*if* lui étaient consacrés. — Les modernes représentent la *Mort* sous la figure d'un squelette couvert d'un manteau noir. Dans sa main droite est un glaive ou une faux ; dans sa gauche une clepsydre, sorte d'horloge. Au-dessus de sa tête un papillon prend son vol : c'est le symbole de la vie future.

Les peintres et les sculpteurs de l'antiquité, craignant sans doute de réveiller des idées pénibles, ne peignirent la Mort que sous des emblèmes gracieux. Tantôt c'est un Amour qui renverse ou éteint son flambeau ; tantôt c'est un enfant qui s'endort ; tantôt c'est une rose sur un cercueil.

Laissons, en effet,
Laissons au vulgaire des hommes
Redouter de la mort les pièges imprévus :
Elle n'est point tant que nous sommes ;
Quand elle est, nous ne sommes plus.

— L'ABBÉ MANGENOT.

La déesse des funérailles s'appelait *Libitine*, chez les Romains, et était la protectrice de tous les employés et administrateurs des pompes funèbres. Elle avait à Rome un temple où l'on venait apporter un denier d'argent (50 centimes) pour chaque personne qui décédait : institution ancienne, qui remonte au règne de Servius Tullius. Le nom de *Libitine* est quelquefois donné à Hécate et à Proserpine.

SECTION TROISIÈME :
HÉROS ET DEMI-DIEUX

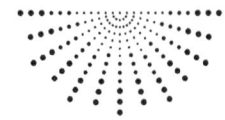

§ 1. PROMÉTHÉE

Pᴿᴼᴹᴱᵀᴴᴱᴱ, le plus célèbre des titans, était frère d'Épiméthée et fils de Japet.
Doué d'un génie supérieur, il réussit à former un homme avec le limon de
la terre, et il communiqua la vie à cette masse insensible, en dérobant une parcelle
de feu au char du Soleil. Jupiter no put voir sans jalousie cet ouvrage admirable, et
ordonna à Vulcain de former à son tour une femme, et de la donner pour épouse à
Prométhée. Cette femme, la première qui ait existé sur la terre, fut appelée *Pandore* ;
rien n'était plus beau qu'elle ; l'assemblée céleste en fut émerveillée, et la combla de
présents. Minerve lui donna la sagesse ; Mercure, l'éloquence ; Apollon, le talent de
la musique. A tous ces dons, Jupiter ajouta une boîte magnifique et bien close, que
Pandore devait offrir comme présent de noces à son époux.

Riche des qualités de l'esprit et des agréments de la figure, Pandore fut intro-
duite vers Prométhée, à qui on là destinait. Naturellement rusé, il se défia des
présents d'un ennemi : il ne voulut recevoir ni Pandore ni la boîte, et insista auprès
de son frère Épiméthée, pour qu'il refusât comme lui cette offre de Jupiter. Épiméthée promit d'être circonspect ; mais à la vue de Pandore, tout fut oublié. Il l'accepta
pour épouse, et ouvrit la boîte mystérieuse. Elle contenait tous les maux qui
peuvent affliger l'espèce humaine : maladies, guerre, famine, procès ; et soudain ces
maux se répandirent sur le globe entier. Frappé d'horreur à cette vue, Épiméthée
referma la boîte, mais trop tard ; il n'y restait plus que l'espérance.

Prométhée voulut rendre à Jupiter tromperie pour tromperie. Dans ce dessein il
immola deux taureaux, introduisit dans l'une des peaux la chair des deux victimes,
et ne mit dans l'autre que des os ; il présenta ensuite au maître des dieux ces deux
offrandes, en le priant de choisir. Jupiter donna dans le piège ; il choisit la peau qui
ne renfermait que les os. Sa colère n'eut alors plus de bornes ; il le fit saisir, transporter et clouer par Mercure sur la cime du mont Caucase, et ajouta à ce supplice
un vautour qui devait lui dévorer les entrailles pendant 30,000 ans : la portion
dévorée renaissait toujours, et renouvelait ainsi son tourment. Il souffrait depuis

plusieurs siècles des douleurs atroces, lorsque Hercule vint en Scythie, et tua le vautour.

— On explique ces fables de plusieurs manières. Quelques auteurs croient que *Prométhée* fut un sculpteur qui fit des statues si parfaites, qu'elles semblaient vivantes. D'autres disent que ce fut un ami de l'humanité, qui rendit aux mortels d'éminents services. Avant lui, les hommes, stupides et bruts, ne savaient ni penser ni raisonner ; ils ouvraient les yeux et ne voyaient point, les oreilles et n'entendaient point. Prométhée leur apprit à façonner le bois, à préparer la brique, et à se construire des logements. Par ses conseils et son adresse, ils mirent les animaux sous le joug, attelèrent des chevaux à un char, voguèrent sur les mers, et distinguèrent les plantes salutaires des plantes nuisibles. Tant de sagacité et de talent firent publier par toute la Grèce que Prométhée avait le don de prophétie, qu'il lisait dans l'avenir, et que la jalousie des dieux s'acharnait sur lui.

§ 2. ATLAS

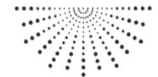

ATLAS, fils de Japet et frère de Prométhée, se joignit aux ennemis de Jupiter dans la guerre des titans, quoique Prométhée lui eût annoncé de quel côté tournerait la victoire, et lui eût conseillé d'être prudent. Atlas vaincu fut changé en montagne, et condamné à porter éternellement sur ses épaules la voûte écrasante des cieux[1].

Les nièces d'Atlas, appelées *Hespérides*, demeuraient en Mauritanie, près de leur oncle, et cultivaient un magnifique jardin dont les arbres, chargés de pommes d'or, faisaient la convoitise des hommes et des dieux. Un dragon à sept têtes, préposé à la garde de ces fruits, avait sans cesse les yeux ouverts à l'entrée du parc. Eurysthée ordonna à Hercule d'aller cueillir trois de ces pommes et de les lui apporter. L'entreprise était difficile : Hercule craignait d'y échouer. Il s'adressa donc au dieu-montagne, le priant d'aller lui-même combattre ou endormir le dragon, et cueillir les fruits. Atlas agréa la demande, à condition toutefois que, pendant la durée de l'expédition, Hercule supporterait sur ses épaules le poids des cieux. Le héros accepte, et voit bientôt revenir Atlas. Mais Atlas n'était nullement pressé de reprendre un poste aussi fatigant. Il déclara donc à Hercule qu'il souhaitait aller lui-même porter les pommes d'or à Eurysthée, et il pria le robuste athlète de continuer durant le voyage sa fonction de colonne des cieux. Hercule dupé usa de ruse à son tour, et dit à Atlas qu'il consentait volontiers à lui rendre ce service, pourvu qu'il lui laissât le temps de faire, pour son dos meurtri, une sorte de bourrelet. Atlas sans défiance reprit le fardeau céleste, et posa sur le sable ses trois pommes : s'en emparer et disparaître fut pour Hercule l'affaire d'un instant.

Les *Hespérides*, étaient au nombre de sept, dont les plus connues sont Maïa et Ælectra ou Électre. Toutes sept furent mariées à des dieux ou à des héros, et placées après leur mort dans le firmament, où elles sont groupées, et forment la constellation des pléiades. Quelquefois on donne aux Hespérides le nom d'*Atlantides* ; on les envisage alors, non comme les nièces, mais comme les propres filles d'Atlas.

Les *Hyades*, filles d'Atlas et d'Æthra, étaient, comme les Hespérides, au nombre de sept. La mort de leur frère Hyas, tué à la chasse par une lionne, les jeta dans un tel désespoir qu'elles le pleurèrent pendant des années, et que les dieux touchés de leur déplorable état les transportèrent au ciel, où elles furent changées en étoiles pluvieuses, c'est-à-dire qui amènent la pluie : de là les épithètes de *tristes*, de *sombres*, d'*orageuses*, qui leur sont données par les poètes.

---

1. Selon d'autres, *Atlas* fut changé en montagne par Persée. Voyez plus bas, même section, § 4.

§ 3. HERCULE

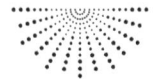

Hercule ou Alcide, héros thébain, fils de Jupiter et d'Alcmène, était encore au berceau lorsque Junon, son ennemie, envoya deux serpents pour le dévorer ; mais à peine les eut-il aperçus, qu'il les saisit de sa main enfantine, et les étouffa. Hercule eut plusieurs maîtres : il apprit d'Eurytus à tirer de l'arc ; de Castor, à combattre tout armé ; d'Autolycus, à conduire un char ; de Linus, à jouer de la lyre et à chanter. Confié ensuite au centaure Chiron, il devint l'homme le plus vaillant et le plus fameux de son siècle. Le bruit de sa réputation arriva bientôt aux oreilles d'*Eurysthée*, roi de Mycènes, auquel Hercule, par un décret du sort, se trouvait assujetti[1]. Ce tyran l'appelle à sa cour, l'y reçoit durement, et lui intime l'ordre d'exécuter douze périlleuses entreprises, appelées Travaux d'Hercule, et dont nous allons faire le récit :

1° Il y avait près de la ville de Némée un *lion* qui en dépeuplait les campagnes. Cet animal, né du géant Typhon, était d'une grosseur prodigieuse, et répandait l'épouvante dans les environs. Hercule, à peine âgé de 16 ans, l'attaqua, épuisa son carquois contre sa peau impénétrable, brisa sur lui sa massue de fer, et enfin l'étouffa entre ses bras. La peau de ce lion lui servit dès lors de vêtement.

2° Une *hydre* effroyable désolait tout le pays de Lerne près d'Argos. Ce monstre avait sept têtes, et quand on en coupait une, il en renaissait deux autres à la place : Hercule les trancha toutes d'un seul coup. (Les savants croient que cette *Hydre à plusieurs têtes* n'était autre chose qu'une multitude de serpents venimeux, qui infestaient quelques plaines marécageuses près de Lerne, et semblaient renaître à mesure qu'on les détruisait. Hercule imagina de mettre le feu aux roseaux qui leur servaient de retraite, et par cet expédient débarrassa la contrée de ces reptiles.)

3° Eurysthée lui commanda de prendre et d'amener vivante une *biche* aux cornes d'or et aux pieds d'airain, qui habitait les bois du mont Ménale, et qui courait avec une incroyable vitesse. Hercule la poursuivit sans relâche pendant douze mois, la fit tomber dans un piège, et l'amena vivante à Eurysthée.

4° Il eut ordre de délivrer l'Arcadie d'un *sanglier* furieux qui dévastait cette province. Hercule le prit dans la forêt d'Érymanthe, et l'apporta à Eurysthée, qui, saisi de frayeur à cette vue, alla se blottir sous une cuve d'airain.

5° Il se chargea d'une entreprise aussi rebutante que difficile. *Augias*, roi d'Élide, avait un troupeau de trois mille vaches, dont les écuries n'avaient pas été nettoyées depuis trente ans. Hercule, pour désinfecter le pays, détourna le cours de l'Alphée, et le fit passer au travers des étables. L'eau entraîna les immondices ; et ce travail fut pour lui l'ouvrage d'une seule journée.

6° Des oiseaux monstrueux, qui vivaient de chair humaine, se tenaient près d'un lac nommé *Stymphale* (en Arcadie) ; leurs ailes, leur tête, leur bec, étaient de fer, et leurs ongles plus crochus que ceux des vautours. Hercule les effraya en frappant sur des cymbales d'airain, les chassa du bois où ils se retiraient, et les abattit à coups de flèches.

7° Il y avait dans l'île de Crète un *taureau* indomptable, envoyé par Neptune pour jeter la désolation sur ces bords. Hercule s'en saisit, le garrotta, et vint l'offrir à Eurysthée.

8° *Diomède*, roi de Thrace, avait des *chevaux* féroces dont la bouche vomissait des flammes, et que leur maître nourrissait de chair humaine. Hercule s'empara de ces chevaux, et leur livra Diomède, qu'ils dévorèrent en un clin d'œil.

9° Les *Amazones* étaient des femmes guerrières qui vivaient dans l'Asie-Mineure, le long des côtes du Pont-Euxin. Elles faisaient mourir ou estropiaient leurs enfants mâles, et élevaient soigneusement leurs filles dans la profession des armes. Eurysthée commanda à Hercule de les soumettre, et de lui apporter la ceinture d'*Hippolyte*, leur reine : expédition difficile et lointaine, pour laquelle Hercule désira s'adjoindre Thésée, son plus brave ami. Arrivés ensemble sur les côtes de Cappadoce, ils attaquèrent ce peuple de femmes, en tuèrent une partie, dispersèrent le reste, et emmenèrent captive la reine Hippolyte.

10° *Géryon*, roi de Bétique, était un géant à trois corps, qui faisait garder nuit et jour ses riches troupeaux par un chien à sept têtes. Hercule eut ordre d'aller combattre ce roi, de lui ravir ses troupeaux, et de les conduire en Grèce. Secondé d'Iolas, son parent, il exécuta ce nouveau labeur avec un plein succès.

11° Il passa ensuite en Mauritanie, pour y enlever les *pommes d'or* du jardin des Hespérides. Ces fruits précieux étaient confiés à un dragon qui ne dormait point. Atlas, pour faciliter Hercule dans l'accomplissement de cet exploit, endormit le dragon et cueillit les pommes d'or, tandis qu'à son tour Hercule soutenait le ciel sur ses épaules.

12° Le dernier de ses travaux fut aussi le plus éclatant. Eurysthée lui ordonna de descendre au tartare, et d'en arracher le chien *Cerbère*, gardien de ces lieux. Hercule obéit à cette injonction, descendit au sombre empire, enchaîna le monstre, et le traîna, malgré son opiniâtre résistance, hors du domaine de l'enfer.

Par ces douze travaux, Hercule acquit une gloire infinie. Tous les princes le respectèrent et le craignirent. Eurysthée même, qui l'avait exposé à tant d'épreuves, commença à le redouter. Mais Hercule, dédaignant une vengeance facile, ne s'occupa qu'à exterminer les scélérats et les tyrans auxquels la terre était livrée.

Busiris, roi d'Égypte, immolait sans pitié à Jupiter tous les étrangers qui abordaient dans ses États : et il préparait à Hercule le même traitement. Le héros, sans se défendre, se laisse charger de chaînes et conduire à l'autel où doit couler son sang ; mais à peine y est-il arrivé, qu'ayant rompu ses fers, il saisit le couteau du sacrificateur, et en massacre Busiris et toute la famille royale.

Cacus, fameux voleur, fils de Vulcain, faisait son séjour en Italie, sur les bords du Tibre, à l'endroit même où plus tard la ville de Rome fut bâtie. Il se tenait au fond d'un antre, d'où il ne sortait que pour désoler le pays par ses brigandages, Monstre demi-homme et demi-satyre, d'une taille colossale, sa bouche vomissait des tourbillons de feu, et sa caverne était jonchée d'ossements humains. Hercule, après la défaite de Géryon, passant près de la demeure de Cacus, brise le roc énorme qui fermait l'entrée, s'avance vers le brigand, le saisit malgré les feux de sa bouche, lui serre la gorge et l'étrangle.

Antée, fils de Neptune et de la Terre, avait cent pieds de hauteur. Il se mettait en embuscade dans les sables de la Libye, contraignait les voyageurs à lutter avec lui, et les accablait du poids de son corps. Il était si habile athlète qu'il avait fait vœu d'élever à Neptune un temple avec les crânes des adversaires qu'il aurait vaincus. Hercule, provoqué au combat par cet horrible géant, le terrassa, mais en vain ; car la Terre, sa mère, lui donnait des forces nouvelles toutes les fois qu'il la touchait. Hercule s'en étant aperçu, le souleva en l'air, et l'étouffa dans ses bras. A la suite de cette pénible joute, Hercule cédant à la fatigue, s'endormit sur le sable, et y fut assailli durant son sommeil par la troupe des Pygmées. Les *Pygmées*, peuple nain, n'avaient qu'un pied de hauteur, bâtissaient leurs maisons avec des coquilles d'œufs, voyageaient sur des chars traînés par des perdrix, et coupaient leur blé avec des haches, comme nous le ferions pour une forêt. Quand les grues ou d'autres oiseaux leur faisaient la guerre, ils s'armaient de toutes pièces, montaient sur des chevreaux ou des béliers, et allaient ainsi équipés à la rencontre de l'ennemi. Ils prirent, pour attaquer Hercule, les mêmes précautions qu'on prendrait pour faire le siège d'une ville. Les deux ailes de cette armée lilliputienne fondirent sur chacun de ses bras ; le corps de bataille livra un assaut à la tête ; les archers dirigèrent leurs flèches contre la poitrine... Réveillé par le bruit, Hercule ne put s'empêcher de rire ; et, ayant enveloppé cette fourmilière dans sa peau de lion, il les porta vivants à Eurysthée.

Enfin ayant pénétré, dans ses expéditions, jusqu'à Gadès, aux extrémités de l'Espagne, il crut avoir atteint les bornes du monde, et il sépara deux montagnes, Calpé et Abyla (dont l'une est sur la côte d'Espagne et l'autre sur celle d'Afrique), pour mettre en communication l'océan avec la Méditerranée. Au sommet de ces montagnes, il dressa deux colonnes, destinées à apprendre aux races futures qu'il avait poussé jusque là ses courses victorieuses, et y grava cette courte inscription, devenue proverbiale : *Nec plus ultrà* : « *On ne peut aller plus loin.* »

Les étonnants exploits d'Hercule furent racontés à *Omphale*, reine de Lydie, qui souhaita de voir ce héros incomparable. Dès la première entrevue, elle l'aima et en fut aimée. Le fils d'Alcmène, épris de sa beauté, descendit pour lui plaire à la plus servile condescendance, et à des soumissions indignes de sa gloire. Omphale ordonne, Hercule obéit. Elle le dépouille de sa peau de lion, jette sa noueuse massue, brise ses flèches, l'habille d'une robe de femme, met entre ses mains une quenouille et des fuseaux, et lui commande de travailler... Des mêmes mains dont il terrassait les monstres, Hercule file de la laine pour amuser une maîtresse capricieuse qui jouit de son embarras, et lui donne des soufflets avec sa pantoufle chaque fois qu'il a le malheur de rompre ou d'embrouiller les fils.

A peine avait-il secoué ce joug avilissant, qu'il conçut une violente passion pour *Déjanire*, que le fleuve Achéloüs devait épouser. Achéloüs refusa de céder sa fiancée, lutta corps à corps pour la conserver, et fut renversé par terre. Il revêtit alors la forme d'un serpent, et crut épouvanter le héros par des sifflements affreux : Hercule lui serra la gorge, et il allait l'étouffer, lorsque Achéloüs se métamorphosa en taureau. Hercule sans s'émouvoir le saisit par une de ses cornes, et ne lâcha prise qu'après l'avoir arrachée. Les Nymphes la ramassèrent, la remplirent de fleurs et de fruits, et ce fut la *Corne d'abondance*. Voici peut-être l'explication de cette fable. L'*Achéloüs* était un fleuve dont les inondations fréquentes désolaient les campagnes de l'Étolie ; Hercule éleva de fortes digues, et rendit le cours du fleuve uniforme. La métamorphose d'Achéloüs en *serpent*, marque les sinuosités de son cours, et celle en *taureau* les ravages causés par ses débordements. Hercule lui arracha une *corne*, c'est-à-dire qu'il réunit en un seul lit les deux bras du fleuve ; et cette corne devint celle d'*Abondance*, parce que le cours réglé de l'Achéloüs fut une source de richesses pour les pays qu'il arrosait.

Vainqueur d'Achéloüs, Hercule emmenait Déjanire à Tirynthe[2], lorsqu'il fut arrêté sur le bord de l'Événus, grossi par les pluies. Il ne savait quel parti prendre, craignant d'exposer Déjanire à la rapidité des eaux. Le centaure *Nessus*, qui se trouvait là, et qui connaissait les endroits guéables du fleuve, offrit de transporter sur son dos la jeune princesse. Hercule la lui confie, mais non sans inquiétude, jette à l'autre bord son arc et sa massue, garde son carquois, et traverse le fleuve à la nage. Il touchait la rive opposée, lorsqu'il entend les cris de Déjanire, qui appelle et implore du secours : le centaure l'enlevait et prenait la fuite. « *Téméraire, lui crie Hercule, la vitesse que te donnent tes quatre pieds pourra bien te garantir de ma poursuite, mais non pas de mes flèches.* » Aussitôt il en décoche une, qui le perce de part en part : elle était empoisonnée. Nessus, en mourant, songe à se venger : il prend sa tunique, infectée de sang et de venin, la donne à Déjanire, et lui persuade que ce vêtement a la propriété de rallumer la tendresse conjugale, et de ramener à leurs épouses les maris inconstants.

Plusieurs années après, *Déjanire* essaya l'usage de ce présent. Ayant appris qu'Hercule était retenu, en Eubée, par les charmes d'Iole, fille d'Eurytus, elle envoya à ce volage époux la tunique de Nessus, par l'entremise de Lichas. Hercule reçut avec joie ce don inattendu ; mais à peine le vêtement fatal eut-il touché son corps, qu'il se sentit dévoré d'un feu intérieur : le poison avait pénétré jusque dans ses veines. Plein de rage, hors de lui-même, il saisit Lichas, et le précipite dans la mer. Les douleurs devenant toujours plus cuisantes, il pousse des cris effroyables, et vomit des imprécations contre Eurysthée, contre Junon et contre Déjanire.

Quand il voit le mal sans remède et sa mort approcher, il coupe des arbres sur le mont Œta, y élève un bûcher, le couvre de la peau du lion de Némée, s'y couche comme sur un lit, la tête appuyée sur sa massue, et ordonne à Philoctète d'y mettre le feu. Déjà les flammes enveloppaient le bûcher, et les dieux, du haut de l'Olympe, voyaient avec douleur périr un héros qui avait rendu tant de services à l'humanité : « *Ne craignez point, leur dit Jupiter ; Hercule sortira vainqueur de ces flammes ; la vie qu'il a reçue de moi ne finira point. Purifié par le feu du bûcher, il sera placé parmi nous dans les demeures célestes, et vous approuverez cette distinction méritée.* » Tous les dieux applaudirent à l'apothéose d'Hercule ; Junon même y donna son assentiment, et lui accorda pour épouse sa fille Hébé, déesse de la Jeunesse.

Iolas, neveu et ami d'Hercule, l'avait accompagné dans ses plus difficiles expéditions, combattant près de lui, et déployant en toute rencontre autant de dévouement que de vaillance. Séparé d'Hercule, il tourne sa sollicitude vers la famille de ce demi-dieu, alors déchue et dispersée ; il assemble les *Héraclides* : c'est le nom donné aux fils, petits-fils, neveux et arrière-neveux d'Hercule ; leur fait prendre les armes, exalte leur courage, et s'avance à leur tête contre *Eurysthée*, en Argolide. Renforcé d'une armée athénienne, Iolas livre un combat terrible, dans lequel Eurysthée succombe avec ses cinq fils. (Quelques écrivains font honneur de cette victoire à *Hyllus*, fils d'Hercule et de Déjanire.) Cette mort d'Eurysthée, qui fait époque dans l'histoire, eut lieu environ trente ans avant la guerre de Troie. *Atrée*, gendre de ce roi, lui succéda sans opposition, et occupa le trône d'Argos et de Mycènes.

---

1. Le Sort avait déclaré, au sujet d'Hercule et d'Eurysthée, « *que celui des deux princes qui naîtrait le dernier obéirait à l'autre* ». Junon, qui détestait la famille d'Hercule, avança de deux mois la naissance d'Eurysthée.
2. *Tirynthe*, ville du Péloponèse en Argolide, était une des principales résidences d'Hercule, surnommé de là le *héros de Tirynthe*.

§ 4. PERSÉE

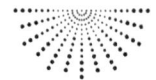

Un oracle avait révélé à Acrisius, roi d'Argos, qu'il serait tué par son petit-fils. Épouvanté de cet avertissement, Acrisius enferma sa fille unique, *Danaé*, dans une tour d'airain, et repoussa tous les jeunes princes qui la demandèrent en mariage. Mais le roi des dieux, qui l'aimait, voulant s'introduire près d'elle, se métamorphosa en *pluie d'or*, et pénétra de cette manière dans la tour ; ou plutôt, un illustre personnage nommé *Jupiter*, prodigua ce métal pour corrompre les soldats qui gardaient Danaé, l'enleva, et l'épousa secrètement[1] : Persée naquit de ce mariage.

Plus effrayé des menaces de l'oracle que sensible à l'amour paternel, Acrisius fit saisir Danaé et son enfant, les attacha dans une frêle barque, et les exposa ainsi pendant un orage au milieu des flots. Leur mort paraissait inévitable ; mais un dieu veillait sur cette nacelle, que le vent poussa jusqu'à l'île de Sériphe, où elle fut recueillie par un pêcheur nommé Dictys. Il conduisit la mère et l'enfant au roi Polydecte, qui reçut Danaé avec bienveillance, et fit élever son nourrisson par les prêtres du temple de Minerve.

Vingt ans plus tard, le courage de Persée et l'attachement que le peuple lui portait, firent ombrage à Polydecte, qui chercha un prétexte honorable pour l'éloigner de sa présence ; il fit retentir à son oreille les mots de triomphes et de lauriers, et lui proposa de s'illustrer par une expédition brillante, mais difficile. Il s'agissait d'aller combattre Méduse, une des Gorgones, et de lui couper la tête. *Méduse* avait des serpents au lieu de cheveux, et, par son hideux regard, changeait en pierres ceux qui l'envisageaient. Persée accepta sans crainte la proposition, et les dieux vinrent à son aide. Minerve lui prêta son bouclier, aussi poli qu'un miroir ; Mercure, ses talonnières et un glaive de diamant ; Pluton lui donna un casque qui rendait invisible. Avec ce triple secours, il se transporta à l'extrémité de l'océan, dans l'affreux séjour de Méduse. Elle était alors endormie ; les couleuvres de sa tête dormaient aussi. Minerve guida la main du héros, et tint à côté de lui le bouclier où se réfléchissait la figure du monstre qu'il n'osait regarder en face. D'un seul coup la tête fut abattue. A ce bruit les autres Gorgones réveillées voulurent venger leur sœur ; mais Persée se déroba à leur poursuite par le moyen du casque de Pluton, et prit son essor dans les airs, emportant la tête de Méduse attachée à la surface extérieure du bouclier.

Le jour allait finir, et Persée se trouvait encore dans les régions supérieures de l'éther. Avant la nuit, il abaissa son vol, et s'arrêta dans la Mauritanie pour s'y reposer jusqu'au matin. *Atlas*, géant redoutable, était le roi de cette contrée. Ses nombreux troupeaux couvraient les campagnes, et ses vergers offraient des arbres chargés de pommes d'or. Persée aborde ce monarque, lui demande l'hospitalité, et ajoute : « *Si vous êtes sensible à la gloire d'une haute naissance, Jupiter est mon père ; si des exploits signalés vous touchent, je puis par là encore mériter d'être estimé et accueilli de vous.* » A ce discours, Atlas se rappelle un ancien oracle, qui lui avait prédit qu'un fils de Jupiter le dépouillerait de son royaume. Loin donc d'écouter les vœux de Persée, il lui ordonne durement de s'éloigner ; et il allait joindre la violence aux menaces, quand le héros grec se sentant trop faible contre le géant, lui dit : « *Puisque tu dédaignes également mes exploits et ma naissance, reçois le prix qui t'est dû.* » En même temps il lui présente la tête de Méduse, et le métamorphose en montagne.

Cependant l'étoile du matin ramène le jour ; Persée attache ses ailes à ses pieds, et reprend son voyage aérien. Après un trajet immense, il jette ses regards sur l'Éthiopie, au moment où Andromède, fille du roi Céphée, enchaînée au bord de la mer, allait y être dévorée par un monstre marin. Du haut des airs il la découvre, descend jusqu'à elle, lui demande son nom et le motif d'un si barbare traitement. Andromède verse des larmes et reste muette ; mais pressée de répondre, elle fait connaître son nom, sa famille et le supplice injuste qu'elle va subir. Elle parlait encore, lorsque le monstre approcha pour la dévorer. Elle pousse un cri d'effroi. Ses parents, qui la voient, se frappent la poitrine, se déchirent le visage, se roulent dans la poussière. « *Les moments sont précieux, leur dit Persée. Si le fils de ce Jupiter, si le vainqueur de la Gorgone vous demandait votre fille pour épouse, l'obtiendrait-il ? A ce prix, je jure de la délivrer.* » La condition est acceptée. Le héros prend son vol, s'élève, retombe comme un trait sur la croupe du dragon, le perce de son glaive, lui ouvre les flancs et lui arrache le cœur. Tout le rivage retentit d'acclamations : Céphée et Cassiopée au comble de la joie, embrassent Persée comme leur sauveur et leur gendre. On détache Andromède, qui, soutenue par son libérateur, arrive encore pâle et tremblante au palais. Dès le jour suivant, on dispose tout pour le mariage.

Mais pendant les noces, *Phinée*, oncle d'Andromède, laquelle il était fiancé, se présente dans la salle du festin avec une troupe de satellites, provoque une querelle et engage une lutte sanglante. Les tables sont renversées, les lits brisés, la vaisselle vole en éclats. Dans cette confusion, Persée, accablé par le nombre, allait succomber, et perdre le fruit de ses précédentes victoires : il se souvient de son bouclier, le présente aux lâches assaillants, et les métamorphose en *pierres*. Ce fut alors que Persée, après une absence de quatre ans, se rendit avec son épouse à l'île de Sériphe où Danaé était encore tenue captive par Polydecte, qui l'accablait d'outrages... A la prière de Danaé, il combattit le tyran, et le tua.

Persée vainquit ensuite Prœtus, son grand-oncle, qui avait usurpé le trône d'Argos sur Acrisius.

Acrisius, apprenant la marche triomphale de son petit-fils, vint à sa rencontre jusqu'à Larisse, pour le féliciter, lui rendre grâces et se réconcilier avec lui. Ce jour même on célébrait les jeux du palet, exercice nouvellement adopté. Persée voulut y prouver sa force et son adresse ; mais il lança si malheureusement le disque, qu'il atteignit au front son aïeul Acrisius, l'étendit raide mort, et vérifia ainsi la prédiction de l'oracle.

---

1. Plusieurs princes de l'antiquité ont porté le nom de Jupiter, comme je l'ai dit, section première, § 4.

§ 5. JASON

J ASON était fils d'Éson roi d'Iolchos, en Thessalie. Éson ayant été détrôné par son frère *Pélias*[1], les dieux annoncèrent à l'usurpateur qu'il serait à son tour chassé ou mis à mort par un fils d'Éson. Dès que Jason vint au monde, sa mère, pour le dérober aux poursuites du tyran, publia que le nouveau-né était dangereusement malade, et, bientôt après, qu'il était mort ; et fit célébrer les funé-railles de cet enfant avec toutes les démonstrations d'un deuil véritable. En même temps, elle renvoya en cachette au centaure Chiron, qui prit soin de lui, et lui enseigna divers arts essentiels, entre autres la médecine et l'astronomie.

A l'âge de vingt ans, Jason se sépara de son instituteur, et alla consulter l'oracle, qui lui ordonna de s'habiller à la façon des Magnésiens[2], de se vêtir d'une peau de léopard, de s'armer de deux lances, et de se présenter, ainsi équipé, à la cour de son oncle Pélias. Jason s'empressa d'obéir. Arrivé à Iolchos, il attira l'attention de tous les habitants par son air martial et par son étrange costume. Interrogé, pressé de répondre, il se fit à la fin connaître pour le fils d'Éson, et réclama fièrement de Pélias l'héritage paternel. Pélias, qui ne voulait pas se dessaisir du sceptre, mais qui redoutait le peuple, pensa que le parti le plus sûr était d'éloigner son adversaire, en lui proposant une entreprise lointaine et glorieuse. Il appelle Jason au palais, et lui dit : « *Fatigué par des songes effrayants, j'ai consulté l'oracle, qui m'a ordonné d'apaiser les mânes de Phryxus, notre parent, massacré jadis en Colchide, et de rapporter ses cendres dans sa patrie ; mais mon grand âge s'oppose à une telle expédition. Pour toi, brillant de jeunesse et de force, tu peux l'entreprendre ; le devoir t'y engage, l'honneur t'y appelle. Je jure par Jupiter de te restituer, après cet exploit, le trône d'Éson.* » A cela, Pélias ajoute que Phryxus, en mourant, a laissé chez les Colchidiens une *toison* précieuse, dont la conquête doit combler Jason de richesse et de gloire.

Jason était dans l'âge heureux où l'on ambitionne la renommée ; il saisit avide-ment l'occasion d'en acquérir. Son expédition est annoncée dans toute la Grèce ; cinquante-deux princes accourent à Iolchos, pour y prendre part. (Cette *Expédition des Argonautes*, l'un des plus fameux événements des temps héroïques, eut lieu environ 70 ans avant la guerre de Troie.)

Le navire Argo, qui devait les transporter en Colchide, avait cinquante rames ; Minerve en donna le dessin, et aida même à le construire. Le bois en fut coupé sur le mont Pélion ; le mât fut fait d'un chêne de la forêt de Dodone. Quand il fut achevé, les Argonautes le portèrent sur leurs épaules depuis le Danube jusqu'à la mer Adriatique : c'est, dit-on, le premier vaisseau qui ait paru sur les ondes. Jason, auteur de l'entreprise, en fut le principal chef. Les autres guerriers étaient Admète, Thésée, Castor et Pollux ; Hercule, qui ne put achever le voyage, parce que sa pesanteur mettait le vaisseau en danger ; Lyncée, qui avait la vue si perçante qu'il voyait au travers des murailles, découvrait les écueils cachés sous l'eau, et distinguait nettement les objets à trois lieues de distance ; Orphée, poète de Thrace ; Pélée, fils d'Éaque et père d'Achille ; Pirithoüs, Augias, Hylas, Méléagre, Esculape, et Typhis, pilote expérimenté. Ils s'embarquèrent au cap de Magnésie en Macédoine, et leur navigation fut d'abord heureuse. Ils furent ensuite assaillis d'une tempête qui les obligea de relâcher à Lemnos, où *Hypsipyle*, fille du roi, leur fit une magnifique réception, et où ils restèrent deux ans, captivés par les jeunes Lemniennes. Hypsipyle attira surtout les regards de Jason, qui lui jura de revenir se fixer près d'elle, et de l'épouser au retour de l'expédition : serment frivole et trompeur ! Arrivés sur les côtes de la Troade, ils envoyèrent à terre *Hylas* puiser de l'eau dans un fleuve nommé Ascanius : mais les nymphes de ces bords, éprises de la beauté du jeune homme, l'enlevèrent et le retinrent dans leurs demeures souterraines ; ou, pour parler sans fiction, Hylas tomba dans le courant du fleuve et se noya. Hercule ne le voyant pas revenir, descendit sur le rivage, appela mille fois Hylas ! Hylas !… et fit retentir les campagnes des accents de sa douleur.

De là, ils pénétrèrent dans le Pont-Euxin, et débarquèrent enfin à Æa, capitale de la Colchide et terme de leur navigation.

Rien n'était plus difficile que d'enlever à Éétès, roi de la contrée, cette toison d'or que Phryxus y avait jadis portée. Suspendue à un arbre au milieu des champs, elle y était gardée la nuit et le jour par un horrible dragon, et par deux taureaux monstrueux dont le corps était impénétrable au fer, et dont les naseaux vomissaient des torrents de flamme. Que pouvaient le courage et l'adresse contre de semblables adversaires ? Junon et Minerve, protectrices de Jason, lui aplanirent les obstacles. Elles inspirèrent à Médée, fille d'Éétès, le plus vif attachement pour Jason.

Dès la première entrevue, *Médée* aime ce héros qu'elle admire, et lui offre son aide pour la périlleuse attaque. « *Je te ferai dompter les deux taureaux, lui dit-elle, j'endormirai le dragon, je te livrerai les trésors de mon père ; la toison d'or sera ton partage. Mais avant tout, vers le milieu de cette nuit, accompagné d'amis intimes, rends-toi au temple d'Hécate. Là, en présence de cette divinité redoutable, tu me jureras amour et fidélité ; tu feras serment d'être mon époux et mon protecteur. A ce prix, à ce prix seul, tu obtiendras le cœur et les trésors de Médée.* »

Jason accueille avec transport cette proposition, et jure au pied des autels. Médée accomplit les promesses qu'elle a faites : les taureaux sont mis hors d'état de nuire ; le dragon est assoupi, la toison enlevée. Éétès ne sait rien de ce qui se passe. Dès le jour même, Jason fait les préparatifs de son départ. Suivi de Médée, il regagne de nuit son navire, y appelle ses compagnons, et s'éloigne de la Colchide, chargé de trésors considérables. Mais Éétès ne tarde pas à découvrir la trahison de sa fille ; il équipe des vaisseaux, il en donne le commandement à son fils Absyrthe. Le combat s'engage ; Absyrthe vaincu périt d'une mort cruelle[3].

Jason rentré glorieusement à Iolchos, se préparait à y célébrer sa victoire par des réjouissances publiques. *Éson*, père de Jason, cassé par l'âge et la maladie, aurait voulu y prendre part, ou en être le spectateur. Jason pria Médée d'employer pour le rajeunir les secrets les plus efficaces de son art. Heureuse de plaire à son époux, elle monte sur un char aérien, parcourt diverses régions, y cueille des herbes magiques, et en forme un breuvage qu'elle introduit miraculeusement dans les veines d'Éson. Aussitôt sa défaillance diminue, ses cheveux blancs commencent à noircir, les rides disparaissent de son visage, il reprend peu à peu son embonpoint, sa gaieté et sa vigueur. *Pélias*, l'ennemi de Jason, vivait encore, malade et caduc. Les filles de ce tyran, étonnées du rajeunissement d'Éson, conjurèrent Médée de rendre le même service à leur père. La magicienne le leur promit ; et, afin de les mieux convaincre de la puissance de son art, elle découpa un vieux bélier, et le mit dans une chaudière où il redevint agneau. Elle égorgea de même le vieux Pélias, le coupa par morceaux, mit ses membres dans une cuve d'eau bouillante, et les y laissa jusqu'à ce que le feu les eût entièrement consumés, et qu'il fût impossible à ses enfants de lui rendre les honneurs de la sépulture.

Mais les habitants d'Iolchos furent tellement irrités de cette barbarie, que Jason et Médée se virent contraints de prendre la fuite ; ils se retirèrent à Corinthe, auprès de Créon, roi de la contrée, et y vécurent dix ans dans une union parfaite, dont deux enfants furent le gage, et qui ne fut troublée que par l'ingratitude de Jason. Ce prince, oubliant les obligations qu'il avait à son épouse et les serments qu'il lui avait faits, demanda en mariage Glaucé, fille de Créon, l'épousa et répudia la princesse de Colchide. Médée cacha sa fureur pour se mieux venger, feignit d'approuver cette alliance, et prit part aux cérémonies de la noce ; mais, quand le bonheur des époux semblait assuré, elle ensorcela des rubans et des bijoux qu'elle offrit en présent à la fille du roi. Cette princesse n'eut pas plus tôt touché à ces ornements, que ses cheveux, sa robe et tout son corps s'embrasèrent et mirent le feu au palais : elle y périt dans les flammes avec son père. Peu satisfaite de cette première vengeance, Médée tua, sous les yeux mêmes de Jason, les deux enfants de cet infidèle mari ; et, montant soudain sur un char traîné par des dragons, elle fendit les airs et prit la route d'Athènes.

Après cette catastrophe, Jason, accablé de mélancolie, mena une vie errante et solitaire. Un jour qu'il se reposait sur le rivage de la mer, à l'abri du navire Argo, qu'on avait tiré sur le sable, une poutre qui s'en détacha lui brisa la tête. Ainsi périt misérablement cet illustre chef des Argonautes. Après sa mort, on lui éleva des statues et on l'honora comme un demi-dieu.

Quant à Médée, elle sut gagner si habilement par ses artifices les bonnes grâces d'Égée, roi d'Athènes, qu'il consentit à l'épouser. Plus tard, lorsque Thésée, héritier du trône, vint à Athènes, Médée forma le projet de se défaire de lui, pour assurer la couronne au fils qu'elle avait eu d'Égée. Mais le complot fut découvert ; et Médée, objet d'exécration, remonta sur son char ailé, et chercha un dernier asile en Colchide, où elle mourut dans un âge avancé.

---

1. *Tyro*, mère de Pélias, fut mariée deux fois. Son premier époux fut Neptune, son second Créthée, fils d'Éole. Du premier hyménée naquit *Pélias* ; du second naquit *Éson*. (Créthée, père d'Éson, avait bâti la ville d'Iolchos.)

2. Les *Magnésiens* étaient un peuple de Macédoine : Jason était thessalien.
3. D'autres disent que *Médée* égorgea *Absyrthe*, qu'elle avait emmené avec elle, déchira ses membres, et les dispersa sur la route de son père pour le retarder.

§ 6. CASTOR ET POLLUX

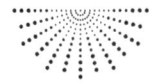

Castor et Pollux, héros grecs, étaient fils d'une étolienne nommée *Léda*. Leur mère eut deux maris : Jupiter, qui fut le père de Pollux, et Tyndare, roi de Lacédémone, qui donna le jour à Castor[1].

Le premier exploit de Castor et de Pollux fut d'anéantir la piraterie dans l'Archipel, ce qui les fit mettre au rang des dieux marins. Ensuite ils accompagnèrent Jason en Colchide, et conquirent avec lui la toison d'or. Dans une violente tempête, les Argonautes virent une flamme inconnue voltiger sur la tête de ces deux frères, et au même instant le ciel s'éclaircit et l'ouragan s'apaisa : de là, on a donné le nom de *Castor et Pollux* à certains feux, à certaines lueurs électriques, qui se montrent, à la pointe des mâts, pendant les orages, ou qui voltigent autour des antennes, des cordages et des parties saillantes du vaisseau, ou qui rampent, en brillant, sur le tillac[2].

Castor excella dans l'art de dompter les chevaux. Pollux défia au combat du ceste et vainquit le vigoureux Amycus, roi de Bébrycie (ou Bithynie) : exploit qui le fit regarder, dans la suite, comme le protecteur et le dieu des athlètes. Castor, qui était né mortel, ayant péri près du mont Taygète dans un combat singulier, Pollux, qui l'aimait tendrement, conjura Jupiter de lui rendre la vie, ou de le priver lui-même de l'immortalité. Jupiter, ne pouvant exaucer entièrement cette prière, consentit que Pollux habitât le séjour des morts tout le temps que Castor passerait sur la terre. De cette manière, ils vivaient et mouraient alternativement. Quelques années après, Jupiter, touché de leur mutuel attachement, les transporta parmi les astres, où, sous le nom des Gémeaux, ils forment deux constellations, dont l'une se couche au moment où l'autre se lève, de sorte qu'elles ne paraissent jamais ensemble sur l'horizon.

Castor et Pollux obtinrent les honneurs divins, et furent nommés Dioscures, c'est-à-dire fils de Jupiter. On leur immolait deux agneaux blancs, et l'on jurait par leur temple ; le serment des hommes était Ædépol, et celui des femmes Æcastor. — On représente les Dioscures sous la figure de deux jeunes hommes d'une rare beauté, revêtus d'une armure complète et montés sur des chevaux blancs ; leur tête est couverte d'un bonnet en forme d'œuf surmonté d'une étoile, et leur main brandit une lance.

---

1. Les poètes désignent fréquemment ces deux frères sous le nom de *Tyndarides*, quoiqu'un seul d'entr'eux fût fils de *Tyndare*.
2. Ces météores s'appellent aujourd'hui le *feu Saint-Elme*.

§ 7. ESCULAPE

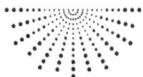

E SCULAPE, fils d'Apollon et de Coronis, fut instruit par le centaure Chiron dans la connaissance de la médecine ; et le disciple étudia avec tant de soin les herbes, les plantes et la composition des remèdes, qu'il surpassa en peu d'années son illustre maître. Les Argonautes le choisirent pour leur médecin dans l'expédition de Colchide, et il leur fut d'un grand secours pendant leur pénible traversée. Mais, non content de guérir les maladies les plus opiniâtres et les plus désespérées, il s'appliqua et réussit à rendre la vie aux morts : Glaucus[1], Capanée, Tyndare, Hippolyte, bien d'autres encore, grâces à son talent, revinrent du tombeau à la lumière. Les enfers se dépeuplaient, à la suite de tant de résurrections : Pluton porta sa plainte à Jupiter, qui d'un coup de foudre tua le trop habile médecin. Des honneurs divins lui furent rendus après sa mort : son culte s'établit à Épidaure, sa patrie ; de là il se répandit dans les autres villes de la Grèce, passa en Asie et enfin à Rome.

— On le représente quelquefois sous la forme d'un *serpent* ; plus souvent sous la figure d'un homme pensif, couvert d'un manteau, et tenant à la main un bâton autour duquel s'entortille un serpent. Un coq est à ses pieds, symbole de la vigilance.

Ses deux fils, *Podalire* et *Machaon*, assistèrent au siège de Troie, comme médecins de l'armée grecque, et y firent autant éclater leur bravoure que leur science

---

1. Ce *Glaucus* était fils de Minos II et de Pasiphaé. Plusieurs héros de la fable ont porté ce nom.

§ 8. ORPHÉE

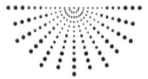

ORPHÉE, théologien, poète, et musicien célèbre, était fils d'Œagre, roi de Thrace.

Dès sa jeunesse, il s'appliqua à l'étude de la religion, et voyagea en Égypte pour y consulter les prêtres de cette contrée, et se faire initier par eux aux mystères d'Isis et d'Osiris. Il visita ensuite la Phénicie, l'Asie-Mineure, la Samothrace ; et, de retour parmi ses compatriotes, il leur apprit l'origine du monde et des dieux, l'explication des songes, l'expiation des crimes, et institua les fêtes de Bacchus et de Cérès. Il donna aux Grecs de savantes notions d'astronomie, chanta la guerre des Titans, l'enlèvement de Proserpine, les travaux d'Hercule, et fut regardé comme le père de la théologie païenne.

La musique lui servait de délassement dans ses occupations sérieuses. Avant lui, la flûte était seule en usage parmi les Grecs ; il inventa la lyre, ou plutôt la perfectionna en y ajoutant deux cordes. Sa voix, unie aux sons de cet instrument, enchantait les hommes et les dieux : la nature entière était sensible à ses accords. Les lions, les ours, venaient lécher ses pieds ; les fleuves remontaient vers leur source pour l'entendre ; les rochers prenaient de la vie et marchaient à lui.

Toutes les nymphes, admiratrices de son talent, accompagnaient ses pas, et désiraient l'avoir pour époux. La seule Eurydice, dont la modestie égalait les charmes, lui parut digne de le fixer ; il l'épousa, et en fut tendrement aimé. Mais il ne jouit pas longtemps des douceurs de cet hyménée. Un jour qu'Eurydice fuyait les poursuites d'Aristée, fils de Cyrène, elle fut piquée au talon par un serpent, et mourut de cette blessure. Orphée, inconsolable, n'ayant pu fléchir les divinités du ciel, ne craignit pas de descendre aux enfers, pour y implorer le dieu des morts et lui redemander sa chère compagne. Il fit entendre, sur les bords du Styx, des accents si doux et si touchants, que les habitants du Ténare ne purent refuser des larmes à son malheur. Pluton même se laissa émouvoir. Il appelle Eurydice, qui se trouvait parmi les Ombres nouvellement arrivées ; elle approche d'un pas lent, car sa blessure était récente ; on la rend à Orphée, mais sous la condition expresse qu'il ne tournera point la tête pour la regarder, jusqu'à ce qu'elle ait quitté le royaume des morts. Eurydice avait déjà franchi tous les obstacles qui pouvaient empêcher son retour ; déjà, elle allait revoir la clarté des cieux, lorsque Orphée, oubliant la loi qu'il a juré d'observer, cède à l'impatience de revoir sa femme : impatience digne de pardon, si les Enfers savaient pardonner ! Il n'avait plus qu'un pas à faire ; il s'arrête, et, vaincu par son amour, regarde en arrière… Eurydice lui est aussitôt enlevée. Elle lui tend les bras, il veut la saisir, mais il n'embrasse qu'une vapeur, il n'entend qu'un long soupir et un éternel adieu.

Accablé de ce nouveau malheur, Orphée tenta vainement de pénétrer une seconde fois au séjour des morts. La barque de Caron lui fut refusée, et il demeura sept jours au bord de l'Achéron, sans prendre de nourriture, baigné de ses larmes et se consumant de douleur. Enfin, après avoir accusé cent et cent fois de barbarie le dieu des enfers, il se retira en Thrace, sur le mont Rhodope, sans autre compagnie que celle des animaux qu'il apprivoisait par ses chants. En vain les femmes de ces lieux sauvages voulurent-elles adoucir ses regrets et l'engager à un second hyménée ; il repoussa leurs instances, il fut insensible à leur amour. Irritées de cette froideur, elles choisirent pour s'en venger le jour des fêtes de Bacchus. Armées de thyrses, elles courent au mont Rhodope, qu'elles investissent de toutes parts ; leurs vociférations et le bruit des tambours étouffent la voix d'Orphée, si capable de les émouvoir ; elles l'attaquent avec fureur, et, malgré les efforts qu'il fait pour les fléchir, mettent son corps en pièces.

Dans l'Èbre impétueux sa tête fut jetée ;
Mais tandis qu'elle errait sur la vague agitée,
Ses lèvres, qu'Eurydice animait autrefois,
Et sa langue glacée, et sa mourante voix,
Sa voix disait encore : O ma chère Eurydice !
Et tout le fleuve en pleurs répondait : Eurydice !

— P. D. E. LEBRUN.

§ 9. CADMUS

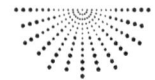

CADMUS, frère de la belle Europe, était fils d'Agénor, roi de Phénicie. Quand Jupiter, métamorphosé en taureau, enleva Europe, Agénor envoya aussitôt Cadmus à la recherche de sa sœur, avec défense de reparaître sans elle au palais. Après bien des voyages infructueux, Cadmus, perdant l'espérance de la retrouver, renonça à sa patrie, et consulta l'oracle de Delphes pour apprendre où il devait enfin se fixer. « *Tu trouveras, a lui dit l'oracle, dans un champ désert, une génisse qui n'a point encore porté le joug : suis sa trace, bâtis une ville dans le pâturage où elle s'arrêtera, et donne le nom de Béotie à ce canton* »[1]. Cadmus avait à peine quitté l'antre de la pythie, qu'il rencontra la génisse. Il la suivit, elle s'arrêta, et dans l'effusion de sa joie, il résolut d'offrir un sacrifice d'action de grâces à Jupiter. A cet effet, il envoya dans une forêt voisine ses compagnons puiser de l'eau à une source, au fond d'une caverne. Cette forêt était consacrée à Mars, et un dragon défendait l'entrée de la grotte : dragon affreux, dont la gueule était armée d'une triple rangée de dents, et tout le corps couvert d'écailles jaunissantes. Dès qu'ils furent descendus dans l'obscur séjour, et qu'ils eurent commencé à puiser l'eau, le bruit qu'ils firent réveilla le dragon. Effrayés à sa vue, ils laissent tomber leurs urnes et veulent fuir. Mais l'animal furieux s'élance, déchire les uns avec ses dents, étouffe les autres en les enveloppant de ses replis, ou en soufflant sur eux son haleine empoisonnée.

Cadmus, ne les voyant pas revenir, s'étonne et commence à s'inquiéter. Il revêt sa peau de lion, prend sa lance et son javelot, et marche à pas précipités vers la forêt. Quel spectacle s'offre à ses yeux ! L'énorme serpent était couché sur les corps de ses compagnons, buvait leur sang et se nourrissait de leurs chairs palpitantes. Son désespoir éclate, et il s'écrie : « *Amis, votre mort sera vengée, ou je périrai comme vous !* » Aussitôt d'une main ferme il lance au monstre son javelot, l'atteint à l'épine du dos, lui traverse le corps d'outre en outre, et lui arrache la vie. Vainqueur, il s'occupait à considérer la grandeur démesurée de sa victime et à jouir de ses dernières convulsions, quand Pallas, qui protégeait le héros phénicien, descend de l'Olympe et lui ordonne de semer les dents du dragon pour obtenir de cette manière « *un nouveau peuple.* » Cadmus obéit sans bien comprendre l'ordre de la déesse, laboure la terre, et y répand les dents du monstre. Trois jours après, les mottes de terre commencent à se mouvoir, et il en voit sortir d'abord des fers de lance, puis des casques ornés de plumes ; il aperçoit ensuite les épaules, la poitrine et les bras nerveux de ces nouveaux hommes : enfin il voit grandir insensiblement cette étrange moisson de guerriers. Un semblable bataillon lui inspirait quelque crainte, et il se disposait à prendre les armes, lorsqu'un de ces enfants de la terre s'adressant à lui : « *Suspends tes coups, lui dit-il, et reste neutre dans la guerre civile dont tu vas être le témoin.* » En achevant ces mots il enfonça son épée dans la poitrine d'un de ses frères, et tomba lui-même percé d'un javelot. Le meurtrier ne survécut pas à son crime, et perdit l'instant d'après une existence à peine commencée. Une égale fureur anime toute la troupe ; ces frères infortunés se mêlent, s'entr'égorgent, et arrosent de leur sang le sol qui venait de les enfanter. Il n'en resta que cinq. Échion, qui était du nombre, ayant mis bas les armes par ordre de Pallas, fit la paix avec ses frères, et ils se promirent en s'embrassant attachement et fidélité. Devenus les compagnons de Cadmus, ils furent employés par lui à bâtir la ville que l'oracle avait prescrit de fonder : c'était la fameuse ville de Thèbes. Quand elle fut achevée, Cadmus y établit des lois, et prit de sages mesures pour y maintenir entre les citoyens l'union, l'ordre et la paix[2].

Il épousa ensuite Harmonie (ou Hermione), fille de Vénus et de Mars.

Ce mariage eut les plus heureux commencements. Cadmus se voyait gendre de deux grandes divinités ; père de quatre filles aussi belles que séduisantes, Ino, Agavé, Autonoé et Sémélé ; et chef suprême d'un peuple dévoué et soumis ; mais Junon n'envisageait pas d'un œil tranquille cette félicité. Déesse jalouse, pouvait-elle oublier que Cadmus était le frère d'Europe, sa rivale ? Elle n'eut point de repos qu'elle n'eût tari les joies de ce prince, et accumulé sur lui tous les genres de deuil. Actéon, son petit-fils, habile chasseur, expira sous les morsures de ses propres chiens ; Sémélé périt par l'éclat éblouissant des foudres de Jupiter ; Penthée, fils d'Agavé, fut mis en pièces par les bacchantes ; Ino, devenue folle, se précipita dans la mer. Pour comble d'infortune, son peuple se révolta, son autorité fut méconnue, il fut banni de Thèbes et obligé de chercher avec son épouse un refuge au fond de l'Illyrie. Accablés l'un et l'autre sous le faix des années et du chagrin, ils prièrent les dieux de mettre un terme à leurs maux, et furent métamorphosés en *serpents*.

Au rapport de plusieurs auteurs, ce fut Cadmus qui porta le premier en Grèce la connaissance des lettres de l'alphabet, et qui introduisit dans cette contrée le culte des dieux de l'Égypte et de la Phénicie.

---

1. Ce nom de *Béotie* fait probablement allusion à la *génisse* qui conduisait Cadmus, et dont le nom grec est *bous*.
2. Selon les meilleures traditions, *Cadmus* se contenta de construire une citadelle appelée, d'après lui, *Cadmée*, et de jeter les premiers fondements de Thèbes : cette ville fut achevée par ses successeurs et entourée de murailles par *Amphion*.

§ 10. AMPHION — LINUS

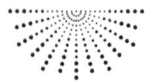

A mphion, fils de Jupiter et d'Antiope, cultiva la poésie et la musique avec un rare succès. Mercure, admirateur de ses talents, lui fit présent d'une lyre à sept cordes, au son de laquelle il bâtit les murailles de Thèbes. Les pierres, sensibles à l'harmonie de ses chants, allaient d'elles-mêmes se ranger à leur place. Ce qui signifie qu'Amphion se servit de son éloquence pour persuader à un peuple encore grossier d'abandonner la campagne et les bois, et de se retirer dans une ville fortifiée, pour y être à l'abri des bêtes sauvages et des brigands.

Linus, poète et musicien thébain, fils d'Apollon et de Terpsichore, inventa la mélodie et le rythme, et composa des poèmes sur l'origine du monde, sur l'astronomie, et sur la nature des plantes. Orphée, Hercule et Thamyris furent ses disciples.

Dans une leçon qu'il donnait à Hercule, il eut le malheur de reprocher trop vivement à ce héros son peu de grâce et d'aptitude à la musique. Piqué d'un reproche qu'il croyait injuste ou exagéré, Hercule leva contre son maître sa pesante main armée de la lyre, et lui en asséna sur la tête un coup mortel. Linus, pleuré de la Grèce entière, obtint les honneurs de l'apothéose. La ville d'Argos lui éleva, dans le temple d'Apollon, un magnifique tombeau, où, chaque année, gens de lettres, artistes, savants, venaient apporter le tribut de leurs unanimes regrets. Les vers suivants semblent faire allusion à cet hommage :

Accourez, troupe désolée !
Déposez sur son mausolée
Votre lyre qu'il inspirait :
La mort a frappé votre maître,
Et, d'un souffle, a fait disparaître
Le flambeau qui vous éclairait.
Le Franc de Pompignan.

§ 11. TIRÉSIAS

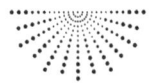

TIRÉSIAS, le plus célèbre devin des temps héroïques, naquit à Thèbes en Béotie : sa mère, la nymphe Chariclo, était une des suivantes de Minerve.

L'époque de sa naissance n'est pas connue. Ce qui est certain, c'est qu'il vécut plus de six âges d'homme, c'est-à-dire environ deux cents ans. Il était aveugle ; mais Minerve lui avait donné un bâton, ou baguette magique, qui le dirigeait aussi sûrement qu'auraient pu le faire les meilleurs yeux. Les poètes anciens l'appellent le Devin par excellence, le Prophète sublime, l'Augure infaillible. Sa mort eut lieu après la guerre dite des Épigones ; et, seul entre tous les devins, il conserva jusque dans le ténébreux empire l'esprit prophétique. Ulysse descendit aux enfers pour l'y consulter ; et, do retour à Ithaque, lui immola en témoignage de reconnaissance une brebis noire.

MANTO, fille de Tirésias, avait aussi bien que son père le don de prédire l'avenir. Quand Thèbes fut prise par les Argiens, Manto, séparée des autres captives, fut envoyée, comme un présent digne d'Apollon, au temple de Delphes, dont elle occupa le trépied pendant plusieurs années. Elle passa de là en Asie, et se fixa à Claros, où elle fonda un *oracle* qui jeta longtemps de l'éclat[1]. Mais toujours préoccupée de l'asservissement, de Thèbes et des maux de ses concitoyens, elle ne pouvait faire aucune trêve à sa douleur. Les larmes qu'elle ne cessait de répandre formèrent un lac dont les eaux communiquaient la divination, mais avaient le don fatal d'abréger la vie. Un de ses fils, nommé Mopsus, vécut à l'époque du siège de Troie, prophétisa comme sa mère et son aïeul, et fut l'antagoniste de Calchas.

---

1. Selon une autre tradition, *Manto* quitta l'Asie et s'établit dans le Latium. Elle épousa Tibérinus, dieu du Tibre, qui la rendit mère d'Ocnus (appelé aussi Bianor), fondateur de *Mantoue*, ville ainsi appelée du nom de la prophétesse Manto.

§ 12. THÉSÉE

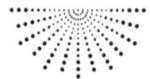

THÉSÉE, fils d'Égée roi d'Athènes, fut élevé et instruit par son aïeul maternel Pitthée, roi de Trézène, le plus sage et le plus vertueux des Grecs.

Son premier exploit fut sa victoire sur le brigand *Périphète*, qui se tenait en embuscade dans les environs d'Épidaure, et assommait les passants avec une massue de fer. Thésée le tua, et porta toujours cette massue comme un trophée, il attaqua ensuite et fit périr Procruste, Scirron, Cercyon et Synnis, qui exerçaient d'horribles cruautés.

Procruste avait une taille et une force prodigieuses, et attirait chez lui les passants pour les voler et leur faire subir un supplice atroce : il les étendait sur un lit de fer, et si leurs jambes en dépassaient la mesure, il abattait d'un coup de hache la portion excédante ; si au contraire les jambes étaient plus courtes, il les tiraillait et les allongeait avec une machine, jusqu'à la mesure du lit.

Le brigand *Scirron*, non content de piller les voyageurs qu'il surprenait dans les gorges des montagnes près de Mégare, les forçait de lui laver les pieds sur le sommet d'une roche élevée, et de là, sans effort et d'un seul coup, les précipitait dans la mer. *Thésée* lui infligea le même supplice. Mais la terre et la mer refusèrent de recevoir le corps d'un semblable scélérat, en sorte qu'il resta quelque temps suspendu dans les airs, et fut à la fin métamorphosé en *rocher*.

Cercyon, qui était fort habile dans les exercices gymnastiques, obligeait les voyageurs à lutter avec lui, et les massacrait. Thésée le terrassa, et lui arracha la vie.

Doué d'une force inouïe, *Synnis* courbait les plus gros arbres, rapprochait leurs cimes, et y attachait ceux qu'il avait vaincus : les branches, en se relevant, écartelaient ces malheureux. Thésée lui donna la mort.

Mais un plus grand triomphe l'attendait dans l'île de Crète. *Minos*, vainqueur des Athéniens, les avait condamnés à lui envoyer, chaque année, sept jeunes garçons et autant de jeunes filles pour servir de pâture au *Minotaure*, monstre moitié homme et moitié taureau, enfermé dans le labyrinthe. Thésée voulut affranchir sa patrie de ce honteux tribut ; il se joignit aux victimes que le sort avait désignées, et partit pour la Crète. Sa beauté, sa jeunesse, son air noble et martial, captivèrent le cœur d'*Ariane*, fille de Minos. Thésée lui promit de l'emmener à Athènes et de l'épouser, s'il réussissait dans son entreprise, et sortait sain et sauf du labyrinthe. Ariane l'éclaira de ses avis, l'aida de ses secours, et lui donna un peloton de fil pour conduire ses pas dans les obscurs sentiers de cette inextricable demeure. Le monstre fut tué, et Thésée retrouva aisément sa route au moyen du fil d'Ariane. Mais il paya ce service de la plus indigne perfidie : à peine embarqué avec elle sur le vaisseau qui devait les transporter tous deux en Attique, il relâcha dans l'île de Naxos ; et, profitant du moment où cette crédule amante dormait paisiblement sur le rivage, il mit à la voile, et l'abandonna sur la plage solitaire.

Égée, père de Thésée, attendait avec sollicitude l'issue de cette périlleuse expédition. Il avait expressément recommandé à son fils, s'il était vainqueur, d'arborer à son retour, au lieu du pavillon noir que portait son navire, un pavillon blanc orné de fleurs et de banderoles. Alarmé d'une absence qui se prolongeait, Égée montait chaque jour sur le haut d'une éminence, pour chercher à découvrir le vaisseau si ardemment désiré. Thésée cependant voguait vers l'Attique ; mais, dans l'ivresse du succès, il avait oublié de mettre cette voile blanche, signal de sa victoire. Ce malheureux père, apercevant le j pavillon noir, crut que son fils avait péri, et se précipita dans la mer. Cette mer, située entre l'Asie-Mineure et le Péloponèse, a porté depuis le nom d'*Égée*.

Le trône d'Athènes revenait de droit à Thésée. Mais ses cousins germains, connus dans l'histoire sous le nom de *Pallantides* (parce qu'ils étaient fils de Pallas, frère d'Égée), lui disputèrent l'empire, lui tendirent des embûches et mirent tout en œuvre pour se défaire de lui[1]. Thésée avait de nombreux amis dans Athènes ; après avoir vainement tenté les voies de douceur, il arma un bataillon de citoyens fidèles, attaqua les Pallantides, et les massacra jusques au dernier : ils étaient cinquante !

Tranquille possesseur du trône, Thésée travailla à réformer les lois et en établir de nouvelles. Il agrandit la ville d'Athènes, y appela les étrangers, et pour constituer une sorte de république, il résigna ses pouvoirs civils entre les mains d'un Conseil ou Sénat, et ne se réserva que le commandement des armées.

La conquête de la Toison d'or, la chasse du Sanglier de Calydon, accrurent encore sa renommée. Il alla ensuite, avec Hercule, sur les bords du Thermodoon chercher et combattre les Amazones, femmes guerrières ; il les vainquit, et fit prisonnière leur reine *Hippolyte* (ou *Antiope*), qu'il épousa et qui fut la mère d'Hippolyte.

A la mort d'Antiope, il demanda en mariage Phèdre, fille de Minos, qui lui fut accordée. Mais le sang de Minos devait être funeste au repos de Thésée. Phèdre, en arrivant à Trézène, aperçut le jeune *Hippolyte*, fils de l'amazone. Élevé loin de la cour, sous les yeux du sage Pitthée, son bisaïeul, Hippolyte ne s'occupait que d'études sérieuses. Inaccessible aux séductions de l'amour, ce prince n'avait d'autre délassement que la chasse, d'autre parure que son arc et ses javelots, d'autre culte que celui de Diane, reine des forêts. Vénus, irritée de ses mépris, résolut sa mort. Elle inspira à Phèdre une telle passion pour lui, que cette marâtre, hors d'elle-même, profitant de l'absence de Thésée, ne craignit pas d'avouer ses feux à Hippolyte. Le fier chasseur ne répondit à ces avances que par le silence et le dédain. Couverte de confusion, Phèdre se retira dans ses appartements, écrivit une lettre à Thésée, et s'étrangla. Cette lettre contenait une odieuse calomnie : Hippolyte y était accusé du crime dont Phèdre elle-même s'était rendue coupable. A son retour,

Thésée apprenant le suicide de son épouse, ouvre la lettre, et ne doute pas que la conduite d'Hippolyte n'ait poussé Phèdre à cet acte de désespoir. Il appelle son fils, l'accable de reproches, le bannit de Trézène sans l'entendre, et s'écrie : « O Neptune ! ô mon père ! tu m'as promis d'exaucer trois de mes vœux ; n'en accompli qu'un seul : perds mon fils. Aux effets de ta vengeance, je reconnaîtrai la fidélité de tes promesses[2]. »

Hippolyte n'ayant pu désabuser son père ni le fléchir, monte tristement sur son char, et sort de Trézène. A peine est-il parvenu au bord de la mer, qu'un effroyable monstre marin envoyé par Neptune épouvante les chevaux, qui frémissent et s'emportent

> Ils ne connaissent plus ni le frein ni la voix….
> A travers les rochers la peur les précipite.
> L'essieu crie et se rompt : l'intrépide Hippolyte
> Voit voler en éclats tout son char fracassé ;
> Dans les rênes lui-même il tombe embarrassé.

— RACINE.

Traîné par ses chevaux et couvert de plaies, il expire après quelques instants. Thésée ne connut son erreur et sa faute que lorsqu'il était trop tard pour les réparer.

Dans ces entrefaites, Mnesthée, fils de Pétès, et l'un des descendants d'Érechthée, flatta si bien le peuple d'Athènes, et mit en usage tant de brigue et d'artifices, qu'il se fit accorder la couronne. En vain Thésée voulut-il reprendre le commandement des armées ; en vain essaya-t-il de faire valoir ses droits : les volages Athéniens, oubliant tout ce qu'il avait fait pour eux, l'obligèrent à s'enfuir. Il se retira dans l'île de Scyros, où le roi Lycomède, gagné par Mnesthée, l'assassina. Les Athéniens sentirent enfin leur ingratitude ; ils restituèrent le trône aux enfants de Thésée, et élevèrent au vainqueur du Minotaure un temple et un tombeau.

---

1. Dans la tragédie de *Phèdre* (acte I, sc. I), Théramène dit à Hippolyte, en parlant d'Aricie :
   Jamais l'aimable sœur des cruels *Pallantides*
   Trempa-t-elle aux complots de ses frères perfides.
2. Pour relever la gloire de Thésée, les Athéniens le faisaient passer pour fils de *Neptune*. Neptune, selon eux, aurait épousé *Æthra*, femme d'Égée et fille de Pitthée.

§ 13. PIRITHOÜS

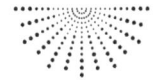

PIRITHOÜS, fils d'Ixion et de la Nue, était roi des Lapithes, peuple de Thessalie. Frappé de surprise au récit des exploits de Thésée, roi d'Athènes, il voulut éprouver la force de ce héros, et se mesurer avec lui. Dans ce but, il entra, à la tête d'une troupe armée, sur le territoire de l'Attique, et en ravagea les campagnes. Thésée marcha à sa rencontre, pour le combattre ; mais quand les deux héros furent en présence, ils furent saisis d'une mutuelle admiration : Pirithoüs tendit la main à Thésée en signe d'amitié, et lui promit de réparer tous les dommages qu'il venait de causer en Attique.

Peu après, Pirithoüs épousa la belle *Hippodamie*, (appelée Déidamie par quelques auteurs). Les *Centaures*, peuple de Thessalie, monstres demi-hommes et demi-chevaux, furent invités aux noces. Les apprêts de la fête étaient disposés dans un vallon frais et délicieux. Les personnages les plus distingués d'entre les Lapithes y étaient conviés. Les Centaures y vinrent avec empressement. Le plaisir brillait sur tous les visages ; et, lorsque Hippodamie parut avec les dames de sa suite, les coteaux et les bois d'alentour retentirent de chants d'hyménée. Durant le festin, la beauté d'Hippodamie attira tous les regards, et faillit causer sa perte. Eurytus, le plus brutal des Centaures, ivre d'amour et de vin, renverse tout à coup les tables, s'élance sur la princesse pour l'enlever, et la saisit aux cheveux ; les autres Centaures, à son exemple, se jettent sur les femmes qui l'avaient accompagnée. Les efforts qu'elles faisaient pour se défendre, leurs cris, leurs gémissements retraçaient l'image d'une ville prise d'assaut. Thésée accourt à leur aide ; les Lapithes se joignent à lui ; le combat s'engage avec fureur, et en peu d'instants la terre est jonchée de morts. Les Centaures y périrent presque tous, par la valeur de Thésée et de Pirithoüs ; le reste se sauva dans les montagnes de l'Arcadie, et y vécut oublié.

Unis d'une étroite amitié, Pirithoüs et Thésée entreprirent ensemble des expéditions aventureuses. Ils allèrent à Sparte pour enlever la jeune Hélène, fille de Tyndare, déjà renommée dans toute la Grèce pour sa beauté. Leur projet réussit, et ils tirèrent au sort la royale captive, à condition que celui à qui elle resterait, serait tenu de procurer une autre femme à son ami. Hélène échut à Thésée, qui s'engagea d'aller aux enfers avec Pirithoüs, et de ravir à Pluton son épouse. Ils descendirent en effet au séjour des ombres, pour exécuter ce téméraire projet ; mais Pluton, informé à temps du motif de leur voyage, prit si bien ses mesures qu'une fois entrés ils ne purent plus ressortir. Pirithoüs fut étranglé par Cerbère[1], Thésée, chargé de chaînes, fut conduit vers Pluton, qui d'abord le retint captif, et ne le céda ensuite qu'aux instantes prières d'Hercule.

---

1. Quelques auteurs prétendent que *Pirithoüs* ne périt point alors mais qu'il fut livré aux Furies, et délivré ensuite par Hercule.

§ 14. BELLÉROPHON

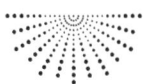

B ELLÉROPHON ayant tué par mégarde son frère à la chasse, se sauva en Argolide, chez le roi Prœtus, qui lui accorda une retraite généreuse. Il vivait tranquille à cette cour, lorsque l'épouse de Prœtus, nommée *Sténobéa*, éprise de la beauté de ce jeune étranger, lui avoua qu'elle l'aimait, et qu'elle était prête à le suivre. Bellérophon, qui n'éprouvait aucune affection pour elle, reçut froidement cette déclaration ; et Sténobéa le voyant insensible, changea son amour en antipathie, s'acharna contre lui, l'accusa faussement de plusieurs crimes, et enfin demanda sa mort. Prœtus, qui ne voulait pas violer les droits sacrés de l'hospitalité en faisant périr Bellérophon, l'envoya en Lycie, chez le roi Iobatès, père de Sténobéa, avec un écrit qu'il disait être une lettre de recommandation, mais dans lequel, en effet, il demandait, il sollicitait même le supplice du coupable[1].

Iobatès fit à Bellérophon l'accueil le plus distingué : les neuf premiers jours de son arrivée se passèrent en fêtes et en réjouissances. Le dixième jour, le roi décacheta la lettre dont son hôte était porteur ; mais pour ne pas souiller de sang son palais, il prit le parti d'exposer Bellérophon aux plus grands dangers. Il l'envoya avec une faible troupe porter la guerre chez les Solymes, peuple puissant de la Pisidie ; et Bellérophon fut victorieux. Il le chargea d'aller combattre les Amazones, qu'il vainquit pareillement. Il lui ordonna enfin d'aller tuer la Chimère, animal affreux, qui avait la tête d'un lion, la queue d'un dragon, le corps d'une chèvre, et dont la gueule béante vomissait des flammes. Protégé par Minerve et monté sur le cheval Pégase, Bellérophon terrassa le monstre, et le mit en pièces. Alors Iobatès, reconnaissant à de pareils exploits une protection spéciale des dieux, retint le héros dans ses États, lui donna sa seconde fille en mariage, et le nomma son successeur au trône. Sténobéa, tourmentée de remords, s'empoisonna.

---

1. C'est de là que les lettres qui contiennent un ordre funeste à celui qui les porte, sont nommées *lettres de Bellérophon*.

§ 15. ORION

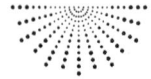

O rion, beau jeune homme et chasseur infatigable, surpassait par la hauteur de sa taille et par sa force tous les héros de son temps, « *Quand il marchait au travers des mers les plus profondes, dit un poète, ses épaules dominaient les eaux.* » *Diane* le prit à sa suite, lui donna les premiers emplois de sa cour, et, lui prodigua les témoignages d'une bienveillante protection : fortuné destin, qui semblait ne devoir jamais finir. Mais sa vanité le perdit. Un jour, après une brillante chasse, et au milieu des éloges dont il était l'objet, il se vanta qu'il n'y avait point de monstres dans les forêts, ni sur les monts, ni dans les déserts, dont il ne pût triompher : défiant les tigres, les panthères et les lions même de le faire pâlir ! La Terre qui se croyait bravée par cette jactance, suscita contre ce géant un simple scorpion, dont la piqûre lui donna la mort, inconsolable de la perte du plus dévoué de ses chasseurs, Diane obtint que Jupiter le transportât au ciel et le plaçât parmi les astres, où il forme la constellation d'*Orion,* une des plus étincelantes du firmament.

§ 16. MÉLÉAGRE

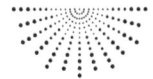

MÉLÉAGRE, fils d'*Œnée* roi de Calydon, et d'*Althéa*, n'était âgé que de trois jours, lorsque sa mère aperçut près du foyer les trois Parques, qui, semblables à nos fées malfaisantes, jetaient au feu un morceau de bois allumé, en murmurant ces paroles sinistres : « *La vie de cet enfant finira avec ce tison.* » S'élancer du lit, arracher le tison des flammes, le plonger dans l'eau, le cacher avec soin, tout cela fut exécuté par elle en un clin d'œil.

Vingt ans après, *Œnée* ayant offert un sacrifice solennel à tous les dieux, pour leur rendre grâces de l'abondance des récoltes, oublia par malheur Diane dans cet hommage. La déesse se vengea de cet oubli, en faisant naître dans le territoire de *Calydon*, un horrible sanglier, qui ravageait les terres d'Œnée, déracinait les arbres fruitiers, et désolait les campagnes. Sa grandeur était celle d'un taureau ; sa bouche vomissait une vapeur empestée ; il avait des soies comme des pointes de lance, et des défenses comme celles d'un éléphant. Thésée, Jason, Castor, Pollux et beaucoup d'autres jeunes princes accoururent des villes voisines pour délivrer le pays de ce fléau. *Méléagre*, fils d'*Œnée*, dirigeait les chasseurs. Échion lança le premier dard au monstre, et le manqua[1] ; Jason ne fut pas plus heureux ; Mopsus le frappa de son javelot sans lui faire de mal. Pendant ce temps, l'animal furieux renversait tout ce qui s'offrait à lui. Déjà même il avait blessé grièvement plusieurs des chasseurs, lorsque ATALANTE, fille de Jasius, l'atteignit d'un coup de flèche, derrière l'oreille, et l'abattit : *Méléagre* lui porta le coup mortel, le dépeça, et en offrit la tête à l'habile chasseresse. Rien ne semblait plus naturel que cette marque d'estime accordée à une étrangère. Mais les oncles maternels de Méléagre, jaloux de voir une femme arcadienne remporter tous les honneurs de la chasse, la provoquèrent, lui enlevèrent de force la hure du sanglier, et accompagnèrent cette insulte de discours outrageants. Méléagre, transporté de fureur, ne peut se contenir ; il court sur ses oncles, les perce tous deux de son épée, et rend à la belle Atalante la dépouille du sanglier.

Althéa aimait ses frères. Dans le désespoir que lui causait leur perte, elle jeta au

135

feu le tison fatal qu'elle en avait autrefois retiré ; il se consuma, et avec lui périt Méléagre, dont une fièvre ardente dévorait les entrailles, à mesure que la flamme du foyer consumait le tison. Cette mort répandit le deuil dans la ville de Calydon. Althéa, revenue de son délire, connut l'énormité de son crime, et se tua. Les sœurs de Méléagre ne parent se résoudre à quitter le corps de leur frère ; elles se couchèrent sur son tombeau, refusant toute nourriture, et ne cessant de baiser les lettres de son nom gravées sur le marbre. Diane apaisée par tant de catastrophes, et voulant mettre un terme à la douleur de ces jeunes filles, les métamorphosa en oiseaux qu'on appelle *méléagrides*.

---

1. Cet *Échion*, fils de Mercure, est un autre personnage que celui qui aida Cadmus à bâtir la ville de Thèbes.

§ 17. PÉLOPS — ATRÉE ET THYESTE

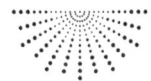

PÉLOPS était fils de *Tantale*, roi de Lydie.

Les dieux voyageant dans l'Asie-Mineure sous la figure humaine, habitèrent chez Tantale, prince impie et cruel, qui, pour éprouver si ses hôtes étaient réellement des divinités et s'ils connaissaient les choses cachées, égorgea son propre fils *Pélops*, nouvellement né, le coupa en morceaux, et l'ayant fait rôtir, le servit avec d'autres viandes apprêtées. Les dieux connurent le crime, et s'abstinrent de toucher à ce mets abominable. La seule Cérès, affamée ou distraite, mangea une épaule de Pélops. Jupiter rassembla les membres épars de cette innocente créature, lui rendit la vie, et substitua une épaule d'ivoire à celle que Cérès avait dévorée. Tantale, bourreau de sa famille, fut précipité dans le tartare.

Pélops, dont le royaume était alors faible et appauvri, se trouva en butte aux attaques des rois voisins. Il quitta donc la Lydie avec Niobé sa sœur, et se retira en Grèce, où il demanda en mariage la belle HIPPODAMIE, fille d'Œnomaüs, roi d'Élide.

Seule héritière du trône, Hippodamie était aimée et recherchée de plusieurs princes ; mais *Œnomaüs*, averti par un oracle qu'il serait malheureux avec son gendre, mit à la possession de sa fille une condition difficile à remplir. Comme il excellait à conduire les chars, et qu'il avait des coursiers aussi rapides que le vent, il publia que sa fille appartiendrait à celui des amants qui le vaincrait à la course des chars, mais que la mort serait le partage infaillible des vaincus. Treize des prétendants avaient déjà subi cette épreuve, et leurs cadavres gisaient sur la poussière, lorsque *Pélops* réclama l'honneur de combattre. Quoique ses chevaux, choisis par Neptune même, eussent toutes les chances favorables, il n'osa cependant se mesurer d'égal à égal avec le roi d'Élide. Il tenta la fidélité de Myrtile, écuyer d'Œnomaüs, et le corrompit par des présents. Myrtile scia en deux le char du roi, et en rejoignit si bien les deux portions, que l'œil n'y découvrait aucune jointure. Le char se rompit au milieu de la carrière ; *Œnomaüs* mourut de la chute, et Pélops, époux fortuné d'Hippodamie, monta sur le trône d'Élide.

Ses conquêtes furent promptes, ses armes firent trembler ses ennemis, sa réputation s'étendit au loin, et son nom fut donné à la presqu'île méridionale de la Grèce (*le Péloponèse*).

Du mariage d'Hippodamie et de Pélops naquirent ATRÉE et THYESTE. Ces deux frères, fameux dans l'histoire par leur haine mutuelle, le sont encore plus par les crimes qui s'ensuivirent, et dont un seul donnera l'idée des autres. Après de longues querelles, le perfide Atrée, feignant de vouloir oublier le passé, proposa à son frère une entrevue amicale. Thyeste, trompé par les apparences, se rendit avec empressement au palais de son frère, et prit part au festin qui devait sceller leur réconciliation. Mais, à la fin du repas, lorsqu'on eut invoqué les dieux, et que les deux frères se furent juré de vivre en amis, Atrée fit apporter deux têtes sanglantes : c'étaient celles des deux fils de Thyeste ! Et il lui apprit avec une joie féroce que les viandes dont il avait goûté étaient la chair de ces victimes. Le soleil se cacha, dit-on, pour ne pas éclairer de pareilles horreurs.

Un frère d'Atrée, nommé PLISTHÈNE, donna le jour à Agamemnon et à Ménélas, qui sont souvent désignés sous le nom *d'Atrides*, quoiqu'ils ne fussent pas fils, mais seulement neveux d'Atrée.

§ 18. ŒDIPE

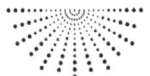

ŒDIPE, un des plus malheureux princes qui aient existé, était fils de Laïus roi de Thèbes, et de Jocaste. Avant leur mariage, ces deux époux se rendirent au temple de Delphes pour y consulter l'oracle d'Apollon ; et sa réponse fut « *que le fils qui naîtrait de leur hyménée serait un jour le meurtrier de son père et l'époux de sa mère.* » L'enfant naquit, et Laïus, pour éviter de plus grands malheurs, appela un de ses confidents intimes, et lui dit : « *Va, et fais mourir cet enfant.* » Quoique dévoué à son roi, cet homme recula devant une injonction si odieuse, et sentit défaillir son cœur. Mais n'osant pas désobéir entièrement, il porta l'enfant sur le mont Cithéron, lui perça les pieds, y passa une courroie, et le suspendit à un arbre. Ses gémissements attirèrent un berger du voisinage, qui paissait les troupeaux de Polybe, roi de Corinthe. Ce berger s'appelait Phorbas ; il eut pitié de l'enfant, le prit dans ses bras, et le porta à Péribée, femme de Polybe, qui le garda près d'elle, le fit élever sous le nom d'*Œdipe*[1], et l'adopta pour son fils.

Œdipe entrait à peine dans sa quatorzième année, et déjà les officiers de la cour avaient admiré, en plusieurs occasions, sa force et son adresse. Vainqueur dans tous les jeux du gymnase, il excita tellement la jalousie de ses jeunes compagnons, qu'un d'entr'eux, pour le mortifier, lui dit qu'il n'était qu'un pauvre enfant trouvé, un fils adoptif.

Tourmenté par ce reproche, Œdipe en conçut des scrupules sur son origine, et interrogea avec anxiété, à diverses reprises, celle qu'il avait toujours appelée sa mère ; mais Péribée, qui le chérissait, se gardait bien d'éclaircir ses doutes ; elle s'efforçait au contraire de lui persuader qu'il était son fils. Afin d'obtenir une certitude, Œdipe alla consulter l'oracle de Delphes, dont il reçut, pour toute réponse, le conseil « *de ne plus reparaître dans son pays natal, s'il voulait éviter de tuer son père et de devenir l'époux de sa mère.* » Frappé de ces mots terribles, et résolu de ne pas retourner à Corinthe qu'il regardait comme sa patrie, il marcha tristement vers la Phocide. Arrivé près du bourg de Delphes, il rencontra dans un chemin étroit quatre personnes, parmi lesquelles était un homme âgé, assis sur un char, qui lui enjoignit arrogamment de s'écarter de la route et de laisser le passage libre, accompagnant cet ordre d'un geste menaçant. Une querelle s'engagea. On tira l'épée ; Œdipe tua le vieillard sans le connaître : ce vieillard était Laïus !

Après cette catastrophe, qui privait de son roi la ville de Thèbes, une calamité d'un genre inouï désola toute la contrée : c'était le *Sphinx*. Ce monstre avait la tête, le visage et les mains d'une jeune fille, la voix d'un homme, le corps d'un chien, la queue d'un serpent, les ailes d'un oiseau et les griffes d'un lion. Il se tenait sur une colline, près de Thèbes, arrêtait de là tous les voyageurs, leur proposait une énigme captieuse, et dévorait ceux qui ne la pouvaient résoudre. Plusieurs milliers d'infortunés avaient déjà péri. *Créon*, qui occupait le trône[2], sacrifiant son intérêt propre à l'intérêt public, fit annoncer dans toute la Grèce qu'il donnerait Jocaste et la couronne de Thèbes à celui qui délivrerait la Béotie de ce fléau. La mort du Sphinx dépendait de l'explication d'une énigme qui était proposée en ces termes : *Quel est l'animal qui a le matin quatre pieds, deux à midi, et trois le soir* ? Œdipe, dont la sagacité égalait l'amour de la gloire, se présenta au monstre, écouta l'énigme et répondit sans hésitation « *que cet animal était l'homme, qui, dans son enfance, marche à la fois sur ses pieds et sur ses mains, dans l'âge viril sur ses deux pieds, et, dans sa vieillesse, se sert d'un bâton comme d'un troisième pied.* » Le Sphinx, furieux de se voir deviné, s'élança du rocher où il était, et se brisa la tête dans le fond d'un précipice.

Sauveur de Thèbes, Œdipe monta sur le trône, et devint l'époux de Jocaste, dont il eut deux fils, Étéocle et Polynice, et deux filles, Antigone et Ismène.

Plusieurs années après ce mariage, les Thébains furent affligés d'une peste qui attaquait indistinctement les hommes et les animaux, et qui résistait aux ressources de Fart, aux prières et aux sacrifices. L'oracle, refuge ordinaire des malheureux, déclara que la Béotie ne serait pas délivrée de ce fléau avant que le meurtrier de Laïus fût connu et banni du royaume. Œdipe, qui ignorait le nom et la qualité du vieillard tué jadis par lui en Phocide, ordonna, pour découvrir l'assassin de Laïus, les recherches les plus scrupuleuses ; elles aboutirent à mettre au jour trois faits horribles : qu'Œdipe était lui-même ce meurtrier désigné par l'oracle ; que Laïus était son père, et Jocaste sa mère. A cette révélation accablante il fit éclater un désespoir sans bornes ; et, se jugeant indigne de voir la clarté du jour, il s'arracha les yeux avec la pointe de son épée.

Chassé de Thèbes par ses deux fils, il s'achemina vers l'Attique, dénué de tout, couchant sur la dure, et mendiant son pain de porte en porte. Antigone, sa fille aînée, lui servait de compagne ; elle guidait les pas incertains de ce vieillard aveugle, et adoucissait par les plus tendres caresses l'horreur de sa situation. Ils arrivèrent près de Colonne, bourg voisin d'Athènes, dans un bois consacré aux Euménides, et dont l'entrée était interdite aux profanes. Quelques habitants, surpris d'y voir ce roi criminel, voulurent le contraindre d'en sortir ; et peut-être eût-il péri sous leurs coups, si Antigone ne les eût fléchis par sa douceur et par ses larmes. Œdipe fut conduit à Athènes, auprès de Thésée, qui le reçut avec humanité, et lui accorda une retraite hospitalière, où il passa le reste de ses jours.

Cependant Œdipe, lorsqu'il avait abandonné Thèbes, sa patrie, avait accablé de ses malédictions *Étéocle* et *Polynice*, et demandé au Ciel que ces ingrats se disputassent à main armée le sceptre qu'ils lui arrachaient. Pour prévenir l'effet de ces imprécations, les deux frères ne voulurent point gouverner ensemble, et convinrent que tour à tour l'un resterait éloigné de Thèbes, pendant que l'autre y régnerait l'espace d'une année. *Étéocle*, qui était l'aîné, monta le premier sur le trône ; mais, au terme convenu, il refusa d'en descendre. Polynice, courroucé de cette tromperie, se retira chez Adraste, roi d'Argos, dont il devint le gendre, et qui lui promit des secours pécuniaires, une armée et la victoire. Thèbes fut bloquée par les troupes argiennes que commandaient sept vaillants capitaines, appelés par excellence les Sept Chefs. C'étaient Adraste, roi d'Argos ; Polynice et Tydée, ses gendres ; le devin Amphiaraüs ; Capanée, Parthénopée et Hippomédon. La défense des portes de Thèbes fut confiée par Étéocle à un pareil nombre d'habiles commandants. Après divers engagements meurtriers, mais non pas décisifs, les deux frères résolurent enfin de terminer la guerre par un combat seul à seul, en présence des deux armées : ils périrent l'un et l'autre dans ce duel.

Créon, devenu chef du gouvernement, défendit sous peine de mort à tous les Thébains d'accorder la sépulture aux ennemis restés sur le champ de bataille ; et nul d'entr'eux n'osa violer cette défense. La seule Antigone, sœur de Polynice, moins sensible *à* la crainte de mourir qu'au désir de rendre à son frère les honneurs funèbres, trompa la vigilance des gardes, sortit de Thèbes pendant la nuit, trouva le corps et le brûla. Surprise dans ce pieux devoir, elle fut condamnée à être enterrée vivante ; mais elle prévint son supplice en s'étranglant. Hémon, fils de Créon, et amant d'Antigone, se précipita sur le cadavre de cette héroïque princesse, et s'y poignarda.

---

1. *Œdipe, en grec, signifie aux pieds enflés.*
2. *Créon* était le frère de Jocaste.

§ 19. TYDÉE

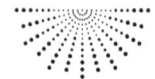

Tydée, guerrier fameux, était fils d'Œnée, roi de Calydon. Banni de sa patrie pour un homicide involontaire, il trouva un asile honorable en Argolide, chez le roi *Adraste*, qui lui donna en mariage une de ses filles : la seconde venait d'épouser un autre prince fugitif, Polynice, fils d'Œdipe.

Quand Adraste leva une armée pour soutenir les droits de Polynice au trône de Thèbes, Tydée en fut un des principaux chefs. Mais avant que d'ouvrir les hostilités, Adraste, en monarque prudent, voulut tenter encore d'amener Étéocle à des sentiments de paix et de justice ; et il envoya dans ce but Tydée, comme ambassadeur à la cour de Thèbes. La jeunesse guerrière de cette ville y était alors occupée à des combats gymnastiques, prélude des jeux cruels de Mars : Tydée fut invité à s'y joindre. Il accepta l'offre, descendit dans la lice, et sortit vainqueur de toutes les joutes. Les spectateurs éclatèrent en témoignages d'admiration. Mais ses rivaux furent tellement jaloux, et éprouvèrent un tel dépit de leur défaite, qu'ils résolurent de lui dresser des embûches à son retour et de le tuer. Tydée, après avoir échoué dans sa négociation, reprenait sans défiance la route d'Argos, lorsqu'il fut assailli à l'improviste par 50 jeunes Thébains bien armés. Sa résistance fut opiniâtre. Assisté de cinq amis, et protégé par Minerve, il sut si habilement parer leurs atteintes et prendre son avantage, qu'après une lutte sans exemple il extermina cette troupe de lâches agresseurs. Un seul fut épargné, pour qu'il portât aux Thébains la nouvelle circonstanciée de ce désastre.

Durant le siège de Thèbes, Tydée signala encore sa valeur, et fit tomber sous le fer de sa lance maints généraux ennemis. Lui-même à la fin fut percé d'une flèche que lui décocha *Mélanippe*, fils d'Artacus. La blessure était profonde, les douleurs aiguës. Mais le désir de la vengeance ranimant ses forces, il prend un javelot et le lance à son adversaire qui en est renversé. Ce dernier effort épuise Tydée : il perd tout son sang par sa plaie. Ses amis l'emportent, et le déposent, loin du champ de bataille, sur une éminence. Désespéré de ne pouvoir plus combattre, il prie ceux qui l'entourent d'aller enlever le corps de Mélanippe et de le lui apporter. Capanée s'élance dans la mêlée, et apercevant Mélanippe gisant sur la poussière, il l'enlève respirant encore, le charge sur ses épaules et accourt. A la vue de son ennemi, Tydée semble renaître à la vie. Dans l'exaltation de sa joie féroce, il fait décapiter le moribond, saisit cette tête sanglante, la ronge à belles dents, ouvre le crâne et en arrache la cervelle... Minerve, qui venait pour secourir Tydée et lui rendre sa première vigueur, fut si révoltée de cette barbarie qu'elle l'abandonna à sa destinée, et lui laissa rendre le dernier soupir.

§ 20. AMPHIARAÜS

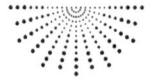

AMPHIARAÜS, devin célèbre et général d'armée, invité par Adraste à se joindre aux bataillons qui allaient assiéger Thèbes, refusa de partir et se cacha, persuadé qu'il était de périr sous les remparts ennemis. Polynice, intéressé pins que tout autre au succès de la guerre, s'adresse à *Ériphyle*, femme d'Amphiaraüs, et lui promet un collier d'or enrichi de diamants, si elle veut révéler aux Argiens la retraite de son mari. La cupidité de cette femme ne peut résister à l'appât de l'or : Amphiaraüs est indignement trahi. Mais avant de quitter son palais, il fit jurer à son fils *Alcméon* de tuer Ériphyle dès qu'il apprendrait sa mort. Amphiaraüs perdit en effet la vie au commencement de l'expédition, Jupiter, d'un coup de foudre, Payant précipité lui et son char dans les entrailles de la terre. Alcméon, informé de la fatale nouvelle, exécuta l'ordre qu'il avait reçu, et trempa ses mains sacrilèges dans le sein de sa mère.

Amphiaraüs reçut les honneurs divins, et il lui fut élevé, en Attique, un temple dont l'oracle était aussi fameux que celui de Delphes. Pour consulter cet oracle, il fallait se purifier s'abstenir de nourriture pendant vingt-quatre heures, et de vin pendant trois jours ; on immolait ensuite un bélier, on en étendait la peau par terre, on dormait dessus, et l'on recevait durant le sommeil la réponse du dieu.

§ 21. CAPANÉE — PARTHÉNOPÉE

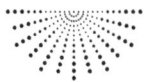

CAPANÉE, prince argien, époux d'Évadné, nous est dépeint dans l'histoire comme un impie et un blasphémateur. Sous les murs de Thèbes, il se vantait de prendre cette ville quand même Jupiter et tous les dieux réunis la défendraient. Il avait pour emblème, sur son bouclier, un homme désarmé tenant à la main un flambeau, avec cette devise en lettres d'or : « *Je brûlerai Thèbes.* » Les dieux fatigués de sa criminelle jactance, prièrent Jupiter de l'en punir, et il fut écrasé d'un coup de foudre. *Évadné*, son épouse, qui avait pour lui la plus tendre affection, ne put lui survivre, et saisissant le moment où y on brûlait son corps sur le bûcher, elle s'élança au milieu des flammes, et y fut soudain consumée.

PARTHÉNOPÉE, prince arcadien, un des Sept Chefs, était jeune, aimable, d'une figure charmante, et gagnait tous les cœurs par sa conduite sage et par la grâce de ses discours. Intrépide et fier devant l'ennemi, doux et modeste avec ses égaux, il respecta l'austère pudeur, et fut jusqu'au trépas le modèle des héros de sa patrie.

§ 22. LES ÉPIGONES

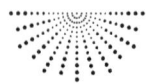

On donne ce nom aux fils aînés des Sept Chefs, qui, excepté Adraste, périrent dans l'expédition contre Thèbes.

Le but des ÉPIGONES[1] était de venger leurs pères, et de prendre la ville de Thèbes. Ayant à leur tête *Alcméon*, fils d'Amphiaraüs, ils livrèrent près du bourg de Glisas un combat sanglant, où le roi ennemi, Laodamas, fils d'Étéocle, fut tué de la main même d'Alcméon. Consternés de cette perte, les Thébains consultèrent le devin Tirésias sur le parti à prendre dans cette funeste conjoncture : et Tirésias leur conseilla de rendre la ville. Les vainqueurs y entrèrent et la saccagèrent. Le fils de Polynice, *Thersandre,* à qui revenait de droit le trône de Thèbes, en prit possession, et l'occupa sans contestation jusqu'à sa mort.

---

1. *Épigones* signifie, en grec, les Descendants, Ceux qui viennent après. Diomède, fils de Tydée, est le plus célèbre des Épigones.

§ 23. MINOS II — DÉDALE

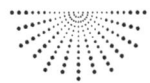

MINOS II, roi de Crète, petit-fils de Minos Ier, épousa *Pasiphaé*, fille du Soleil. Dans la première année de son règne, il eut l'imprudence de refuser à Neptune un taureau blanc, qu'il avait promis de lui immoler, et le dieu, pour le punir, empoisonna sa vie de malheurs. Phèdre et Ariane, ses filles, périrent victimes de l'amour ; Pasiphaé sa femme, mit au monde le *Minotaure*, monstre moitié homme et moitié taureau, qui se nourrissait de chair humaine ; Androgée son fils, fut enlevé par une mort prématurée.

Androgée, doué d'une rare habileté dans les exercices du gymnase, s'était rendu à Athènes, pour y disputer les prix de la lutte, de la course et du pugilat, aux fêtes de Minerve. Les plus fameux athlètes de l'Attique et de Mégare y étaient venus dans le même but. Androgée les surpassa tous et remporta tous les prix. Sa gloire, ses couronnes, excitèrent l'envie de ses rivaux, qui le firent assassiner au moment où il allait s'embarquer pour l'île de Crète. Minos, au désespoir, jure de venger son fils. Il va lui-même solliciter l'alliance des princes voisins, équipe une flotte, et vient mettre le siège devant Mégare. *Scylla*, fille de Nisus roi de cette ville, apercevant du haut de la citadelle le roi de Crète à la tête de ses guerriers, devint amoureuse de lui. Minos était d'une stature élégante, d'une figure agréable et distinguée : Scylla n'eut pas honte, pour lui plaire, de trahir son père et son pays. Le sort de la ville de Mégare dépendait d'un cheveu couleur de pourpre que Nisus avait au sommet de la tête et qu'il gardait soigneusement. Scylla le lui coupa pendant qu'il dormait, et le porta à Minos comme un gage non équivoque de sa tendresse. La ville fut prise le même jour ; mais la perfidie de Scylla causa tant d'horreur à Minos, qu'il refusa de lui adresser la parole et même de la voir. Accablée de honte, cette infortunée alla se précipiter dans la mer ; les dieux la soutinrent au moment de sa chute, et la métamorphosèrent en *alouette* : Son père fut changé en *épervier*, et il continua de s'acharner à sa poursuite.

Athènes, craignant le sort de Mégare, demanda la paix. Minos ne voulut l'accorder qu'à une condition cruelle : il exigea que durant neuf années consécutives les

Athéniens lui envoyassent sept jeunes garçons et autant de jeunes filles qui serviraient de pâture au Minotaure.

Cependant DÉDALE, artiste athénien qui avait bâti par les ordres de Minos le labyrinthe de Crète, séjournait encore dans cette île avec son fils *Icare* ; mais il ne payait que d'ingratitude l'hospitalité de Minos : il favorisait les démarches criminelles de Pasiphaé, femme intrigante et passionnée.

Minos ne put retenir son courroux ; il enferma Dédale et Icare dans le labyrinthe, et ils restèrent longtemps captifs dans cette inextricable demeure, où ils devaient finir leurs jours. Dédale, dont le génie égalait l'audace, imagina un moyen d'échapper de sa prison. Sous prétexte de vouloir faire un présent à Minos, il demande à ses geôliers de la cire et des plumes ; il en fait des ailes, il les essaie, il se balance, il peut partir. Alors s'adressant à Icare : « *Vole prudemment, mon fils, et tiens un juste milieu dans les airs. Si tu t'élèves trop haut vers le soleil, sa chaleur fondra la cire de tes ailes ; si tu voles trop bas, l'humidité de la mer les rendra trop pesantes pour ta faiblesse. Évite l'un et l'autre extrême, et ne cesse pas de me suivre.* » En disant ces mots, Dédale ajuste les ailes aux épaules d'Icare, non sans verser des larmes d'appréhension. Dédale part le premier. Icare s'élève en tremblant à travers ce chemin nouveau ; il hésite, il frissonne. Peu à peu il s'enhardit, ne doute plus de rien, abandonne son guide, et s'élance vers les hautes régions de l'éther. Alors les liens qui tenaient ses ailes, se relâchent ; la chaleur du soleil fond la cire ; les plumes se détachent ; et, dans le moment ou, poussant un cri d'effroi, il appelait Dédale à son secours, il tombe et trouve la mort dans cette mer qui fut appelée de son nom *icarienne*[1]. Le sens naturel de cette fable est sans doute que Dédale, qui, durant sa captivité, avait trouvé l'art de mettre des *voiles* à sa barque, se sauva ainsi de l'île de Crète, en devançant les navires de Minos qui le suivaient à force de rames. Le navire d'Icare mal gouverné heurta contre les écueils, et se brisa.

Dédale poursuivit sa course périlleuse, et vint descendre à Cumes, en Italie, où il bâtit un temple en l'honneur d'Apollon. Il passa de là en Sicile, où régnait Cocalus, qui lui accorda asile et protection. Acharné contre le fugitif, Minos parut bientôt avec une flotte sur les côtes de Sicile, et somma Cocalus de lui rendre son prisonnier. Le prince refusa ; et comme Minos insistait avec menaces, on lui proposa de descendre à terre et de se rendre au palais, pour y terminer à l'amiable tout différend. Minos n'appréhendait rien de ces ouvertures ; il accepte la proposition, et vient aux appartements du roi, où il est reçu avec les plus grands honneurs. Mais ces honneurs cachaient un horrible piége. Dès le second jour, on le conduisit dans une salle de bains, où les esclaves le retinrent si longtemps que la vapeur de l'eau bouillante l'étouffa.

---

1. La mer *Icarienne* s'étend entre les îles de Chio, de Samos, de Pathmos, de Naxos et de Mycone.

SECTION QUATRIÈME : PRINCIPAUX PERSONNAGES DE L'ILIADE, DE L'ODYSSÉE ET DE L'ÉNÉIDE

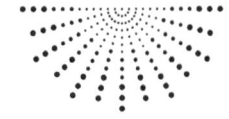

1

---

1. *L'Iliade* et *l'Odyssée* sont deux poèmes grecs composés par Homère. *L'Énéide* est l'œuvre de Virgile, auteur latin, contemporain d'Auguste.

§ 1. PREMIERS ROIS DE LA VILLE DE TROIE

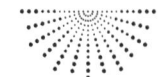

TEUCER, le véritable père et fondateur de la nation troyenne, était originaire de l'île de Crète. Obligé, par un motif qu'on ignore, de quitter encore jeune son pays natal, il alla se fixer en Phrygie, près du détroit de l'Hellespont, dans les plaines qu'arrosent le Xanthe et le Simoïs ; et il acquit parmi les habitants de la contrée une telle réputation de vertu et de savoir, que le roi *Scamandre*, digne appréciateur du mérite de cet étranger, lui donna en mariage sa fille unique, et le désigna pour son successeur au trône. Le reste de la vie de Teucer est inconnu.

DARDANUS, fils de Jupiter et d'Ælectra (une des Hespérides), avait reçu le jour en Arcadie, où régnait son frère Jasius. Poussé par une ambition excessive, *Dardanus* chercha et réussit à faire périr ce frère, qui était chéri de ses sujets et respecté de ses voisins. Mais ce crime ne put lui frayer le chemin à cette royauté tant désirée : l'indignation publique le força de s'expatrier. Il se sauva d'abord dans l'île de Samothrace, puis en Phrygie, où il épousa la fille du roi Teucer, auquel il succéda. Ce fut Dardanus qui popularisa dans l'Asie-Mineure le culte de Cybèle ; ce fut lui qui bâtit au pied du mont Ida la ville de *Dardanie*, devenue plus tard la fameuse Troie. Son règne fut long, et plus heureux qu'on ne pouvait l'attendre d'un prince qui s'était signalé, au début de sa carrière, par un fratricide.

ERICHTHONIUS, fils de Dardanus, lui succéda sans opposition : « *c'était, dit Homère, le plus opulent des monarques de l'Asie.* »

TROS, fils d'Erichthonius, donna le nom de *Troie* à sa ville capitale, appelée jusqu'alors Dardanie. Ses fils, Ilus, Assaracus et Ganymède, ont laissé tous trois un nom dans l'histoire. *Ilus* fut roi après son père ; *Assaracus* fut l'aïeul d'Anchise, le bisaïeul d'Énée, et par conséquent la première tige de la nation romaine ; *Ganymède* fut l'échanson de Jupiter. Aux prérogatives de la naissance, Ganymède unissait tous les dons extérieurs : c'était le plus beau des hommes, et ses mœurs ne déparaient point sa figure. Fuyant les amusements frivoles de la cour, il se retirait souvent dans les forêts du mont Ida, où les passions ne venaient point chercher son cœur. Le ciel envia à la terre un jeune homme digne d'un meilleur séjour. Jupiter lui-même ne crut pas déroger à la majesté divine, en descendant parmi les mortels pour leur enlever Ganymède, et leur laisser par là un illustre exemple de sa justice et de sa bonté. Il se changea en aigle, fondit sur le mont Ida, et transporta de là Ganymède à la table des dieux.

ILUS prit un soin particulier d'embellir la ville de Troie et de la fortifier ; et quand il eut terminé ses longs travaux, il pria Jupiter de lui donner un gage visible de la durée et de la prospérité du royaume. Le lendemain Ilus trouva près de sa tente le *palladium*, qu'il crut être tombé du ciel : c'était une petite statue qui représentait Minerve assise, tenant une pique de la main droite, et de la gauche une quenouille et un fuseau. Ce prodige éveilla l'attention de tout le peuple. L'oracle interrogé ordonna de bâtir à Minerve un temple dans la citadelle, et d'y conserver religieusement cette statue, dont la présence rendrait à jamais imprenable la ville de Troie.

LAOMÉDON, fils d'Ilus, s'est rendu fameux dans l'antiquité par sa mauvaise foi. Il s'occupait à bâtir les murailles de Troie, lorsque Apollon et Neptune, tous deux bannis de l'Olympe, vinrent lui offrir de l'aider dans son entreprise. L'offre fut acceptée. Mais après l'achèvement du travail, Laomédon refusa aux divins architectes le paiement qui leur était dû, ajoutant les menaces à l'injustice. La punition ne fut pas tardive, Neptune détruisit les murailles qu'il venait de construire, et fit sortir de la mer un monstre affreux qui dévorait les habitants sur le rivage, et les laboureurs dans les campagnes voisines. A la vue de cette calamité, le roi consulta l'oracle, et apprit que ce fléau était envoyé par Neptune, qui exigeait des Troyens qu'ils exposassent au monstre celui de leurs enfants sur lequel tomberait le sort. Le nom d'*Hésione*, fille de Laomédon, sortit de l'urne fatale. Enchaînée sur le rivage, l'infortunée princesse y attendait la mort, lorsque Hercule, qui naviguait vers la Colchide, descendit à terre avec les Argonautes. Hésione lui conta sa peine, il brisa ses liens, et s'engagea même à tuer le monstre, si Laomédon lui promettait pour prix du combat les chevaux invincibles dont il était possesseur. Laomédon n'eut garde d'hésiter. Hercule, armé de toutes pièces, se jeta dans la gueule de l'animal, pénétra jusque dans le fond de ses entrailles et y demeura trois jours, occupé à le déchirer et à épuiser son sang. Une si importante victoire appelait un juste salaire : Laomédon nia sa promesse et refusa les chevaux ! Hercule, joué, ne put contenir les transports de sa fureur ; il saccagea la ville de Troie, massacra le roi-parjure, enleva Hésione, et la donna en mariage à Télamon, roi de Salamine.

§ 2. PRIAM

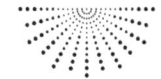

Priam, fils et successeur de Laomédon, s'appelait d'abord *Podarcès*. Quand son père frustra le libérateur d'Hésione de la récompense due à son courage, Priam essaya, par tous les moyens qui étaient en son pouvoir, de le ramener à des sentiments équitables, et de lui faire accueillir la réclamation du héros. Hercule, que tant de générosité et de courage dans un jeune prince avait profondément touché, lui accorda, comme un gage de reconnaissance, la ville et le trône dont il venait de s'emparer[1]. En peu d'années, cette capitale qui n'offrait à l'œil qu'un monceau de ruines, renaît plus grande et plus belle ; l'empire s'étend et fleurit ; d'utiles alliances sont contractées avec les principaux monarques de l'Asie-Mineure ; Priam lui-même, par son mariage avec *Hécube*, devient le gendre d'un roi puissant de la Thrace : ce roi s'appelait Dymas.

Les plus célèbres des fils de Priam furent Pâris (surnommé Alexandre), Hector, Laocoon, Déiphobe, Hélénus, Troïle, Polydore ; et les plus connues de ses filles : Ilioné, Créuse, Polyxène et Cassandre.

---

1. Selon une tradition différente, Podarcès fut emmené captif avec les autres Troyens ; sa rançon fut ensuite payée, il prit le nom de Priam (qui signifie racheté), et rentra en possession de l'héritage paternel.

§ 3. PÂRIS

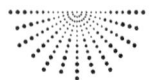

Hécube, enceinte de Pâris, eut un songe extraordinaire : elle rêva qu'elle portait dans son sein un tison allumé, qui allait embraser le palais et toute la ville. L'Oracle, interrogé sur cette vision, répondit « *que la reine mettrait au monde un fils qui serait cause de la destruction de sa patrie.* » A cette nouvelle, Priam chargea un de ses officiers, nommé Archélaüs, de faire périr le nouveau-né ; mais Archélaüs, fléchi par les larmes d'Hécube, se contenta de le porter sur le mont Ida, et de le confier à des pâtres, qui le cachèrent et prirent soin de l'élever. Il devint le plus beau, le plus adroit et le plus brave des bergers phrygiens. Œnone, nymphe des forêts, l'aima ; elle devint son épouse, et leur union fut heureuse tant qu'ils vécurent solitaires et ignorés. La célébrité de Pâris fut l'écueil de son bonheur : il parut dans les jeux publics de Troie, y triompha de ses rivaux, fut reconnu de Priam, et accueilli dans le palais.

La cour céleste entendit parler des exploits de Pâris ; Mercure vanta les mérites de ce troyen, et conseilla aux dieux de le choisir pour arbitre dans le fameux débat qui alors partageait l'Olympe. Aux noces de Thétis et de Pélée, où tous les dieux et toutes les déesses avaient été conviés, la *Discorde* seule fut exclue du festin, de peur qu'elle n'y semât le désordre et les querelles. Cet affront la blessa au vif, et elle s'en vengea habilement. Elle parut dans un nuage à la fin du repas, et jeta sur la table une pomme d'or où étaient gravés ces mots : à la plus belle. Ce fut le signal des contestations. Junon, Vénus et Minerve prétendirent à la pomme : Pâris fut désigné pour juge entre les trois déesses, qui mirent en usage toutes les séductions pour se le rendre favorable. Junon lui promit les richesses ; Minerve, la gloire des armes ; Vénus, la plus belle femme du monde. Vénus fut préférée : elle obtint, au milieu des applaudissements de l'Olympe, le prix de la beauté. Ses rivales, jalouses et humiliées, résolurent de perdre Pâris, sa famille et toute la nation troyenne.

Vénus, qui avait promis à Pâris la plus belle femme du monde, lui désigna Hélène, fille de Tyndare et femme de Ménélas : elle demeurait à Sparte, dans le palais de son époux.

Aucun obstacle n'arrête Pâris : Vénus le conduit et le favorise. Il part sur un brillant navire ; il aborde, il arrive à Sparte dans le plus somptueux appareil. Une grâce divine est répandue sur sa personne. Il est reçu à la cour du monarque lacédémonien avec toutes les démonstrations de la bienveillance : il y est logé dans le plus riche des appartements, il y est servi par vingt esclaves attentifs à ses moindres vœux. Au milieu des fêtes, Pâris n'oublie pas son projet ; il emploie pour plaire à Hélène tout ce qu'il a de propos aimables, de regards affectueux, de soins prévenants et assidus. Sur ces entrefaites, Ménélas, obligé d'aller dans l'île de Crète pour une affaire importante, quitte son épouse, et s'embarque. Demeuré seul auprès d'Hélène, Pâris lui ouvre son cœur, et la conjure de le suivre à Troie. Elle ne résiste que faiblement à celui qui a tout pour plaire ; elle part avec lui ; elle renonce à sa patrie, elle abjure les sentiments d'épouse et de mère !

Ménélas revient : il apprend le crime du perfide étranger, et fait retentir de ses plaintes le Péloponèse et la Grèce. A sa voix éloquente, tous les capitaines, tous les princes et les rois voisins, brûlant de venger une si sanglante offense, rassemblent dans le port d'Aulis, en Béotie, leurs vaisseaux, leurs coursiers, leurs armes et tout l'appareil des combats ; et s'engagent de rester unis jusqu'à ce que Troie ait été prise et détruite de fond en comble. Le commandement de l'armée est confié à AGAMEMNON, roi d'Argos et de Mycènes, frère du prince outragé. Mais un prodige inattendu s'oppose au départ de la flotte des Grecs : aucun vent, aucun zéphyr ne souffle... Des semaines, des mois s'écoulent, et le calme continue, et la rame fatigue vainement l'onde immobile.

Le devin Calchas est consulté : Calchas garde le silence, il refuse de répondre, il avoue enfin qu'il faut apaiser la colère de Diane par le sacrifice d'IPHIGÉNIE, fille aînée d'Agamemnon[1]. « A ce prix, dit Calchas, les Grecs peuvent s'ouvrir le chemin des mers, et détruire les remparts d'Ilion. » Accablé de cet oracle et résolu à ne pas souffrir qu'on immole sa fille, Agamemnon ordonne à Talthybius, un de ses hérauts, de convoquer les chefs de l'armée, et de leur déclarer que l'expédition projetée n'aura pas lieu : qu'ils doivent en conséquence retourner chacun dans leur patrie. Mais Ménélas, mais Ulysse et le bouillant Ajax ne peuvent supporter l'idée d'abandonner Hélène aux Troyens, et de rentrer honteusement dans leurs foyers ; ils prient et conjurent Agamemnon ; ils chatouillent son orgueil ; ils lui montrent les lauriers qui l'attendent, et l'éclat immortel qui va rejaillir sur son nom : voudrait-il être la fable de la Grèce et la risée de ses ennemis ?

Peu à peu les sentiments de l'amour paternel cèdent à ceux de la gloire militaire ; l'ambition étouffe le cri de la nature. Agamemnon permet le sacrifice qu'on exige de lui. Iphigénie n'était pas à Aulis ; elle était restée à Mycènes, auprès de Clytemnestre sa mère, avec ses deux sœurs et le jeune Oreste. Pour la faire venir au camp, son père feignit de vouloir, avant le départ de la flotte, lui faire épouser le vaillant Achille, à qui elle était fiancée. Iphigénie reçoit avec joie cette nouvelle. Elle arrive à Aulis ; l'affreuse vérité lui est révélée. Frappée d'horreur à l'idée du sort qu'on lui prépare, elle court demander grâce à son père, elle met tout en œuvre pour le fléchir ; et, le voyant inexorable, elle songe à s'enfuir avec sa mère. Mais bientôt, réfléchissant aux triomphes dont sa mort sera suivie, elle se résigne au trépas, fait elle-même les préparatifs de son sacrifice, et s'avance d'un pas ferme vers le bois sacré de Diane, où l'attendait Calchas. Calchas couronne la victime, il invoque les dieux, marque de l'œil l'endroit où il doit frapper. Il frappe, tous entendent le coup ; mais Iphigénie disparaît au même instant, sans qu'on aperçoive aucune trace de sa retraite. On trouve en sa place une biche d'une taille extraordinaire et d'une rare beauté, étendue à terre et palpitante ; ce prodige réveille le courage des Grecs, le vent devient favorable, et l'on met enfin à la voile.

Assiégée par des milliers de combattants, Troie était défendue par Hector, fils de Priam ; par Énée, fils d'Anchise ; par Memnon, Polydamas, Euphorbe, Sarpédon, roi de Lycie, et par d'autres fameux guerriers. *Pâris*, qui avait juré à Hélène d'être aussi vaillant que tendre, ne soutint pas la réputation de bravoure qu'il avait acquise dans sa jeunesse. Les délices d'une cour opulente l'avaient énervé. Un jour que les armées étaient en présence, il s'avance à la tête des bataillons phrygiens, couvert d'une peau de léopard, armé d'un arc et d'une épée, et provoque fièrement les plus braves capitaines grecs ; mais lorsqu'il voit Ménélas accourir pour le combattre, il tremble de peur et se réfugie dans le plus épais des phalanges. Ranimé par les reproches d'Hector, il se présente de nouveau contre son adversaire, qui, plus fort et plus adroit, allait triompher, quand Vénus vient au secours de son favori, l'enveloppe d'un nuage et le transporte auprès d'Hélène, dans l'intérieur du palais. Il montra plus de courage ou fut plus heureux en d'autres rencontres.

Blessé enfin par Philoctète, et près de mourir, il se fit porter sur le mont Ida, vers *Œnone*, qui, touchée de ses souffrances et de ses regrets, employa toutes les ressources de l'art pour le guérir. La flèche était empoisonnée : Pâris expira peu de jours après. (C'était la neuvième année du siège de Troie.) Œnone, trop sensible à la mort d'un mari volage, se laissa consumer de tristesse, et son corps fut réuni, dans la tombe, à celui de Pâris.

Quant à HÉLÈNE, on ne sait pas exactement quelle fut sa conduite pendant cette guerre. Homère assure qu'elle soupirait sans cesse après son premier époux, et qu'elle maudissait l'instant où elle avait eu la faiblesse d'écouter et de suivre un étranger. A la mort de Pâris, elle épousa *Déiphobe*, autre fils de Priam ; mais, après la prise de Troie, elle le trahit indignement, et le livra au poignard des Grecs, espérant se réconcilier par ce crime avec Ménélas. Elle y réussit en effet : le fils d'Atrée lui pardonna, et la ramena en Grèce, où de nouveaux chagrins l'attendaient. La mort lui enleva Ménélas, son dernier appui : elle fut bannie du Péloponèse comme une peste publique, et s'enfuit à Rhodes, près de la reine Polyxo, qui l'accueillit d'abord avec un semblant de faveur, mais qui donna ordre, le jour suivant, qu'elle fut étouffée dans le bain, et son cadavre ignominieusement pendu à un gibet.

---

1. *Agamemnon*, dans une partie de chasse, avait tué par mégarde une biche consacrée à Diane.

§ 4. ACHILLE

A CHILLE, fils de la nymphe Thétis et de Pélée, naquit à Phtia, ville de Thessalie. Sa mère, qui voulait le rendre invulnérable, le porta aux enfers, et le plongea dans les eaux du Styx, mais oublia d'y tremper aussi le talon.

Achille fut élevé par le centaure Chiron, qui lui enseigna la musique, la médecine, l'art des combats, et lui donna de la vivacité et de la force en le nourrissant de la moelle des lions. Pour l'empêcher d'aller à Troie, où il devait périr, selon la prédiction d'un oracle, Thétis l'envoya, sous un vêtement de femme, à la cour de Lycomède, roi de l'île de Scyros. Cependant, comme la ville de Troie ne pouvait être prise sans le secours d'Achille, Ulysse vint à Scyros, déguisé en marchand, et offrit des bijoux et des armes aux dames de la cour. Toutes choisirent des bijoux ; Achille seul prit des armes. Ce choix le trahit. Obligée de consentir à son départ, sa mère obtint pour lui un bouclier, ouvrage de Vulcain, et y ajouta quatre chevaux immortels. Patrocle, son meilleur ami, l'accompagnait ; l'écuyer Automédon conduisait son char.

Arrivé devant Troie, *Achille* y déploya une étonnante valeur :il vainquit Télèphe, roi de Mysie ; Cycnus, petit-fils de Neptune ; Penthésilée, reine des Amazones, et Troïle, fils de Priam.

Ayant assiégé et pris Lyrnesse, ville de Troade, il demanda et obtint en partage *Briséis*, fille de Brisès, grand prêtre de Jupiter. La beauté de cette noble captive, sa jeunesse et ses talents, gagnèrent facilement le cœur du héros. Achille traitait Briséis avec tous les égards et tout le respect dus à son rang : il s'efforçait de diminuer sa douleur et d'adoucir l'amertume de ses regrets ; il avait même réussi à s'en faire aimer, lorsque Agamemnon, chef suprême de l'armée, homme capricieux et fier, abusant de son pouvoir, envoya deux de ses officiers pour enlever la jeune Briséis, qu'ils lui amenèrent. Achille, outré de cet affront, jura de ne plus combattre pour la cause des Grecs, s'enferma dans sa tente, et resta une année entière loin des camps. Agamemnon reconnut enfin l'injustice de son procédé, et le besoin qu'il avait du bras d'Achille pour arrêter les victoires d'Hector ; il renvoya Briséis avec de riches présents... C'était trop tard : Achille refusa de la reprendre, et s'obstina à ne pas défendre les Grecs. Ni les prières des généraux, ni les représentations de Phénix, son ancien gouverneur, ni les sollicitations de tous ses amis, ne purent le déterminera sortir de cette inaction.

Patrocle suivit l'exemple de son ami, partagea son ressentiment, et ne se montra plus à la tête des bataillons. Mais cette discorde trop fatale aux Grecs ne pouvait durer : Nestor, par ses exhortations pressantes, décida Patrocle à reparaître au champ d'honneur. Achille lui prêta sa cuirasse, son casque et son épée.

Frappés d'épouvante à la vue des armes d'Achille, les ennemis prennent la fuite. Patrocle renverse tout ce qui se présente à lui ; Sarpédon mord la poussière ; l'armée des Troyens se précipite avec des cris d'effroi vers la ville. Mais Apollon prend pitié d'eux : il envoie *Hector* contre Patrocle. Hector descend de son char et commence l'attaque. Les deux héros luttent avec une égale vigueur. Autour d'eux, Troyens et Grecs, soldats et capitaines, se pressent et s'égorgent. Les traits sifflent, les javelots volent dans les airs, la terre est couverte de morts. Dans cette confusion générale, Patrocle perd son casque, sa cuirasse, son épée, et laisse à son adversaire une facile victoire : Hector s'élance et le perce de part en part.

Achille, apprenant le trépas de son ami, ne peut contenir sa rage : il sent renaître, plus ardente que jamais, sa haine contre les Troyens. Il reprend les armes, et force les ennemis à se sauver pêle-mêle dans l'intérieur des remparts. *Hector* seul dédaigne de fuir, et ne rentre point avec les autres généraux. Il se tient devant la porte de Scée, attendant Achille, et impatient d'en venir aux mains avec lui. Hécube et Priam, tremblant pour la vie de leur fils, l'appellent, lui tendent les bras, le conjurent de rentrer dans la ville ; il est sourd à leurs prières, sourd aux supplications d'Andromaque son épouse : il attend de pied ferme et sans pâlir le redoutable fils de Pélée. Achille s'approche la pique à la main.

Le combat s'engage et devient terrible ; la victoire est longtemps indécise entre ces rivaux. Tout à coup Achille, apercevant le défaut de la cuirasse d'Hector, dirige sa lance vers cet endroit découvert, et l'enfonce dans la poitrine du Troyen, qui tombe sans vie sur la terre. Vainqueur, il le dépouille de ses armes, lui perce les talons, et faisant passer une courroie à travers la sanglante blessure, il attache le cadavre à son char, pousse ses coursiers vers les murailles, et en fait trois fois le tour[1].

Non content de cette vengeance, Achille ordonne que le corps soit privé des honneurs de la sépulture et devienne la proie des vautours. Mais, dès la nuit suivante, les larmes du vieux Priam, qui vint baiser ses pieds, en redemandant les restes d'Hector, changèrent sa résolution. Le cadavre fut transporté dans la ville, pour y être solennellement réduit en cendres. Andromaque, Hécube, Hélène, firent entendre autour du bûcher les chants lugubres du désespoir.

Dans l'année qui précéda la ruine de Troie, *Achille* brûla d'amour pour Polyxène, fille de Priam, la demanda pour épouse, et l'obtint ; mais au moment où il s'approchait de l'autel nuptial, il fut percé au talon d'une flèche empoisonnée que lui décocha Pâris, et mourut de cette blessure. Les Grecs déposèrent ses cendres sur le promontoire de Sigée (non loin des plaines de Troie), lui bâtirent un temple, et lui rendirent les honneurs divins. Néoptolème ou Pyrrhus, fils d'Achille et de Déidamie, sera plus d'une fois mentionné dans la suite de nos histoires.

1. D'autres disent qu'*Hector* fut attaché avec un baudrier dont Ajax lui avait fait présent.

§ 5. AJAX, FILS DE TÉLAMON

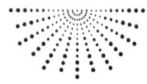

A JAX, fils de Télamon, fut le plus vaillant des Grecs après Achille. Il partit avec douze vaisseaux pour le siège de Troie, et s'y distingua à la tête des Mégariens et des habitants de Salamine.

Achille mort, Ajax et Ulysse se disputèrent les armes de ce héros, et chacun d'eux plaida sa cause devant les capitaines réunis. Ajax n'oublia aucun de ses exploits, ni de ceux de sa famille ; Ulysse fit valoir avec autant d'adresse que de chaleur les services qu'il avait rendus à la Grèce : son éloquence triompha. Ajax, désespéré d'une préférence qu'il croyait injuste, se lève en délire pendant la nuit, saisit son épée, parcourt le camp des Grecs, et, croyant tuer Ulysse, Ménélas et Agamemnon, massacre les moutons et les chèvres qui paissaient autour des tentes. Revenu de son égarement, et confus de se voir moqué des soldats, il se perce le sein avec une épée qu'il avait reçue d'Hector. La terre, mouillée de son sang, fit naître une fleur semblable à la *jacinthe*, et sur laquelle on voit, dit-on, les deux premières lettres du nom d'*Ajax*. Sa mort eut lieu avant la prise de Troie. Les Grecs lui érigèrent un magnifique monument sur le promontoire de Rhétée.

Teucer, frère d'Ajax, l'avait accompagné en Phrygie[1]. Habile archer, il passait pour avoir reçu d'Apollon lui-même l'arc qu'il maniait. Revenu à Salamine, sa patrie, après l'expédition, il n'obtint du vieux Télamon qu'un accueil hostile et glacé : « *Où est ton frère ? Qu'as-tu fait pour venger ton frère ? Où sont les cendres de ton frère ?...* » Et un bannissement perpétuel suivit cette accablante réception. Teucer se soumit sans se décourager. Accompagné d'amis fidèles, il se rendit à Sidon auprès du roi Bélus, qui, pénétré de ses malheurs et de sa constance, lui accorda quelques colons phéniciens, avec lesquels il alla bâtir, dans l'île de Chypre, une ville qu'il appela Salamine, et où ses descendants régnèrent plusieurs siècles. Ce que l'historien Justin raconte du voyage de Teucer en Espagne, paraît absolument fabuleux.

---

1. *Teucer* et *Ajax* étaient seulement frères de père, ou consanguins. La mère de Teucer était Hésione, fille de Laomédon.

§ 6. TÉLÈPHE

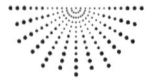

Télèphe, fils d'Hercule et roi de Mysie, épousa une des filles de Priam, et fit alliance avec ce monarque dont la capitale était assiégée par les Grecs.

Dans un combat qu'il livra près du rivage de la Mysie, il tua un grand nombre d'ennemis, et força le reste à prendre la fuite. Sa victoire eût été complète, si Bacchus, qui protégeait les Grecs, n'eut fait sortir de terre un cep de vigne dont les branches embarrassèrent les pieds de Télèphe et le firent tomber. *Achille* courut à lui et le blessa au flanc d'un coup de lance. La plaie était large et profonde : il souffrait de cuisantes douleurs. L'oracle de Delphes lui annonça « *que cette blessure ne pouvait être guérie que par celui qui l'avait faite.* » Achille, sollicité de venir au camp de Télèphe et de panser la plaie, répondit qu'il n'était pas chirurgien, et qu'il ne possédait point de remède pour ce mal. Mais Ulysse, qui savait que Troie ne pouvait être prise si les Grecs n'avaient dans leur armée un fils d'Hercule, expliqua l'oracle d'Apollon en disant que la même lance, qui avait fait la blessure devait la guérir. Achille consentit donc à racler l'extrémité de sa lance avec un couteau, et, de la rouille qu'il en ôta, il composa un emplâtre que Télèphe appliqua sur sa plaie : elle se ferma, il fut guéri, et, peu de jours après, en reconnaissance de ce service, il quitta le parti de Priam et se joignit à l'armée des Grecs[1].

---

1. Les Grecs et les Romains composèrent sur *Télèphe* plusieurs tragédies, dont aucune n'est parvenue jusqu'à nous. Dans toutes on voyait ce héros, mendiant, vagabond et accablé d'infortunes : mais les événements sur lesquels repose cette tradition, sont aujourd'hui inconnus.

§ 7. LAOCOON — SINON (PRISE DE TROIE)

Fatiguée de la longueur du siège de Troie, et convaincue que cette ville était imprenable, l'armée des Grecs demandait hautement à ses généraux de la ramener dans ses foyers. Le mécontentement croissait de jour en jour, et une sédition semblait imminente.

Ulysse alors, Ulysse toujours fertile en ruses, imagina le stratagème le plus hardi et le plus téméraire dont l'histoire fasse mention ; et les capitaines, résolus à tout oser, y applaudirent. Ils firent construire, avec des sapins coupés sur le mont Ida, un *cheval* énorme, aussi haut que les plus hautes murailles de Troie, et capable de contenir dans ses flancs un bataillon armé. Ils répandirent en même temps le bruit qu'ils renonçaient au siège de la ville, et que ce cheval gigantesque était une offrande à Minerve, pour obtenir d'elle un heureux retour en Grèce et apaiser la colère qu'elle ressentait de l'enlèvement du palladium. Ils mirent en effet à la voile, après avoir enfermé dans les flancs du cheval trois cents guerriers d'élite, parmi lesquels se trouvaient Ulysse, Pyrrhus, Sthénélus et Ménélas, et allèrent cacher leur flotte derrière l'île de Ténédos, à peu distance du rivage.

A la nouvelle de ce départ, les transports de joie éclatent de tous côtés dans la ville ; les portes s'ouvrent ; on s'empresse de sortir, de parcourir le camp des Grecs et ces plaines qu'ils ont si longtemps occupées. Plusieurs regardent avec étonnement l'offrande faite à Minerve et la grandeur prodigieuse du cheval ; l'ardente jeunesse demande qu'on le traîne dans la ville et qu'on l'introduise dans la citadelle ; les plus sages veulent qu'on le précipite incontinent au fond de la mer, ou qu'on y mette le feu. La foule incertaine flottait entre ces deux avis, quand, pour donner à tous l'exemple, Laocoon, grand prêtre de Neptune, enflammé d'ardeur, accourt du haut de la citadelle : « *Malheureux, s'écrie-t-il, quel est votre aveuglement ! Croyez-vous les ennemis bien éloignés ? Croyez-vous qu'un présent des Grecs ne couvre pas un piége ? Est-ce ainsi que vous connaissez Ulysse ? Ce bois perfide est rempli de leurs soldats.* »

Il dit, et d'un bras robuste fait voler une longue javeline dans la charpente qui

163

forme le ventre et les flancs du monstre. Le dard s'y attache, et fait entendre un bruit sourd d'armes et d'armures bien propre à inspirer des soupçons : mais le peuple n'y donne aucune suite.

En ce moment, des bergers phrygiens avec de grands cris amenaient au roi, les mains liées derrière le dos, un jeune inconnu, qui, loin de fuir devant eux, s'était mis lui-même à leur discrétion : c'était un Grec, une créature d'Ulysse, dressé par lui au rôle qu'il devait jouer. Il s'appelait SINON, fils de Sisyphe. Quand on l'eut présenté à Priam, il convainquit ce roi, par un discours artificieux et qui avait tous les caractères de la vraisemblance, que l'embarquement des Grecs n'était pas une feinte, et qu'ils voulaient, en construisant un cheval d'une grandeur colossale, empêcher qu'il ne fût introduit dans la ville. Puis il ajouta : « *Si une fois vous veniez à bout, Prince, de l'établir dans votre citadelle, non-seulement les Grecs ne songeraient plus à venir attaquer les Troyens, mais, au contraire, tel est l'arrêt du Sort, les Troyens pourraient se flatter d'aller mettre un jour le siège devant Mycènes, et de rendre au centuple à la Grèce tous les maux, toutes les calamités qu'ils en ont soufferts.* » Le discours de ce traître fit une impression profonde dans les esprits, et fut suivi d'un événement qui leva toutes les irrésolutions.

Deux serpents d'une dimension monstrueuse, partis de Ténédos, traversent le bras de mer qui sépare cette île de la terre ferme, s'élancent sur *Laocoon* et sur ses deux fils qui étaient près de lui, les enveloppent, les déchirent par de cruelles morsures, et les étouffent de leur souffle empoisonné ; après quoi ils vont lentement se cacher dans le temple de Minerve, sous les pieds même de la statue et derrière son bouclier. Frappés de ce prodige, les Troyens ne délibèrent plus. On ôte les fers à Sinon ; on lui laisse toute liberté d'entrer dans la ville ; et l'on abat un pan de la muraille pour ouvrir passage à la fatale machine. Tous mettent la main à l'œuvre ; tous se font une gloire de toucher aux câbles qui servent à la traîner. Jeunes filles, jeunes garçons, chantent en l'honneur de Minerve des hymnes d'actions de grâces ; et le peuple entier se livre aux excès d'usage dans un jour de fête.

Cependant, à la faveur de la nuit la flotte grecque s'approche du rivage. Les Troyens, appesantis par la fatigue et le vin, dormaient d'un profond sommeil. Sinon se dirige vers le *cheval*, ouvre la porte pratiquée dans son flanc, et en fait descendre au moyen de longues cordes les trois cents soldats, par qui aussitôt les postes militaires sont occupés. L'armée, qui a effectué son débarquement, pénètre dans la ville par la brèche faite au rempart, allume des torches incendiaires, met le feu dans tous les quartiers, pille les demeures les plus apparentes, et fait un affreux massacre des habitants, sans distinction ni d'âge ni de sexe. Pyrrhus surtout déployait une fureur qu'irritait le souvenir de la mort d'Achille ; il tue le jeune Politès, fils de Priam, se jette l'épée à la main sur Priam lui-même, et malgré ses cheveux blancs, la lui plonge dans le cœur, en présence d'Hécube et devant l'autel de Jupiter ! Seul des enfante de Priam, Hélénus fut épargné, par égard pour sa qualité de devin. On fit grâce aussi à Anténor, à Anchise et à Énée, parce qu'ils avaient toujours condamné la conduite de Pâris, et conseillé de rendre Hélène à son époux.

Leur vengeance assouvie, les vainqueurs, chargés de riches dépouilles, rejoignirent leurs vaisseaux, et levèrent l'ancre. Quatre royales captives servaient d'ornement au triomphe : Hécube, veuve de Priam, Cassandre et Polyxène, ses filles, et Andromaque, veuve d'Hector.

§ 8. ANTÉNOR

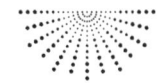

ANTÉNOR, prince troyen, parent de Priam, voyagea en Grèce dans sa jeunesse, s'y lia étroitement avec plusieurs familles illustres, et sentit dès lors pour le peuple grec un attachement que ne purent affaiblir les hostilités dont Pâris fut la première cause. Durant le siège, Anténor insista auprès de Priam pour qu'Hélène fût rendue à Ménélas, et ne cessa, au rapport d' Homère, de prêcher la paix et les armistices. Mais cette conduite modérée le fit passer (comme il arrive souvent) pour un traître. On l'accusa d'avoir entretenu des intelligences avec Ulysse, favorisé l'enlèvement du palladium, et donné l'idée aux Grecs de construire le cheval de bois. Ce qu'il y a de sûr, c'est que, dans la catastrophe de Troie, sa vie fut épargnée, et son palais respecté par le vainqueur.

Que devint Anténor après la chute de sa patrie ? Beaucoup d'obscurité règne sur ce point. Les uns prétendent qu'il suivit Ménélas et Hélène, et qu'ayant fait avec eux naufrage sur la côte d'Afrique, il s'y établit, et y termina paisiblement ses jours. Les autres assurent au contraire qu'il resta en Troade, et que, rassemblant autour de lui les faibles restes des Troyens échappés au carnage, il fonda un nouveau royaume dans cette contrée. Une troisième opinion, et c'est la plus accréditée, lui fait quitter l'Asie, traverser des mers sans nombre, visiter les îles du golfe adriatique, et bâtir enfin, dans le continent de la Vénétie, la ville de Padoue.

§ 9. AJAX, FILS D'OÏLÉE

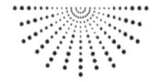

AJAX, fils d'Oïlée, et roi des Locriens, équipa quarante vaisseaux pour l'expédition d'Asie. Habile à tirer de l'arc et à lancer le javelot, il était encore le plus prompt à la course et le plus fier de tous les Grecs.

Au moment du sac de Troie, il pénétra dans le temple de Minerve, et, d'une main fumante de carnage, arracha du sanctuaire la prêtresse Cassandre, fille de Priam. Minerve, irritée de cette violation faite à la sainteté du lieu, submergea, au retour de l'expédition, les vaisseaux d'Ajax ; mais ce prince échappa à ce naufrage, gravit avec bonheur sur un rocher, et s'écria : « *Je suis sauvé malgré les dieux !* ». Neptune, témoin de ce blasphème, fendit le rocher d'un coup de trident, et engloutit l'impie sous les eaux.

§ 10. NAUPLIUS, ROI D'EUBÉE

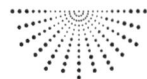

Palamède, fils de Nauplius, avait péri pendant le siège de Troie, victime de la calomnie d'Ulysse et des autres capitaines grecs, qui l'avaient accusé d'avoir des intelligences avec l'ennemi[1]. Nauplius, qui nourrissait dans son cœur un ressentiment profond contre les assassins de son fils, n'attendait qu'une occasion favorable pour se venger, et cette occasion s'offrit bientôt.

Après la prise de Troie, quand la *flotte* grecque revenait triomphante en Europe, elle fut accueillie d'une tempête qui en submergea une partie, et poussa le reste sur les côtes de l'île d'Eubée. Informé de ce désastre, Nauplius fit allumer des feux pendant la nuit, sur les rochers dont son île était environnée, attira ainsi les vaisseaux des Grecs, et eut la satisfaction de les voir échouer contre les écueils. Un grand nombre de soldats et de matelots furent noyés ; ceux qui, à l'aide de planches, ou en nageant, atteignirent le rivage y furent impitoyablement massacrés.

---

1. *Teucer* et *Ajax* étaient seulement frères de père, ou consanguins. La mère de Teucer était Hésione, fille de Laomédon.

§ 11. DIOMÈDE

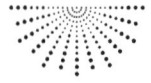

IOMÈDE, capitaine grec, fils de Tydée, conduisit les Argiens au siège de Troie, et y brilla par son héroïque valeur. Il se battit contre Hector, blessa Vénus qui était accourue au secours d'Énée, plongea sa lance dans le flanc de Mars, et tua un grand nombre de chefs troyens. Homère le compare à un foudre qui renverse tout, à un torrent débordé auquel rien ne peut faire obstacle. Il entra de nuit avec Ulysse dans la citadelle de Troie, d'où ils emportèrent le palladium ; ils avaient auparavant enlevé les chevaux de Rhésus, roi de Thrace, et tué ce prince, qui venait avec son armée au secours des Troyens.

Après la ruine d'Ilion, Diomède revint en Argolide, où il voulait s'établir ; mais des chagrins domestiques l'en bannirent bientôt. Il fit voile pour l'Italie, et se fixa dans la province nommée Grande-Grèce, où il bâtit la ville d'Argyrippe (aujourd'hui Arpi). A sa mort, ses compagnons le pleurèrent si amèrement, que les dieux touchés de leur douleur les changèrent en *cygnes*. Sous cette nouvelle forme, ils s'envolèrent dans une île de la mer Adriatique, où ils se firent remarquer par les caresses qu'ils faisaient aux Grecs, et par leur éloignement pour les étrangers : on les appela Oiseaux de Diomède.

§ 12. PHILOCTÈTE

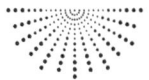

PHILOCTÈTE, fils de Pæan, était l'ami et le compagnon d'Hercule.
Hercule, près de mourir, avait fait jurer à Philoctète de ne découvrir à personne l'endroit où ses flèches étaient cachées. Mais l'oracle de Delphes ayant annoncé aux Grecs « *qu'ils ne pourraient prendre la ville de Troie avant que ces flèches fussent en leur possession,* » ils envoyèrent Ulysse auprès du fils de Pæan, pour l'engager à dire où était ce précieux dépôt Il refusa. Mais dans le feu de la conversation, il frappa du pied la terre à l'endroit où elles étaient enfouies : Ulysse interpréta ce signe, creusa le sol, et trouva les flèches. Philoctète s'embarqua pour l'Asie avec Agamemnon, Ulysse et les autres chefs, malgré son antipathie pour eux. Pendant la traversée, une des flèches qu'il maniait lui ayant échappé des mains, il en fut blessé au pied, et, la plaie empirant, il s'en exhala une odeur si insupportable, que les Grecs, à l'instigation d'Ulysse, débarquèrent Philoctète dans un coin de l'île de Lemnos, et l'y abandonnèrent. Il demeura neuf ans sur cette côte déserte, seul, sans secours, sans consolation, livré à d'horribles souffrances, exposé nuit et jour à la fureur des bêtes sauvages.

Cependant, comme le siège de Troie traînait en longueur, on se ressouvint de l'oracle de Delphes, et de l'impossibilité de finir la guerre sans les flèches d'Hercule. Il fallait donc aller trouver Philoctète, adoucir son ressentiment, et le conduire à l'armée. Ulysse tenta ce difficile message, et fit si bien par ses discours insinuants, ses flatteries et ses prières, qu'il vint à bout de le fléchir. Amené au camp des Grecs, Philoctète y fut guéri de sa plaie par Machaon, fils d'Esculape.

Des actions d'éclat signalèrent alors sa vaillance. Il fit un grand carnage des Troyens, combattit Pâris, et le tua. Mais après la prise de Troie, il refusa de retourner dans la Grèce, sa patrie, soit parce que son père n'existait plus, soit pour ne pas revoir les lieux où était mort Hercule, son ami. Il alla donc avec un corps de Thessaliens, s'établir dans la Calabre, où il fonda la ville de Pétilie. (Selon les plus anciens mythologues, Philoctète ne fut pas blessé au pied par une flèche, mais par la piqûre d'une vipère qu'avait suscitée Junon, pour le punir d'avoir soigné Hercule mourant, et de lui avoir rendu les honneurs de la sépulture.)

§ 13. IDOMÉNÉE

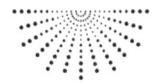

I DOMÉNÉE, roi de Crète, alla au siège de Troie, accompagné de *Mérion*, son proche parent, et ils se distinguèrent tous deux par leur bravoure. Après l'incendie de cette ville, Idoménée fit voile pour revenir en Crète ; mais la mer devint si orageuse et le vent si con- traire, que le pilote annonça un naufrage prochain et inévitable. Idoménée levant les mains au ciel, invoquait Neptune : « *Puissant dieu, s'écria-t-il, toi qui gouvernes ce l'empire des ondes, daigne prêter l'oreille à un malheureux ! Si tu me fais voir l'île de Crète malgré la fureur des vents, je t'immolerai la première tête qui s'offrira à mes regards.* »

Échappé à la tempête, Idoménée arrivait dans le port désiré ; il remerciait Neptune d'avoir exaucé sa prière ; mais bientôt un pressentiment de son malheur lui donna un cuisant repentir de son vœu indiscret ; il appréhenda d'arriver parmi les siens, et de revoir ce qu'il avait de plus cher au monde. Il arrive ; à peine ose-t-il lever les yeux. Il voit son fils qui accourait à sa rencontre : il recule, saisi d'horreur, cherchant, mais en vain, quelque autre tête moins chère qui puisse lui servir de victime. On s'empresse autour d'Idoménée, on cherche à calmer ses sens ; on lui montre un moyen d'accomplir son vœu sans faire un crime. Pâle, morne, abattu, il ne profère pas une parole. Tout à coup, et comme poursuivi par une Furie, il surprend ceux qui l'entourent, s'élance, et plonge son épée dans le sein de son enfant… Le peuple indigné se soulève contre ce père fanatique, et l'accable de tant de malédictions et de menaces, qu'il ne trouve plus de salut que dans ses vaisseaux. Il y remonte et se livre à la merci des ondes.

Les vents le poussèrent vers l'Italie, sur les côtes de la Calabre, où il fonda la ville de Salente, à laquelle il donna des lois pleines de sagesse et dignes de son aïeul Minos.

§ 14. NESTOR

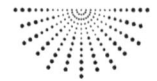

NESTOR, fils de Nélée, régna sur la ville de Pylos et sur toute la Messénie.

Déjà octogénaire, Nestor conduisit au siège de Troie les soldats de la Messénie, et fit admirer jusqu'à la fin de cette guerre sa profonde sagesse, la modération de ses avis, et son éloquence aussi douce que persuasive. « *Que n'ai-je dans mon armée dix Nestors ! s'écriait Agamemnon ; nous verrions bientôt s'écrouler les murs d'Ilium, et bientôt les richesses de cette opulente cité seraient le prix de notre courage.* » Ce vieillard illustre survécut à l'expédition de Troie, et revint à Pylos, où il mena une vie paisible, environné d'une famille nombreuse dont il était vénéré, et qui écoutait ses avis comme des oracles.

ANTILOQUE, fils de Nestor, l'accompagna en Asie, et se signala par sa vaillance en diverses rencontres. Son dévouement filial causa sa mort. Voyant son père engagé dans le plus fort de la mêlée, et près d'être frappé d'un coup de lance que lui portait *Memnon*, il se jeta entre les deux combattants, et reçut le coup mortel.

§ 15. ULYSSE

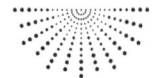

ULYSSE, roi d'Ithaque et de Dulichium, était fils unique de Laërte et d'Anticléa. Il n'y avait pas deux ans qu'il avait épousé la belle Pénélope, fille d'Icarius, lorsque la guerre éclata entre les Grecs et les Troyens. L'amour qu'il avait pour sa jeune compagne lui fit inventer plusieurs supercheries pour ne pas se joindre à l'armée qui marchait contre Troie. Il fit même semblant d'être fou : il attela à une charrue deux animaux d'espèce différente, laboura les sables de la mer, et sema du sel au lieu de blé. Mais Palamède qui soupçonnait la ruse, plaça le petit Télémaque, fils d'Ulysse, sur la ligne du sillon : le père leva le soc de la charrue pour ne point blesser son enfant, et montra ainsi que sa démence était simulée.

Forcé de partir, il se fit remarquer durant cette longue guerre par sa prudence consommée, son courage et ses stratagèmes.

Il se rendit à Lemnos pour y chercher Philoctète, possesseur des flèches d'Hercule, sans lesquelles Troie ne pouvait être prise. Il entra de nuit dans la citadelle d'Ilion, et enleva du temple de Minerve ce palladium que les Troyens y conservaient avec tant de religion et de soin : Diomède le secondait dans cette entreprise. Avec ce même guerrier, il s'empara des chevaux de Rhésus, roi de Thrace, et tua leur maître. A la mort d'Achille, les armes de ce héros lui furent adjugées de préférence à Ajax, fils de Télamon.

Quand Troie fut prise, il s'embarqua pour revenir à Ithaque ; mais la fortune ne cessa, pendant dix ans, de lui être contraire. Il erra sur toutes les mers, en butte à de continuels dangers.

Un ouragan le jeta sur des côtes de Ciconie, où il perdit beaucoup de monde. De là, il fut porté en Afrique, chez les Lotophages, qui offrirent à quelques-uns de ses compagnons des fruits si délicieux qu'il fallut user de violence pour les ramener au navire. Les vents le poussèrent ensuite sur les côtes de la Sicile, séjour de *Polyphème*, fils de Neptune, affreux cyclope, qui, l'ayant surpris sur le rivage, l'enferma lui et ses compagnons dans l'antre mal éclairé où il gardait ses troupeaux, et où chaque soir il se gorgeait de boissons enivrantes et se repaissait de sang humain. Le roi d'Ithaque, sans s'émouvoir, s'entretient avec le cyclope, lui raconte ses aventures, l'amuse et lui verse force rasades. Polyphème, plein de vin, bâille et s'endort. Aussitôt Ulysse, saisissant un pieu énorme, le plonge dans l'œil unique de Polyphème. Le géant blessé, crie, se lève, parcourt avec fureur sa caverne retentissante. Ulysse et ses compagnons se cachent pour esquiver ses longs bras étendus, et se tiennent blottis parmi les brebis, qui étaient, comme leur maître, d'une grandeur démesurée ; voyant ensuite que le cyclope, en marchant à tâtons, ne portait la main que sur le dos des brebis, ils s'attachent sous le ventre de chacune d'elles et s'y cramponnent. Au point du jour, quand le monstre, placé à l'ouverture de sa caverne, fit sortir un à un tout son troupeau, les captifs parvinrent à s'évader.

Soustrait à ce danger, Ulysse aborda aux îles éoliennes, situées entre la Sicile et l'Italie. *Éole* en était le souverain. Charmé de l'esprit et de l'éloquence d'Ulysse, il le combla de marques d'estime, et lui donna de grandes outres, dans lesquelles étaient renfermés les vents contraires à sa navigation ; mais les soldats d'Ulysse, poussés par une funeste curiosité, ouvrirent ces peaux ; les vents s'en échappèrent, et causèrent une tempête qui jeta la flotte sur le rivage de la Campanie, au milieu de peuples anthropophages, appelés *Lestrigons*. Ulysse députa trois de ses compagnons vers le roi : il était absent. La reine, sorte d'ogresse aussi haute qu'une montagne, les admit en sa présence, fit appeler son époux, et, en attendant, avala un de ces malheureux : les deux autres s'enfuirent à toutes jambes vers les vaisseaux. Le roi, nommé *Antiphate*, rassemble à grands cris ses Lestrigons ; ils accourent à sa voix, saisissent des pierres énormes, les font pleuvoir sur la flotte d'Ulysse, et, s'emparant des matelots blessés, les enfilent comme des poissons à un gros câble, et les emportent pour les dévorer. Ulysse, qui n'avait point quitté son vaisseau, s'éloigna au plus vite de ces côtes barbares, déplorant la mort ignominieuse de tant de braves compagnons.

Avec un seul bâtiment, il arriva dans l'île d'Æa, séjour de la magicienne *Circé*, qui le captiva par ses charmes, et le retint un an auprès d'elle, dans les délices d'une cour voluptueuse.

En proie au plaisir qui l'enchante
Il laisse endormir sa raison ;
Et de la coupe séduisante
Que le fol Amour lui présente
Il boit a longs traits le poison.

— J.-B. ROUSSEAU.

Rendu prudent par ses fautes, il résista aux mélodieuses voix des Sirènes, franchit avec bonheur les écueils de Charybde et de Scylla, et aborda pour la seconde fois en Sicile, à ce rivage fameux, où la fille d'Apollon, *Lampétie*, gardait les troupeaux du dieu son père : troupeaux innombrables auxquels il était défendu de toucher. Ulysse se reposa de ses fatigues Sur cette plage, et enjoignit expressément à ses compagnons de respecter le bétail sacré. Tant que durèrent les provisions, ils observèrent les ordres d'Ulysse ; mais les vivres ayant manqué et la faim se faisant sentir, ils enlevèrent quatre bœufs et quatre génisses qu'ils égorgèrent. Apollon n'eut pas plus tôt connu cette impiété qu'il pria Jupiter d'en tirer vengeance ; et le maître des dieux envoya aux profanateurs un signe effrayant de sa colère : les peaux de ces bœufs et de ces génisses se mirent à marcher, les chairs qui rôtissaient à la broche commencèrent à mugir, et les chairs crues répondirent à ces mugissements. Épouvantés de ce prodige, les matelots s'embarquèrent ; mais il s'éleva au même instant une si terrible tempête, qu'elle brisa les vaisseaux et fit périr ceux qui les montaient. Ulysse seul, qui n'avait point eu de part au sacrilège fut épargné : les dieux lui avaient ménagé un fragment de gouvernail qui fut son sauveur.

Les vents le poussèrent dans l'île d'Ogygie[1], où régnait la nymphe *Calypso*, fille de l'Océan, qui le reçut avec les démonstrations de la plus vive joie, et lui offrit l'immortalité s'il consentait à oublier Ithaque, et à finir ses jours dans son île. Des mois, des années s'écoulèrent, et Ulysse séjournait encore dans les demeures magiques de cette reine opulente, dont l'admiration et l'attachement pour son hôte croissaient de jour en jour. Les dieux intervinrent : Mercure le rappela à ses devoirs de père, d'époux et de roi.

Parti de chez Calypso, il voguait vers sa patrie, où il se flattait d'arriver sain et sauf, lorsque Neptune, qui se souvenait de la blessure faite à Polyphème son fils, bouleversa les flots par un ouragan. Le navire d'Ulysse fut coulé à fond, et ce ne fut qu'avec beaucoup de peine et d'efforts qu'il aborda à la nage dans l'île des Phéaciens, dont le roi *Alcinoüs* l'accueillit, et lui accorda même un vaisseau pour continuer sa navigation. (Voyez les deux articles qui suivent.)

---

1. *Ogygie*, petite île que l'on croit située près de l'île de Malte.

§ 16. NAUSICAA

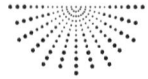

Du temps de la guerre de Troie, *Alcinoüs* régnait sur les Phéaciens, riches insulaires de Corcyre (aujourd'hui Corfou). Son palais était magnifique ; ses délicieux jardins produisaient en toute saison les plus belles fleurs et les plus beaux fruits. Sa famille offrait le tableau de l'innocence et des mœurs antiques ; ses fils n'avaient d'autres serviteurs qu'eux-mêmes ; son épouse donnait l'exemple du travail et de l'économie. Sa fille, l'aimable et pudique Nausicaa, partageait avec sa mère les soins du ménage, et descendait jusqu'aux moindres détails : elle filait, tissait de la laine, blanchissait son linge, ses robes et les vêtements de ses frères. *Minerve*, déesse des arts, veillait sur elle, et la dirigeait dans toute sa conduite, dans toutes ses démarches.

Cette déesse protégeait aussi le sage Ulysse, errant de mers en mers et jouet du sort.

Ulysse quittait l'île d'Ogygie, et croyait ses malheurs finis, quand un nouvel orage, fracassant son navire, lui présenta une mort inévitable. L'abîme allait l'engloutir : une frêle planche s'offre à sa vue ; il s'en saisit, lutte trois jours et trois nuits contre la fureur des ondes, et parvient enfin au rivage de *Corcyre*, qu'il ne connaissait pas, et où ses yeux mourants ne découvraient ni habitants, ni habitations. Épuisé de fatigue, de sommeil, d'angoisses, il se traîne depuis la côte déserte jusque dans un bois peu éloigné, et s'y endort.

Près de là coulait le ruisseau limpide ou *Nausicaa* avait coutume de blanchir ses robes. Ce jour même, conduite par Minerve, elle y était venue avec ses compagnes laver des étoffes précieuses, et les manteaux de ses frères. Quelques toiles humides séchaient au soleil : Nausicaa, attendant la fin du jour, s'amusait avec ses amies aux jeux innocents du jeune âge. Leurs ébats, leurs danses folâtres, leurs éclats de rire éveillèrent Ulysse. Il était pâle et défait, à peine vêtu, perclus de tous ses membres, tel qu'un naufragé qui a vu de près toutes les horreurs du trépas. Il se lève : son premier sentiment est la crainte. Il ignore si le sol où il a été jeté n'est point un repaire d'anthropophages. La voix des jeunes filles le rassure ; il s'enhardit ; il regarde à travers les branchages pour se confirmer dans son espoir... Mais comment se montrer à elles dans l'état où il est ? Il se couvre de feuillages le mieux qu'il peut, et se décide enfin à sortir de son asile. Il approche : les Phéaciennes poussent un cri et prennent la fuite, excepté Nausicaa, aux pieds de laquelle il s'agenouille, et dont il implore l'assistance ; il demande avant toutes choses un vêtement, qui lui permette de paraître avec décence. Nausicaa, attendrie, appelle ses compagnes, et les engage à secourir cet étranger. « *C'est Jupiter, leur dit-elle, qui nous envoie les pauvres et les suppliants ; donnez-lui à manger, et menez-le au bord de la rivière, dans un lieu couvert et à l'abri des vents, où il se puisse baigner. Mettez près de lui ce vase d'essence et les vêtements dont il a besoin.* »

Minerve elle-même daigna présider à la toilette d'Ulysse. Quand il reparut devant Nausicaa, ce n'était plus le même homme. A un naufragé repoussant et livide avait succédé un héros dans la force de l'âge, et dont le maintien assuré et noble décelait l'habitude du commandement. Il fit une telle impression sur la jeune princesse qu'elle ne put s'empêcher de dire tout bas à la plus intime de ses confidentes : « *Puisse l'époux que mon père me destine ressembler à cet étranger !* »

Ulysse arrive au palais ; il voit *Alcinoüs* et son épouse ; il se prosterne, et attend dans cette humble posture leur décision. Alcinoüs le relève avec bienveillance et le fait asseoir. Ses serviteurs dressent une table qu'ils couvrent d'excellents mets. La soirée se passe en divertissements, en concerts, en conversations affectueuses. Alcinoüs met le comble à ce bon accueil en promettant à son hôte de lui accorder, dès le lendemain, le meilleur de ses navires pour faire voile vers Ithaque. Ulysse répondit à ces prévenances par le récit détaillé de ses aventures et de ses malheurs. L'époux de Pénélope inspira, à tous ceux qui l'entendirent, l'intérêt le plus vif et l'estime la mieux méritée. Le vaisseau était prêt ; il y monta comblé de présents. Nausicaa lui fit naïvement un touchant adieu, et ses yeux suivirent longtemps la trace du navire sur les flots.

§ 17. PÉNÉLOPE

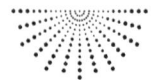

P ÉNÉLOPE, femme d'Ulysse, était la plus vertueuse et la plus tendre des épouses. On conçoit ses ennuis pendant l'absence prolongée d'Ulysse ; on conçoit l'excès de sa douleur et de ses craintes, quand, après tant d'années, elle ne le voyait point revenir avec les autres princes de la Grèce.

La beauté de Pénélope, ses talents, ses vertus, attirèrent dans Ithaque une foule de prétendants qui cherchaient à lui persuader que son époux était mort, et qu'elle devait se remarier. Pénélope éludait adroite- ment leurs poursuites, et repoussait leurs sollicitations. Mais chaque jour les importunités augmentaient, et déjà ces audacieux amants avaient envahi le palais, s'y étaient installés, y donnaient des festins et y commandaient en maîtres. Pénélope fut obligée de céder en apparence. Elle les appelle donc auprès d'elle, et leur déclare qu'elle est résolue à choisir un époux parmi eux, dès qu'elle aura fini de broder la pièce de toile qui doit envelopper le corps de son beau-père Laërte, quand ce vieillard, accablé d'infirmités, aura cessé de vivre. Pénélope travaillait le jour à son ouvrage avec la plus grande assiduité, mais elle défaisait chaque nuit la broderie du jour. Par cet artifice elle amusa les poursuivants durant trois années consécutives. Trahie à la fin par une de ses esclaves, elle se trouva dans l'obligation d'achever la toile[1].

Il y avait alors vingt ans écoulés depuis l'absence d'Ulysse. Pénélope était au bout de ses supercheries et de ses moyens de délai. Les amants témoignaient une impatience sans égale ; leur courroux s'exhalait par des plaintes et des reproches. *« Il est temps, belle Pénélope, de faire un choix, lui disaient-ils ; si le roi votre époux existait encore, il serait de retour ; les flots l'ont englouti avec ses soldats. Pourquoi garder cette fidélité à des mânes insensibles ? L'État veut un maître. — Hélas ! répliquait Pénélope, que me demandez-vous ? et pourquoi me presser ainsi ? Attendez encore, je vous en conjure. La mort d'un héros tel qu'Ulysse fait du bruit ; la nouvelle de son trépas serait venue jusqu'à moi. Peut-être que, jeté dans une île déserte, il tourne ses yeux vers Ithaque, et n'attend qu'un vent favorable qui l'y ramène. Néanmoins, puisque l'État demande un maître, voilà sous vos yeux l'arc d'Ulysse. Cet arc ne peut être manié que par un héros : celui d'entre vous qui l'aura ployé, sera mon époux. »*

Pénélope savait à quels hommes efféminés elle proposait ce défi : ils l'acceptèrent cependant. Le peuple vint en foule au palais. Chacun des prétendants s'efforce de sortir vainqueur d'une épreuve aussi importante. Tranquille spectatrice, Pénélope souriait sous son voile, et s'applaudissait d'un expédient qui devait la délivrer de tant d'importuns. Aucun d'eux en effet n'en vint à bout ; l'arc rebelle résista à leurs mains débiles.

Un homme mal vêtu, d'un extérieur peu imposant, perce la foule et se présente dans la lice, « *Ce sera moi cc qui le courberai* », s'écrie-t-il. On prend à peine garde à lui. Il insiste, il invoque l'équité des juges, les lois du combat et la parole donnée par la reine. On ne peut lui refuser ce qu'il exige. Il se saisit de l'arc, et du premier effort le ploie en deux. « *A cet acte de vigueur, dit-il en regardant le peuple stupéfait, reconnaissez Ulysse votre roi, l'époux de la chaste Pénélope.* » Puis, ramassant quelques javelots : « *Amis, ajouta-t-il, en s'adressant toujours à ses sujets, suivez-moi ; exterminons cette engeance d'insolents et de parasites !* » La révolution fut instantanée ; tous les prétendants, à l'exception du chantre Phémius, furent massacrés. Le vieux Laërte retrouva un fils, Télémaque un père, Pénélope un époux bien-aimé.

---

1. On dit proverbialement d'une entreprise qui n'a point de fin ou qui n'aboutit à rien : *C'est la toile de Pénélope.*

§ 18. TÉLÉMAQUE

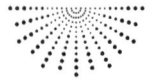

TÉLÉMAQUE, fils d'Ulysse et de Pénélope, était encore au berceau lorsque son père partit pour le siège de Troie.

Placé auprès de sa mère, le jeune Télémaque y grandit à l'ombre des vertus et de la sagesse, et devint le plus accompli des enfants de son âge. A quinze ans, le dessein de voir son père dont il ignorait le sort, lui fit quitter sa patrie, et parcourir plusieurs mers. Il fut reçu avec amitié par Nestor, roi de Pylos, qui l'engagea d'aller à Sparte auprès de Ménélas et d'Hélène, dont il fut accueilli avec distinction, et qui cherchèrent à le distraire, durant quelques jours, de ses justes craintes.

Les dieux protégèrent tant de dévouement filial, et Minerve, sous la figure de Mentor, daigna lui servir de conseillère, de guide et d'appui[1]. Il revint enfin à Ithaque, où Ulysse avait abordé la veille, et il l'aida à combattre et à exterminer les prétendants[2].

---

1. Ulysse, ami de *Mentor*, lui avait confié le soin de sa famille et l'administration de ses affaires.
2. Les nombreuses aventures dont Fénelon a embelli son roman de *Télémaque* ne se trouvent mentionnées dans aucun écrivain de l'antiquité.

§ 19. HÉCUBE

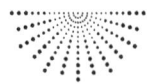

HÉCUBE, veuve de Priam, avait vu périr durant le siège de Troie la plupart de
ses enfants ; elle-même, esclave des vainqueurs, échut en partage à Ulysse
qu'elle détestait, et qui n'avait aucun égard pour l'âge, le rang ni les malheurs de
cette auguste captive.

Les Grecs s'étant embarqués pour retourner dans leur pays, s'arrêtèrent sur les
côtes de la Chersonèse de Thrace, afin d'y rendre une fois encore au divin Achille
des honneurs funèbres. L'ombre sanglante de ce héros leur apparut près du cénotaphe, et leur révéla « *qu'ils n'avaient qu'un moyen de sortir heureusement de la Chersonèse, c'était d'immoler à ses mânes plaintifs, la fille d'Hécube, Polyxène, qui lui avait été
autrefois promise en mariage.* » Les Grecs n'hésitèrent pas à se rendre aux volontés
d'un chef et d'un ami. Polyxène fut conduite à l'autel : Hécube fut témoin de ce
sacrifice ! Menée ensuite chez Polymnestor, roi de Thrace, à qui elle avait confié,
pendant la guerre, son fils Polydore et de grandes richesses, cette mère infortunée
apprit que ce barbare avait égorgé le jeune prince et dilapidé ses trésors. Transportée de fureur, elle s'introduit dans le palais, se précipite sur le meurtrier et lui
arrache les yeux ; elle allait lui ôter la vie, si les satellites, accourus au bruit, lui en
eussent donné le temps. Ils la chassent des appartements, et la poursuivent dans la
rue à coups de pierres. Hors d'elle-même, Hécube court après ces pierres, les mord,
et se trouve métamorphosée en *chienne* ; elle veut ouvrir la bouche pour se
plaindre ; ses cris ne sont plus que des aboiements.

§ 20. ANDROMAQUE

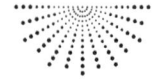

ANDROMAQUE, femme d'*Hector*, avait pour lui tant d'affection « *qu'elle soignait elle-même ses chevaux et leur donnait à manger et à boire,* » selon la remarque d' Homère. Les adieux de ces deux époux, quand Hector partit pour aller au combat où il perdit la vie, sont un des plus beaux et des plus touchants morceaux de l'*Iliade*. Il est facile de se figurer le désespoir d'Andromaque, lorsqu'elle apprit la mort de son mari tué par Achille, et l'outrage fait à son cadavre. Après la prise de Troie, elle eut encore la douleur de voir précipiter du haut d'une tour son fils *Astyanax*, qu'elle avait sauvé des flammes : les anciens auteurs sont tous d'accord sur ce fait.

Dans le partage que les Grecs firent des prisonniers, Andromaque échut à *Pyrrhus*, fils d'Achille, qui la conduisit en Épire, où il régnait, mais qui ne tarda pas à l'éloigner de sa cour, pour dissiper les jaloux soupçons d'Hermione, sa femme. Andromaque épousa alors *Hélénus*, fils de Priam, captif comme elle, et ils régnèrent ensemble sur une province que la générosité de Pyrrhus leur accorda. Au sein des grandeurs comme sous le poids des fers, Andromaque, toujours attachée à son premier époux, ne cessait de s'occuper de lui ; elle consacra même à la mémoire de ce héros un magnifique cénotaphe.

§ 21. CLYMNESTRE — ORESTE

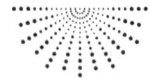

CLYTEMNESTRE, fille de Tyndare et de Léda, épousa Agamemnon, roi d'Argos et de Mycènes.

Agamemnon était à peine parti de ses États, pour aller commander l'armée des Grecs devant Troie, qu'*Égisthe*, son parent, s'insinua habilement dans les bonnes grâces de Clytemnestre, s'en fit aimer, et porta l'audace jusqu'à vivre publiquement avec elle. Agamemnon informé de cette perfidie, jura de punir les coupables à son retour. La mort le prévint dans ce projet : il fut assassiné par Égisthe et Clytemnestre, le jour même de son arrivée en Grèce. Après ce meurtre, la reine épousa Égisthe, son complice, et lui mit la couronne sur la tête.

Clytemnestre avait eu quatre enfants d'Agamemnon : Iphigénie, Chrysothémis, Électre et Oreste. Ces trois derniers vivaient à Argos, au moment où leur père y fut poignardé. ORESTE, malgré son âge tendre, aurait éprouvé peut-être le même sort, si Électre, sa sœur, ne l'eût envoyé clandestinement à la cour de Strophius, roi des Phocéens, et beau-frère d'Agamemnon. Strophius accueillit son neveu avec tous les témoignages d'une affection paternelle, et lui fit donner la même éducation qu'à Pylade, son fils aîné.

Il y avait dix ans qu'Égisthe et Clytemnestre jouissaient, avec une impudente sécurité, du fruit de leurs crimes, lorsque *Oreste*, qui préparait dans l'ombre une vengeance terrible, vint à la cour de Mycènes, favorisé par Électre, et sous un déguisement qui le rendait méconnaissable. Il se fit introduire auprès de l'usurpateur et de sa complice, comme envoyé de Strophius, et leur annonça « *qu'Oreste était mort.* » Il ajouta même toutes les circonstances de sa fin tragique, et leur expliqua comment ce prince, avide de renommée, mais téméraire, s'étant présenté aux jeux pythiens pour y disputer le prix de la course des chars, avait brisé sa roue contre la borne et péri sous les pieds de ses chevaux ; il montra en même temps l'urne funéraire qui renfermait les cendres supposées de leur jeune parent.

Égisthe et Clytemnestre souhaitaient trop ardemment cette mort, pour ne pas ajouter une foi aveugle au récit qui leur en était fait. Ils ne se contiennent plus ; ils laissent éclater leur satisfaction, et, dans les transports d'une joie féroce, courent au temple d'Apollon pour y bénir les dieux immortels de cette délivrance, et leur offrir des sacrifices d'actions de grâces. Oreste se glisse à leur suite, avec d'anciens et fidèles serviteurs qu'Électre avait initiés à ce complot. L'un d'eux se jette sur Égisthe et le frappe d'un coup mortel ; Oreste plonge l'homicide acier dans le sein de sa mère. La foule se presse autour de lui ; il parle, on l'écoute, on le reconnaît pour le fils d'Agamemnon, et il remonte, au milieu de l'allégresse publique, sur le trône de ses aïeux.

Mais, dès ce jour aussi, les remords et une sombre mélancolie assiégèrent son âme. Les Furies vengeresses s'acharnèrent à sa poursuite, ne lui laissant de repos ni le jour ni la nuit. En vain il essaya de s'en délivrer par des sacrifices expiatoires ; en vain il se rendit à Athènes pour y être jugé par le sévère Aréopage ; en vain il y fut absous : le calme ne put rentrer dans son cœur. Pour dernière ressource, il se présenta au temple d'Apollon, à Delphes : la pythie, interrogée, lui répondit « *qu'il ne pourrait se débarrasser des Furies qu'en allant dans la Chersonèse Taurique enlever du temple de Diane la statue de cette déesse.* » il s'embarqua, et *Pylade* avec lui : Pylade, son ami et son consolateur, Pylade, qui ne l'avait pas quitté dans ses plus grands accès de démence. Les lois de l'hospitalité étaient inconnues dans la Tauride ; c'était même l'usage, en cette contrée barbare, d'immoler sur l'autel de Diane les étrangers que le hasard y amenait ou que la tempête forçait d'y relâcher. Les deux Grecs, à peine sortis de leur vaisseau, sont saisis, garrottés et conduits devant le roi Thoas, qui prononce contre eux la sentence de mort et un prompt supplice.

IPHIGÉNIE, fille d'Agamemnon et sœur d'Oreste, était alors prêtresse du temple : Diane l'avait transportée du port d'Aulis dans cette région lointaine.

On fait les apprêts du sacrifice ; Iphigénie s'approche des deux infortunés, s'entretient avec Pylade, apprend qu'ils sont Grecs de nation, s'intéresse à leur sort, et offre la vie à celui des deux qui consentira à porter de sa part une lettre à Mycènes. Au nom de *Mycènes*, de cette ville où il est né, Oreste sort de sa muette horreur : il s'approche, il questionne la prêtresse, la supplie de répondre ; elle s'explique ; il reconnaît en elle cette sœur aînée qu'il croyait morte depuis vingt ans. Dès ce moment, il n'est plus question entre elle et eux que des moyens de fuir, en emportant la statue de Diane. Le parricide d'Oreste fournit à Iphigénie un prétexte facile pour différer le sacrifice. Elle dit à Thoas ; « *Que ces étrangers sont des victimes impures ; que l'un d'eux est un assassin, et qu'on ne peut les conduire à l'autel avant de les avoir purifiés.* » Le roi accorde aisément un délai, dont Iphigénie profite pour enlever la statue confiée à sa garde, et pour s'embarquer avec Oreste et Pylade. Thoas apprend leur fuite et le larcin commis dans le temple ; il appelle son pilote, fait équiper un navire, et ordonne qu'on lui amène les ravisseurs ; Minerve l'arrête, et lui défend de les poursuivre. « *Oreste, dit-elle, est venu par ordre d'Apollon dans cette contrée, pour s'affranchir des Furies qui le tourmentent, et enlever la statue de Diane ; Neptune le protège ; tes efforts pour l'atteindre seraient inutiles.* »

Délivré de ses fureurs, Oreste débarque à Mycènes, y reprend possession du trône, et songe à épouser *Hermione*, sa cousine, fille d'Hélène et de Ménélas. Hermione lui avait été jadis promise en mariage ; mais pendant son voyage de Tauride, Ménélas l'avait fiancée au fils d'Achille, à *Pyrrhus*, dont la réputation égalait celle des plus grands héros. Oreste fit valoir ses droits à la main d'Hermione, mais en vain. Pyrrhus l'épousa, l'emmena en Épire, et insulta aux regrets de son rival. Hermione, qui ne pouvait souffrir le joug de cet hyménée, résolut de s'en affranchir à tout prix. Elle s'adresse à Oreste et trame avec lui un odieux complot contre la vie de Pyrrhus. Le meurtre est consommé ; et Oreste reçoit pour prix de son crime la main d'Hermione et la couronne de Sparte[1].

---

1. *Hermione* était fille unique de Ménélas, roi de Sparte. — Racine, dans sa tragédie d'*Andromaque*, a fait entrer, en les modifiant, une partie des faits que nous venons de raconter.

§ 22. CASSANDRE

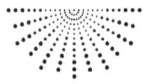

Cassandre, fille de Priam, avait promis à *Apollon* de l'épouser, s'il voulait lui donner la connaissance de l'avenir et le don de prophétie ; mais lorsque Apollon lui eut accordé ce privilège, elle refusa de tenir sa parole ; et ce dieu irrité lui déclara, pour la punir, que personne n'ajouterait foi à ses prédictions. En effet, lorsqu'elle annonça de grands malheurs à Priam, à Pâris et au peuple troyen, on la taxa de folie, et on l'enferma dans une tour, où elle ne cessait de déplorer la chute prochaine de sa ville natale. Ses alarmes et ses gémissements redoublèrent lorsqu'elle apprit le départ de son frère Pâris pour la Grèce : on se moqua d'elle. Quand elle voulut empêcher ses concitoyens d'introduire le cheval de bois dans l'intérieur des remparts, ses menaces n'effrayèrent personne.

A la prise de Troie, *Agamemnon*, touché de la beauté de cette princesse, en fit sa captive et l'emmena sur son vaisseau. Pendant la traversée, elle lui prédit deux fois le sort cruel qui les attendait l'un et l'autre en Argolide : Agamemnon méprisa cette prophétie, qui fut la dernière. La captive et le monarque tombèrent sous un poignard homicide, le jour même de leur entrée au palais d'Argos.

§ 23. ÉNÉE

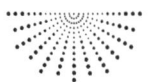

É NÉE, prince troyen, fils d'Anchise et de Vénus, est connu dans l'histoire par sa piété et sa valeur. Après avoir défendu Troie jusqu'à l'embrasement de cette ville infortunée, il se sauva, la nuit, au travers des flammes, chargé de ses dieux pénates, portant son vieux père sur ses épaules, tenant son fils Ascagne par la main, et suivi de Créuse, son épouse, qui disparut dans l'obscurité. Cybèle l'avait retenue, et l'avait placée au nombre de ses nymphes.

Douloureusement affecté de cette perte, Énée se rendit au rivage et monta sur ses vaisseaux, avec une troupe de Troyens, fugitifs comme lui. Il fit voile d'abord pour la Chersonèse de Thrace, où régnait Polymnestor, un de ses alliés ; il passa ensuite à Délos, visita les Strophades et l'île de Crète, où il espérait trouver l'empire que lui avaient promis les destins. De là il aborda en Épire, et ensuite à Drépanum, ville de Sicile soumise à Aceste. Anchise y mourut et y reçut les honneurs de la sépulture.

En partant de Sicile, Énée fut jeté par la tempête sur les côtes d'Afrique, où ses compagnons, fatigués de leurs courses errantes, auraient voulu s'établir ; mais la volonté immuable des dieux appelait Énée en Italie ; il résista aux sollicitations des habitants, quitta avec regret une terre hospitalière, et s'embarqua. Les vents le poussèrent une seconde fois en Sicile, où il célébra des jeux funèbres près du tombeau d'Anchise ; de là il navigua vers l'Italie, où régnait Latinus, roi des Latins.

Lavinie, fille unique de Latinus et d'Amata, était alors recherchée en mariage par Turnus, roi des Rutules et neveu de la reine ; mais les dieux semblaient s'opposer à cet hyménée et faire éclater les marques visibles de leur désapprobation. Un jour que la jeune princesse, à côté de son père, brûlait des parfums sur l'autel, le feu prit à sa chevelure et à ses habits, sans lui faire de mal, répandit autour d'elle une pâle lumière, et enveloppa son appartement de flamme et de fumée. Ce prodige étonna tout le monde : on appela les devins, qui présagèrent à Lavinie une brillante destinée, et à son peuple une guerre prochaine et inévitable. Latinus, pour mieux connaître la vérité, alla consulter l'oracle de Faunus, qui lui parla sans détour[1].

« *Garde-toi, mon fils, de marier Lavinie à aucun prince du Latium ; bientôt arrivera sur ces bords un capitaine étranger, dont le sang mêlé au nôtre élèvera jusqu'au ciel la gloire du nom latin.* » Vers ce temps-là, en effet, Énée débarqua sur le rivage du Latium, et fit alliance avec Latinus, qui, croyant voir s'accomplir l'oracle dans la personne de cet illustre fugitif, lui offrit la main de sa fille, et le désigna pour son successeur au trône. Mais Turnus n'était pas homme à se départir facilement de ses droits sur Lavinie. Il fait prendre les armes aux Rutules, il entre en campagne : Énée et sa troupe se mettent sur la défensive. Le Latium est le théâtre d'une guerre prolongée.

Après beaucoup de sang répandu, les deux rivaux convinrent de terminer leur différend par un combat singulier. Énée triompha, épousa la princesse, et partagea avec elle le trône après la mort de Latinus. Ce petit royaume fut le berceau de l'empire romain[2].

---

1. *Faunus* était le père de Latinus.
2. *Énée-Sylvius*, fils d'Énée et de Lavinie, leur succéda, malgré l'opposition d'*Iule*, fils d'Ascagne et petit-fils d'Énée et de Créuse.

§ 24. DIDON

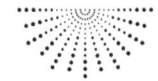

D IDON, fille de Bélus, roi de Tyr, et sœur de Pygmalion, épousa Sicharbas ou Sichée, grand-prêtre d'Hercule. *Sichée* était le plus riche des Phéniciens. Ses trésors excitèrent la cupidité de Pygmalion, qui, pour l'en dépouiller, le fit massacrer dans le temple, au moment où il sacrifiait aux dieux. Pygmalion réussit d'abord à cacher ce meurtre, flattant par des récits mensongers les appréhensions de sa sœur. Mais, une nuit, l'ombre de Sichée apparut en songe à Didon, avec un visage pâle et défiguré, lui montra l'autel au pied duquel il avait péri, lui découvrit sa poitrine percée d'un coup mortel, et lui conseilla de fuir. Didon, à son réveil, dissimule sa douleur, prépare sa fuite, s'assure de quinze vaisseaux qui étaient au port, y reçoit tous ceux qui haïssaient ou craignaient le tyran, et part avec les richesses de Sichée et celles de l'avare Pygmalion.

La princesse fugitive prit d'abord terre dans l'île de Chypre, d'où elle fit enlever cinquante jeunes filles qu'elle donna pour épouses à ses compagnons de fortune. Faisant voile de là vers les côtes d'Afrique, elle débarqua près d'Utique, et pria les habitants de lui vendre l'espace de terrain *que pourrait contenir le cuir d'un taureau.* Lorsqu'elle eut obtenu pour un vil prix cette faveur, en apparence bien chétive, elle fit couper ce cuir en courroies ou lanières très-minces, et put tracer ainsi une circonférence spacieuse qui devint le berceau de la fameuse Carthage, rivale de Rome. Cet événement eut lieu vers l'an 880 avant notre ère[1].

Didon, ayant fondé et agrandi sa ville, fut recherchée en mariage par *Iarbas*, roi de Gétulie, voisin du nouvel État ; mais elle ne put se résoudre à violer la foi jurée à Sicharbas, son premier mari. Le roi des Gétules, piqué du refus de cette princesse, résolut de la contraindre par la force à lui accorder sa main : il fit marcher contre Carthage de nombreux escadrons et cerna la place. Didon, ne pouvant opposer aucune résistance, feignit de consentir aux vœux d'Iarbas, et demanda seulement un délai de trois mois pour apaiser les mânes de Sichée. Au bout de ce temps, sollicitée et menacée de nouveau par Iarbas, elle monta sur un bûcher préparé dans l'intérieur du palais, tira de dessous sa robe un poignard caché, et se tua. — Ce que

Virgile raconte des amours de Didon et d'Énée est une pure fiction, puisque chacun sait qu'Énée vivait 500 ans avant la fondation de Carthage.

---

1. Voilà ce que dit la fable. Mais, selon l'histoire, quand *Didon* aborda en Afrique, Carthage était déjà fondée ; la princesse tyrienne ne fit qu'y bâtir une citadelle qu'elle appela Byrsa. *Byrsa*, en grec, signifie *cuir, peau*.

SECTION CINQUIÈME :
MÉTAMORPHOSES DIVERSES
D'APRÈS OVIDE

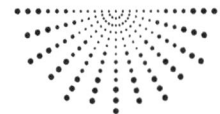

§ 1. PHILÉMON ET BAUCIS

BAUCIS, femme pauvre et âgée, vivait avec son mari PHILÉMON, aussi vieux qu'elle, dans une cabane couverte de chaume. Jupiter et Mercure, parcourant la Phrygie sous une figure humaine, furent partout rebutés, et ils ne trouvèrent d'asile que sous le toit hospitalier de Philémon et de Baucis. Un dîner champêtre fut servi aux deux voyageurs avec autant de cordialité que d'empressement. A la fin du repas, les dieux s'annoncèrent pour ce qu'ils étaient ; et, ayant conduit ces pieux époux sur une éminence voisine, ils leur dirent de tourner la tête et de regarder le pays. Philémon et Baucis virent tous les environs submergés, excepté leur chaumière, qui s'était changée en un temple magnifique. Pendant que ce spectacle les frappait d'étonnement, Jupiter leur promit d'exaucer les vœux qu'ils feraient ; les deux époux demandèrent seulement d'être les ministres de ce temple, et de ne pas mourir l'un sans l'autre. Leurs souhaits furent accomplis : la garde du temple leur fut confiée, et, parvenus à une extrême vieillesse, ils furent métamorphosés dans le même instant ; Baucis en *tilleul*, et Philémon en *chêne*.

§ 2. PYRAME ET THISBÉ

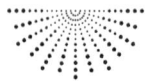

T HISBÉ, la plus aimable des jeunes filles de Babylone, avait pour amant PYRAME, jeune homme accompli, qui habitait une maison contiguë à la sienne. L'hymen eût couronné leur flamme, si leurs parents, désunis par un long procès, n'eussent mis des obstacles à cette alliance. Mais ces obstacles mêmes ne firent qu'augmenter leur attachement.

Après des tentatives réitérées auprès de leurs pères, après bien des soumissions et des démarches infructueuses, ils formèrent l'insensé projet de s'enfuir de Babylone à la faveur de la nuit ; et, afin de ne pas s'égarer, ils se donnèrent un rendez-vous au mausolée de Ninus, et sous le mûrier blanc qui le couvre. Tout auprès coulait une source limpide. Thisbé réussit la première à s'échapper de la demeure paternelle, et à sortir des murs de la ville. Couverte d'un voile, elle arrive au tombeau de Ninus et s'assied sous l'arbre indiqué. Une *lionne*, la gueule encore rougie du sang des bœufs qu'elle venait de dévorer, arrive en même temps au même endroit, pour étancher sa soif dans l'eau de la source. Aux rayons de la lune, Thisbé aperçoit cette bête féroce, et gagne précipitamment la grotte voisine ; mais dans sa course elle laisse par malheur tomber son voile. La lionne, désaltérée, s'éloigne et retourne vers les forêts ; sur sa route, elle trouve le voile qu'avait perdu Thisbé, et le met en pièces avec ses dents ensanglantées.

Pyrame, qui est sorti plus tard de la ville, reconnaît sur le sable les traces de l'animal, et tremble pour les jours de Thisbé ; mais lorsqu'il trouve le voile sanglant, il ne doute plus de l'accident qu'il appréhende ; il se persuade qu'elle a péri. Hors de lui-même, il arrive sous l'arbre du rendez-vous ; il y arrose de larmes le voile de son amante, et se donne la mort d'un coup d'épée.

Cependant Thisbé, revenue de sa frayeur, sort de la retraite où elle s'était cachée, s'approche du mûrier, et reconnaît le corps inanimé de Pyrame, près du voile fatal qui a causé son erreur. « *Je te suivrai dans la mort, dit-elle, et ne te quitterai point ; nos parents ne refuseront pas d'unir nos restes dans le même tombeau.* » Elle dit, et, appuyant son sein contre la pointe de l'épée encore fumante, elle se laisse tomber, et expire. Le mûrier sous lequel Pyrame et Thisbé venaient de périr fut teint de leur sang, et le fruit qu'il portait devint dès cet instant d'un noir pourpré.

§ 3. EUROPE

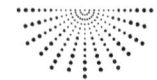

EUROPE, fille d'Agénor roi de Phénicie, et sœur de Cadmus, était d'une beauté éclatante. Jupiter la vit, et résolut de l'enlever. Mais, pour mieux atteindre son but, il se métamorphosa en *taureau*, se mit à paître dans la prairie, voisine de la mer, où Europe jouait avec ses compagnes, et bientôt par son allure douce et caressante, par ses grâces et par son tendre meuglement, il attira les regards des jeunes phéniciennes. Europe s'approche du paisible animal, l'orne de guirlandes, lui offre des herbes fleuries, flatte mollement son cou de sa blanche main, et ose enfin s'asseoir sur son dos. Ses compagnes allaient suivre son exemple ; le perfide taureau ne leur en laisse pas le temps : il s'échappe, court droit à la mer et s'y jette. Europe pousse un cri d'effroi, tend les bras vers le rivage, pâlit, frissonne, quand elle voit les flots entr'ouverts, et les monstres marins qui bondissent à ses côtés.

Occupée naguère à cueillir des fleurs dans la prairie, et à tresser gaiement les couronnes destinées aux nymphes, elle ne découvrait plus, dans l'obscurité de la nuit, que les étoiles et les ondes. Sitôt qu'elle eut touché les bords de l'île de Crète : « *O mon père, s'écriait t-elle, transportée de douleur, ô mes frères et mes amies, près de qui je passais des jours si paisibles ! Où suis-je ? Où vais-je ? Est-ce une illusion qui m'abuse ? … Avoir quitté ma patrie et mes pénates ! Avoir osé franchir la vaste étendue des mers !… Ah ! si l'on me livrait ce monstre exécrable ! dans la fureur qui me possède, je trouverais des forces pour le mettre en pièces, pour briser les cornes de ce taureau que tout à l'heure j'admirais tant !… Malheureuse ! Que tardes-tu à quitter la vie ? Avec cette ceinture qui t'est restée, tu peux, suspendue à ce chêne, terminer ton sort : à moins que tu n'aimes mieux, esclave avilie, filer de tes royales mains la tâche qu'il plaira à une étrangère de t'imposer.* » Telles étaient ses plaintes. *Vénus* l'écoutait avec un malin sourire, et près d'elle son fils, tenant son arc détendu. Quand la déesse eut assez joui de ce barbare plaisir : « *Modère, lui dit-elle, modère cette fureur, si l'odieux taureau vient lui-même te livrer ses cornes pour les briser. Ignores-tu que tu es l'épouse de Jupiter ? Apaise tes sanglots : apprends à soutenir la haute fortune où tu es appelée. Une partie de fumet vers portera désormais ton nom*[1]. »

— On a donné à cette fable diverses explications : voici une des plus naturelles. Des marchands crétois qui trafiquaient sur la côte de Phénicie, ayant vu la jeune *Europe*, dont la beauté les frappa, l'enlevèrent pour leur roi Jupiter-Astérius ; et comme leur vaisseau portait sur la proue un taureau blanc, on publia que Jupiter s'était changé en taureau pour enlever cette princesse. La fable ajoute qu'Europe, devenue l'épouse du roi de Crète, sut si bien gagner l'amour de ses peuples qu'ils lui rendirent après sa mort des honneurs divins. Ses fils, Minos, Rhadamanthe et Sarpédon, auraient suffi d'ailleurs pour éterniser son souvenir.

---

1. *L'Europe* : cette partie du monde commence en effet, du côté de l'Asie, à l'île de Crète.

§ 4. MIDAS

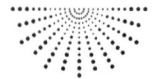

M IDAS, riche et stupide roi de Phrygie, était l'ami du dieu Pan et de Bacchus. Un jour que *Pan*, au milieu des nymphes, répétait des airs sur sa flûte à sept tuyaux, enorgueilli des éloges dont il était l'objet, il osa préférer les accords de son rustique instrument à ceux de la lyre d'Apollon ; il eut même l'audace de proposer un défi, que le dieu de l'harmonie accepta sans balancer. Les deux rivaux prirent pour arbitre le vieux Tmolus, roi de Lydie ; autour d'eux les nymphes et *Midas* formaient un cercle nombreux et attentif. Pan le premier tira de son chalumeau quelques airs grotesques, dont l'oreille de Midas fut ravie. Apollon chanta ensuite, et maria les sons de sa voix aux accords divins de sa lyre. Tmolus, en extase, décida que la flûte de Pan devait céder à la lyre d'Apollon, et les nymphes unanimes applaudirent à ce jugement. Midas seul réclama la victoire pour le dieu Pan, et débita un long discours en faveur de son ami. Il parlait encore, lorsqu'il sentit éclore sous sa chevelure une paire d'oreilles longues et velues... Effrayé de ce prodige, Pan prit la fuite et ne dit mot : Apollon se retira vengé. Midas, confus, essaie de cacher ses oreilles sous un diadème. Son barbier les voit, et brûle de publier une si plaisante aventure. Mais craignant la vengeance de Midas, et ne pouvant garder un secret trop pesant pour lui, il va dans une plaine éloignée, il y creuse la terre, et raconte tout bas, dans le trou qu'il a fait, l'histoire des oreilles miraculeuses ; il le referme ensuite, croyant de cette manière avoir enseveli son secret. Peu de mois après, la terre produisit en cet endroit une forêt de roseaux, qui ne cessaient de répéter, quand le vent les agitait : « *Midas, le roi Midas a des oreilles d'âne.* »

Fatigué de se voir en butte à mille traits satiriques, Midas quitta la Phrygie, et se retira auprès de *Bacchus*, qui, pour le consoler, offrit de lui accorder la première grâce qu'il demanderait. Le prince était d'une avarice sordide ; il demanda et obtint de pouvoir changer en or tout ce qu'il toucherait. Mais, avant la fin du jour, il eut à se repentir cruellement de son souhait. Les aliments, en approchant de ses lèvres, se changeaient en or, et il serait mort de faim au milieu de ses richesses, si Bacchus, touché de sa peine, ne lui eût conseillé de se laver dans le *Pactole,* fleuve de Lydie. Ce prince obéit, fut délivré de son incommode privilège, et le Pactole roula dès ce jour, avec ses flots, des parcelles d'or.

§ 5. ACIS ET GALATÉE

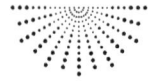

GALATÉE, la plus douce des Néréides, aimait tendrement Acis, berger de Sicile, et elle était payée de retour. Mais Polyphème s'était aussi épris de la belle nymphe : Polyphème, le plus hideux des cyclopes. Sa hauteur était celle d'une montagne ; sa bouche, qu'entourait une barbe épaisse, s'étendait jusqu'à ses oreilles ; au milieu de son front ridé, un œil rond et unique dominait deux narines pendantes. Tantôt il gardait ses troupeaux sur le rivage ; tantôt il poursuivait dans le fond des bois les daims et les ours ; plus souvent il attendait les voyageurs sur des chemins écartés, les attirait dans son antre, les égorgeait pendant leur sommeil, et dévorait leurs membres palpitants. Avec cette figure et ce caractère, Polyphème s'avisa d'aimer Galatée, et il se flatta de s'en faire aimer ; il fit tout du moins pour lui plaire. Tantôt sur sa musette à sept tuyaux il murmure des airs lamentables ; tantôt avec un râteau de fer il peigne ses noirs cheveux, et taille avec une faux sa barbe touffue ; tantôt il s'agenouille piteusement devant la grotte qu'elle habite. Un jour qu'il cheminait, triste et rêveur, sur le bord de la mer, il aperçut Acis, à qui la nymphe semblait promettre un éternel amour. Exaspéré à cette vue, il pousse un cri : Galatée se cache sous les ondes, Acis fuit parmi les roseaux ; mais Polyphème a découvert son rival ; il saisit une pierre énorme, la lui jette au front et le tue. Galatée au désespoir, et ne pouvant rappeler son amant à la vie, le changea en un fleuve qui coule en Sicile et porte le nom d'Acis.

§ 6. PÉRIPHAS

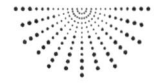

Périphas, un des plus anciens rois de l'Attique, se fit tellement aimer de ses sujets par sa justice et ses vertus, qu'ils lui décernèrent, de son vivant même, les honneurs de l'apothéose, et lui dédièrent un temple, sur le frontispice duquel on lisait en lettres d'or : *A Jupiter Bienfaiteur et Conservateur*. Le maître des dieux ne put voir sans jalousie un simple mortel obtenir de pareils hommages, et il résolut d'exterminer Périphas et toute sa famille. Mais, se laissant fléchir aux instances d'Apollon, il changea le prince athénien en *aigle*, oiseau majestueux qui porte la foudre, et qui est consacré à Jupiter.

§ 7. CLYTIE

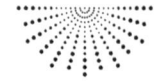

C LYTIE, nymphe de l'océan, fut aimée d'Apollon, qui l'abandonna pour s'attacher à Leucothoé, fille d'Orchame roi de Babylone. Clytie inconsolable des froideurs du dieu, se retira dans le désert, où elle se nourrissait des plus grossiers aliments : couchée sur le sable la nuit et le jour, les cheveux en désordre et le visage baigné de larmes, elle tournait continuellement ses regards vers le soleil. Apollon par pitié la changea en *héliotrope* (ou tournesol), plante qui, selon l'opinion commune, regarde toujours l'astre de la lumière[1]. Ainsi malgré sa métamorphose, Clytie montre encore l'amour qu'elle conserve pour Apollon.

---

1. Quelques-uns disent qu'on a donné à cette plante le nom d'*héliotrope* ou *tournesol*, parce qu'elle fleurit pendant les grandes chaleurs, lorsque le soleil est dans le *tropique* du Cancer.

§ 8. ATHAMAS ET INO

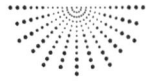

ATHAMAS, roi de Thèbes, épousa Néphélé, qui le rendit père d'un fils et d'une fille (Phryxus et Hellé), célèbres dans la fable. Ces deux enfants vivaient tranquilles à la cour, lorsque *Athamas*, d'un caractère léger et d'une humeur inconstante, se dégoûta de sa femme qu'il prétendait atteinte de folie, la répudia, et épousa INO, princesse illustre, fille de Cadmus. Les noces en furent célébrées avec une pompe extraordinaire. Athamas pouvait se dire le plus fortuné des époux ; et deux fils, Léarque et Mélicerte, issus de ce nouveau mariage, ajoutaient encore à son bonheur. Mais ce bonheur devait être aussi fugitif qu'un songe ; car Ino, jalouse des enfants du premier lit, auxquels revenait de droit l'empire de Thèbes, ne cessait de leur être hostile, et d'exercer sur eux de barbares traitements. Déjà même elle se familiarisait avec l'idée d'un double attentat, et en tramait le complot, lorsque Phryxus et Hellé, avertis à temps, montèrent sur un *bélier* ailé et à toison d'or que possédait le riche Athamas, et s'enfuirent au travers des airs en Colchide.

Ino triomphait ; Ino restait seule l'objet des hommages : un trône attendait ses fils. Mais *Junon*, qui détestait la famille de Cadmus depuis que Jupiter avait enlevé Europe, sœur de ce prince, ne put voir avec indifférence la prospérité et les joies d'Ino, et, dans l'excès de son dépit, elle forma le plus infâme des projets. Elle appelle Tisiphone, et lui dit : « *Je veux que la maison d'Athamas soit réduite en cendres, et que tu engages ce prince dans un crime dont l'univers frémisse d'horreur.* » — « *Vous serez obéie, grande reine : retournez au ciel.* » A ces mots Tisiphone revêt sa robe ensanglantée, arme sa main droite de serpents, prend de la gauche une torche incendiaire, et sort des enfers.

Arrivée devant le palais d'Athamas, sa présence en fait trembler le seuil ; son haleine en infecte les appartements : le soleil épouvanté cache ses rayons. Athamas et son épouse veulent fuir : la Furie les arrête, et, secouant les serpents dont sa main est entrelacée, elle en jette un contre Ino, un autre contre Athamas, et disparaît. Athamas est aussitôt saisi d'une démence mêlée de rage ; il se démène, il écume, il parcourt les corridors de son palais, en criant d'une voix rugissante : « *Courage, compagnons ! tendez vos filets dans ce bois ; j'y découvre une lionne avec ses lionceaux.* » Et en même temps il poursuit la reine, qu'il prend pour une bête féroce, arrache d'entre ses bras le jeune Léarque, et l'ayant fait pirouetter trois fois, l'écrase contre un mur. En proie à un semblable délire, Ino pousse des hurlements et fuit du palais, où déjà tourbillonne un vaste incendie. Pâle, échevelée, et emportant son fils Mélicerte, elle traverse les campagnes, arrive au bord de la mer, gravit une roche élevée, et se précipite dans l'abîme des eaux. L'abîme les reçoit et les engloutit. Mais à la demande de Vénus, Neptune prit en compassion leur triste sort ; et, les dépouillant l'un et l'autre de ce qu'ils avaient de mortel, les changea en deux divinités marines : Ino sous le nom de *Leucothoé*, et Mélicerte sous celui de *Palémon*.

§ 9. ÉCHO — NARCISSE

Écho, fille de l'Air, aimait si éperdument *Narcisse*, qu'elle le suivait dans les bois, à la chasse, au bord des fontaines, au fond des déserts, espérant obtenir de lui quelque mot favorable, quelque regard d'amitié, quelque témoignage d'intérêt. Peine inutile : un opiniâtre dédain était l'unique salaire de tant d'avances. Navrée de chagrin, et honteuse de s'être abaissée à tant de démarches humiliantes, Écho se retira dans l'épaisseur des forêts, n'habita plus que les antres et les cavernes, et tomba dans un tel état de dépérissement et de maigreur, qu'il ne lui resta que les os. Ses os mêmes furent métamorphosés en rocher, et il ne lui resta enfin que la voix.

Narcisse, jeune homme d'une grande beauté, était fils du fleuve Céphise et de la nymphe Liriope.

Quand il vint au monde, sa mère consulta le devin Tirésias sur la future destinée de cet enfant, et elle reçut pour réponse « *que Narcisse parviendrait à une a vieillesse avancée s'il ne se connaissait jamais.* » Un jour qu'il parcourait les campagnes, il aperçut son image dans une source limpide, devint amoureux de sa propre figure, et ne voulut plus s'éloigner du miroir des eaux. Plus il se regardait, plus sa folle passion prenait d'accroissement : il soupirait, tendait les bras à l'objet aimé, s'efforçait de le saisir et de l'embrasser, et versait des larmes de dépit et de douleur. Fixé jour et nuit auprès de cette fontaine, il s'y consuma d'inanition, de mélancolie et d'amour. En descendant des montagnes, les nymphes voient Narcisse, qui venait d'expirer, et ne peuvent retenir leurs gémissements. Elles se dispersent dans toute la contrée, et rassemblent à grands cris leurs compagnes pour célébrer les funérailles de leur ami. Couronnées de cyprès, elles s'avancent lentement vers la source fatale : mais elles n'y trouvent plus le corps de celui qu'elles regrettent. A sa place s'élève une fleur nouvelle, qu'on appela *narcisse*, et qui fut consacrée à Pluton, à Proserpine et aux Euménides.

§ 10. ÉGÉRIE

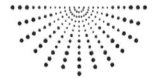

É GÉRIE était une nymphe du Latium à laquelle les Romains rendaient un culte religieux. NUMA POMPILIUS voulant rédiger des lois pour son peuple encore barbare, se retirait fréquemment dans les bois qu'habitait la nymphe *Égérie*, lui demandait des avis, et obtenait d'elle de précieuses directions. Leur attachement mutuel dura autant que leur vie. Quand Numa mourut, Égérie en fut si désolée qu'elle ne cessait de pleurer, et que ses gémissements, ses cris, ses sanglots, interrompirent plus d'une fois les sacrifices de Diane. Cette déesse, émue de pitié, la changea en une *fontaine*, qui fut nommée Égérie, et dont les eaux ne tarissent point.

— Quelques auteurs ont voulu voir dans Égérie le symbole de la solitude, qui prodigue ses faveurs à l'esprit méditatif, au philosophe, au sage. — D'autres ont prétendu que Numa ne feignit des conférences avec une nymphe inspirée que pour donner à ses lois une sanction divine, et rendre le peuple romain plus docile à s'y conformer.

§ 11. LATONE ET LES LYCIENS

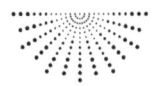

L ATONE, fille du titan Céus, était si parfaitement belle qu'elle captiva le cœur du maître des dieux, et causa tant de dépit à Junon que cette reine jalouse lui voua une haine éternelle, la bannit de l'Olympe, et fit promettre à la Terre de ne lui accorder aucun lieu pour se reposer. Peu satisfaite de cette vengeance, elle envoya contre elle un serpent monstrueux nommé Python, qui la poursuivait partout et qui allait la dévorer, lorsque Neptune, d'un coup de son trident, fit sortir du milieu des flots et rendit stable *Délos*, île jusqu'alors cachée et flottante. Latone, que Jupiter venait de métamorphoser en *caille*, s'y réfugia, y recouvra sa première forme, et mit au monde, à l'ombre d'un palmier (d'autres disent d'un olivier), Apollon et Diane. Mais le calme dont elle jouissait à Délos ne fut pas de longue durée : Junon découvrit cette retraite, et Latone fut contrainte de s'enfuir. Elle erra longtemps en diverses contrées, et parcourut la plus grande partie de l'univers.

Un jour qu'elle traversait la Lycie, elle arriva près d'un marais où travaillaient quelques paysans. Épuisée de fatigue et de soif, elle leur demande de l'eau pour se désaltérer. « *Vous me sauverez la vie, dit-elle ; venez à mon aide !* » Mais les Lyciens, excités par Junon, lui refusent ce léger service, et troublent même l'eau, en y jetant des pierres et des bâtons. Latone indignée invoque Jupiter, qui, pour punir ces inhumains, les change en *grenouilles*, animaux qui aiment et habitent la fange.

§ 12. NIOBÉ

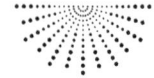

Nɪᴏʙᴇ́, fille de Tantale roi de Lydie, épousa Amphion, roi de Thèbes, et en eut quatorze enfants, qui tous répondirent aux soins que cette mère attentive avait pris de leur éducation. Ses fils étaient bien faits, agiles, vigoureux ; ses filles possédaient toutes les vertus de leur sexe et de leur rang. Niobé pouvait se dire la plus heureuse des mères.

Mais tout entière à ses devoirs domestiques, elle négligeait trop le culte des dieux de la patrie. *Latone* surtout, qui n'avait que deux enfants[1], était l'objet de son indifférence, quelquefois même d'une raillerie coupable, et tandis que le peuple se rendait en foule au sanctuaire d'Apollon, Niobé se promenait sur un char avec sa brillante famille, comme pour braver la divinité de Thèbes et lui ravir l'encens des mortels. Offensée de tant d'orgueil, Latone invoqua son fils et sa fille, et les pria de la venger : vœu cruel, qui ne tarda pas à être accompli. Apollon découvrit, dans les plaines voisines de Thèbes, les fils de Niobé qui s'exerçaient à la lutte et à la course, et il les perça de ses flèches. A cette affreuse nouvelle, les sœurs de ces princes accoururent tout éplorées sur les remparts, et elles tombèrent au même instant sous les coups invisibles de Diane. Niobé se traîne mourante vers le théâtre de tant d'horreurs ; elle s'assied devant les cadavres de ses enfants ; elle y demeure immobile ; elle ne donne plus aucun signe de vie ; elle est métamorphosée en *rocher*. Un tourbillon de vent l'emporta en Lydie, vers le sommet du mont Sipyle ; et dès ce jour coulèrent de ce rocher deux sources d'eau vive.

— Cette fable est fondée sur un événement des plus tragiques. Sous le règne d'Amphion, époux de Niobé, la ville de Thèbes fut envahie par la peste. Les sept fils du roi et ses sept filles en furent atteints et succombèrent, malgré la promptitude des secours. Niobé vit expirer en quelques heures sa famille entière, et elle ne put mourir ! Sa constitution physique résista aux miasmes pestilentiels, et aux déchirements de son cœur. Muette et impassible, elle resta plusieurs jours dans un état d'immobilité, dont un rocher battu par les flots peut donner quelque idée. Couverte de voiles funèbres, pâle, abattue, cette infortunée sortit de Thèbes, sans cortège, et retourna en Lydie, son pays natal, pour y épancher sa douleur. A l'aspect des lieux de son enfance, à la vue de sa vieille nourrice et des compagnes de son jeune âge, les larmes de l'attendrissement inondèrent ses joues ; des sanglots et des cris soulagèrent sa poitrine oppressée... Mais elle ne vécut que peu de mois ; et l'on grava cette inscription sur une statue élevée à sa mémoire : Mères fécondes, moi aussi j'ai connu vos joies : Puissiez-vous à jamais ignorer mes peines !

---

1. *Apollon* et *Diane.*

§ 13. BATTUS

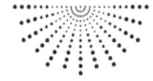

Quand Mercure déroba les troupeaux d'Apollon *(voyez* section première, § 16]), et les cacha dans la forêt du roi de Nélée, le berger Battus fut le seul témoin de ce vol. Mercure, craignant qu'il ne le dénonçât, lui offrit la plus belle des génisses s'il voulait garder le silence sur ce larcin.

Battus accepta sans peine la génisse, et promit de se taire. Mais comme le dieu prudent se défiait de la discrétion du berger, il fit semblant de se retirer, et vint peu après, sous une autre figure et avec une autre voix, lui offrir un bœuf et un vêtement complet, s'il voulait révéler le lieu où étaient cachés les troupeaux. Tenté par l'appât de ce nouveau gain, Battus raconta ce qu'il savait. Mercure alors, ne pouvant contenir son indignation, se révéla à cet infidèle berger, et le métamorphosa en *pierre de touche.* — Cette pierre, indiscrète comme Battus, ne sait rien cacher : elle fait connaître la nature des métaux que l'on frotte à sa superficie ; elle découvre aux orfèvres la qualité de l'or, sa pureté, sa finesse, son titre.

§ 14. PROGNÉ — TÉRÉE ET PHILOMÈLE

P ROGNÉ, fille de Pandion roi d'Athènes, épousa TÉRÉE roi de Thrace, et en eut un fils appelé Itys.

Il y avait cinq ans que *Progné* vivait en Thrace, lorsqu'un matin elle dit à son époux : « *Si vous m'aimez, permettez que ma sœur Philomèle, dont je suis séparée depuis si longtemps, vienne me voir : j'implore a cette grâce de votre bonté.* » *Térée* y consent. Il fait mettre un vaisseau en mer, y monte lui-même, et arrive au port d'Athènes. Dès qu'il est dans le palais de son beau-père, il lui expose le but de son voyage et les vœux si naturels de Progné. Il parlait encore, lorsque *Philomèle* entra, parée de ses plus riches ornements, mais plus belle de ses attraits. A sa vue, le cœur de Térée s'enflamme ; son discours devient plus vif et plus pressant ; ses instances sont mêlées de sanglots. Philomèle, qui chérit sa sœur, et qui ignore ce qui se passe dans l'âme de son beau-frère, insiste avec non moins d'ardeur. Pandion ne peut résister ; il cède, mais à regret ; une vague inquiétude le suit.

Aussitôt que le navire est en pleine mer, *Térée* avoue à Philomèle les émotions qu'il éprouve, et lui déclare son amour. Elle demeure interdite, elle s'indigne, elle repousse de téméraires propos, elle cherche à ramener son beau-frère à des sentiments de générosité et de vertu. Térée la menace : Philomèle ne peut plus se contenir. « *Monstre ! s'écrie-t-elle, ne crois pas m'effrayer par tes menaces ! A peine sortie de ce vaisseau, je publierai ton odieux procédé ; je soulèverai contre toi ton peuple et le mien ; et, en attendant, j'appelle sur ta tête scélérate les foudres de Jupiter !* » A ce discours, Térée dont la colère l'emporte sur l'amour, saisit Philomèle par les cheveux, lui lie les mains derrière le dos, et tandis qu'elle implore la pitié des dieux, lui saisit la langue avec des tenailles, et l'arrache. Philomèle tombe évanouie, baignée de sang. Revenue peu à peu à elle et ouvrant les yeux, elle se trouve enfermée dans un château solitaire, au milieu des bois.

Après ce crime, Térée ose encore approcher de la demeure de Progné, qui, ne soupçonnant rien, et du plus loin qu'elle le voit paraître, s'élance au-devant de lui, et demande sa sœur. Il ne répond que par des gestes et des soupirs artificieux ; il lui dit enfin, en pleurant, « *qu'elle a cessé de vivre* ». Les larmes qu'il versait en abondance persuadèrent Progné ; elle prend des habits de deuil, dresse un cénotaphe, et rend à Philomèle les devoirs funèbres.

Un an s'était écoulé depuis que *Philomèle* gémissait dans sa prison, où elle n'avait d'autre délassement que de travailler à des ouvrages de tapisserie. Ne pouvant fléchir ses gardiens par des prières, puisqu'elle était muette, ni se dérober à leur vigilance, elle imagina de tracer avec de la soie rouge sur un canevas blanc sa déplorable aventure. Quand l'ouvrage fut achevé, elle le remit à une des esclaves, et lui fit comprendre, par des signes expressifs, qu'elle destinait ce voile à Progné. La commission fut exécutée. Progné, déployant ce tissu, y découvrit le crime de Térée, et, sans s'arrêter à de vaines lamentations, médita aussitôt les moyens de punir le tyran. Les dames de Thrace célébraient alors les fêtes de Bacchus, appelées orgies ; le mont Rhodope retentissait du bruit des tambours et des cymbales, lorsque Progné sortit du palais pendant la nuit, vêtue en bacchante, un thyrse à la main et couronnée de pampre. Confondue avec les autres Ménades, elle feignit un enthousiasme surnaturel, et les conduisit au vieux château où sa sœur était captive. Les portes en sont brisées, et le gardien massacré. Philomèle, tirée de sa prison, revêt un costume de bacchante, et arrive en même temps que sa sœur au palais du roi.

Pendant que Progné roule dans son esprit un projet de vengeance, elle aperçoit *Itys*, son fils, qui accourt à elle pour l'embrasser. Cet objet, loin de l'attendrir, accroît sa frénésie : elle le saisit, le coupe par morceaux, sans même détourner les yeux, et le fait cuire pour le repas du soir. Térée, qui ne s'est aperçu de rien, se met à table sans défiance, et, sur la fin du souper, demande qu'on lui amène son fils. « *Ce que tu demandes est ici* », lui dit froidement Progné. Il se retourne, et voit entrer Philomèle, les cheveux épars, qui lui jette la tête de l'enfant. A cette vue, il pousse un cri de désespoir, et prend son épée, dont il veut frapper les cruelles sœurs ; mais elles fuyaient si rapidement qu'elles semblaient voler : elles avaient en effet des ailes. Philomèle, métamorphosée en *rossignol*, chercha la solitude des bois, et y soulagea sa tristesse par des accords pleins d'une touchante langueur ; Progné, changée en *hirondelle*, conserva sur son plumage les traces du sang d'Itys. Pandion, leur père, ne survécut pas à tant de malheurs, et mourut dans un âge peu avancé.

§ 15. MEMNON

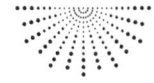

MEMNON, roi d'Éthiopie, fils de Tithon et de l'Aurore, fut dès son adolescence un héros. Neveu de Priam, il vint avec dix mille guerriers au secours de son oncle, dont les Grecs assiégeaient la capitale, et sa bravoure y excita les applaudissements des deux armées. Plusieurs capitaines ennemis, atteints de sa lance, avaient succombé, et entre autres Antiloque, fils du vieux Nestor ; mais lui-même tomba sous les coups d'Achille, dont Nestor avait réclamé le bras vengeur. A la nouvelle de ce fatal événement, l'*Aurore*, inconsolable, alla conjurer le maître de l'Olympe d'accorder à Memnon quelque honneur qui le distinguât de tous les autres mortels ; et Jupiter lui promit que ce fils, objet de son désespoir, reprendrait la vie, mais sous une forme différente. En effet, lorsque la flamme consuma le corps de Memnon, on vit sortir de son bûcher des oiseaux blancs, qui se divisèrent en deux bandes, et se rassemblèrent ensuite sur son tombeau, pour y combattre les uns contre les autres, et faire de leur sang une libation en son honneur : on appela ces oiseaux Memnonides. Mais cette distinction accordée à son fils ne put adoucir les regrets de l'Aurore : chaque jour, depuis ce temps, elle n'a cessé de verser des larmes, qui forment la rosée, et que boit avidement la terre languissante. — A en croire la Fable, les Éthiopiens élevèrent près de Thèbes, à la mémoire de *Memnon*, une statue colossale, qui, frappée des premiers rayons du jour, rendait un son clairet harmonieux, et le soir dans l'obscurité, faisait entendre des sons plaintifs : comme si elle jouissait du retour de l'Aurore, et s'affligeait de son départ. Les ruines de ce monument subsistent encore, et sont un sujet d'admiration pour les voyageurs.

§ 16. CÉYX ET ALCYONE

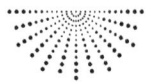

CÉYX, roi de Trachine en Thessalie, avait vu mourir en peu d'années un frère qui était son meilleur ami, une nièce chérie dont il était le père adoptif, et un jeune fils, dont les succès précoces faisaient concevoir à la patrie les plus glorieuses espérances. Ces catastrophes successives avaient jeté ce prince dans une mélancolie profonde ; le souvenir de tant de séparations le suivait partout, l'assiégeait partout, dans la solitude comme dans les fêtes, au sein des affaires publiques et dans ses occupations privées. Il forma donc le projet d'aller consulter, sur cette fatale disposition, l'oracle d'Apollon à Claros.

ALCYONE, sa femme, attachée à lui par la plus tendre affection, n'envisageait ce voyage qu'avec crainte, et s'efforçait de l'en détourner. « *Céyx, lui disait-elle, les plus sinistres pressentiments me troublent, depuis a que votre dessein m'est connu. Je rêve chaque nuit de tombeaux et de fantômes ; chaque nuit j'entends gronder à mon oreille la voix des tempêtes. Renoncez à partir, ou permettez que je vous suive. Éloignée de vous, mon esprit sera en proie à de continuelles alarmes ; à vos côtés, je ne souffrirai que des maux réels.* » *Céyx* qui n'avait pas moins d'amour pour Alcyone qu'elle n'en avait pour lui, fut d'abord ébranlé ; mais bientôt réfléchissant à l'urgente nécessité de ce voyage, il lui dit : « *Quoique la moindre absence doive nous paraître un siècle à tous deux, je vous jure, par la clarté du ciel, que si les destins ne s'opposent invinciblement à mon retour, vous me reverrez avant deux mois.* » Cette promesse calma un peu la douleur d'Alcyone ; et dans l'espoir d'une courte séparation, elle n'insista plus. Le vaisseau fut équipé et mis en mer.

La moitié de la route était parcourue, et la terre également distante des deux côtés, lorsque, à l'entrée de la nuit, le vent commença à souffler avec violence, la mer à bouillonner et à se couvrir d'écume. Le pilote s'inquiète, exhorte les matelots, et surveille plus attentivement la manœuvre ; mais l'orage croissant d'heure en heure, il ne sait plus quel parti prendre, ni quels ordres donner. Les voiles sont déchirées, les antennes emportées, le mât brisé. L'art et le courage manquent à la fois. Les passagers ne se font point d'illusion sur la gravité du péril : l'un s'abandonne aux larmes ; l'autre demeure interdit d'effroi ; celui-ci craint moins la mort que la privation des honneurs funèbres ; celui-là adresse, d'un accent désespéré, des supplications à Neptune. Céyx n'est touché que du souvenir d'Alcyone ; Alcyone seule l'occupe ; il ne parle que d'elle ; son image seule est présente à son esprit. S'il avait du moins la triste consolation de pouvoir tourner une dernière fois ses regards du côté de sa patrie et de sa maison !… Mais il ne sait où il est, tant sont épaisses les ténèbres de l'orage et de la nuit. Dans cet instant, un épouvantable coup de vent brise le gouvernail ; et la vague, entrant comme un fleuve dans le vaisseau, l'engloutit. Céyx saisit une planche, s'y soutient à peine, et disparaît dans l'abîme.

Pendant cette scène, *Alcyone* dormait : mais de quel sommeil ! Elle s'agitait, se tourmentait dans sa couche, poussait des soupirs entrecoupés : Céyx lui apparaissait en songe ; Céyx s'approchait d'elle, et, s'appuyant sur son lit, lui disait : « *Ma chère Alcyone, reconnaissez-vous Céyx ? La mort l'a-t-elle assez changé pour le rendre méconnaissable ? Jetez les yeux sur moi, et vos doutes cesseront ; mais au lieu de votre époux, vous ne verrez que son ombre. Vos vœux, ma chère Alcyone, n'ont point été exaucés : j'ai perdu le jour ; vous n'aurez pas la douceur de me revoir. Assailli par la tempête, mon vaisseau a été submergé, dans le temps même que je prononçais votre nom. Ce n'est a point une personne suspecte qui vient vous annoncer cette nouvelle ; ce ne sont point des bruits populaires a et toujours incertains qui vous en informent : c'est moi-même, c'est votre cher Céyx, qui vous apprend l'histoire de son malheur. Levez-vous promptement, donnez des larmes au plus tendre des époux, revêtez vos habits de deuil, et ne permettez pas que mon ombre descende aux enfers sans avoir reçu le tribut ce légitime de vos regrets.* »

A ce songe affreux, à ce discours déchirant, Alcyone pousse un cri, se lève en sursaut, cherche de tous côtés si elle ne le voit point… Ses femmes s'étaient aussi réveillées à ce bruit, étaient accourues avec des flambeaux, et lui demandaient la cause de son trouble. « *Alcyone n'est plus ! s'écrie-t-elle d'une voix égarée ; elle n'est plus ! Elle a perdu la vie avec son cher Céyx ! Le même naufrage les a fait périr l'un et l'autre. Je l'ai vu, je l'ai reconnu, pâle, défiguré, et se soutenant à peine : voilà la place où il était, voilà où je viens de le voir. Séparés par son voyage, nous et serons du moins réunis par le trépas.* » L'agitation l'empêcha de continuer. Mais, au point du jour, elle courut sur le rivage, à l'endroit même d'où Céyx était parti, et tandis qu'elle se retraçait douloureusement leur dernier adieu, elle aperçut flotter sur les eaux un cadavre qu'elle reconnut pour celui de son époux. A l'entrée du port s'élevait un môle, destiné à rompre l'effort des vagues : Alcyone y monte, ou plutôt elle y vole ; car déjà elle frappait l'air avec les ailes qui venaient de lui naître : et voltigeant sur la surface de la mer, elle faisait entendre je ne sais quel son plaintif, semblable au cri d'un oiseau. Quand elle fut près du corps de Céyx, elle s'y posa doucement, elle le couvrit de ses ailes, et le becqueta avec amour. Ceux qui furent témoins de cette scène affirment que Céyx semblait ému de ses caresses, et que sa tête paraissait donner des marques de sensibilité. Les dieux, touchés du sort de ces malheureux époux, les avaient changés en *alcyons* (ou *martins-pêcheurs*).

Depuis cette métamorphose, ils conservent l'un pour l'autre le même attachement ; et pendant les neuf jours qu'Alcyone couve ses œufs dans un nid, à la surface de l'eau, la mer est tranquille, et la navigation sans danger : Éole, en faveur de ses petits-fils, ne permet à aucun vent de souffler[1].

1. Selon Ovide, *Alcyone* était fille d'Éole, dieu des Vents. Mais, selon d'autres auteurs, elle descendait d'un Éole, fils d'Hellen.

§ 17. STELLIO

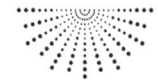

Q uand *Cérès* parcourait le monde, cherchant de tous côtés sa fille que Pluton venait d'enlever, elle se sentit accablée de fatigue et épuisée d'inanition, et fut trop heureuse de rencontrer une bonne femme, qui lui offrit une terrine de soupe. L'appétit assaisonne les mets les plus communs : Cérès trouvait celui-ci délicieux. Un jeune enfant, nommé STELLIO, témoin de l'avidité qu'elle apportait à ce chétif repas, se mit à rire : la déesse, dans un mouvement de colère, lui jeta au visage le reste de la bouillie, et le métamorphosa en *lézard*.

SECTION SIXIÈME ET DERNIÈRE : CONTES ET FAITS DÉTACHÉS

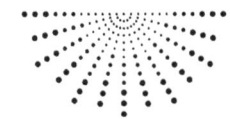

§ 1. PSYCHÉ

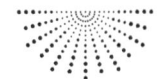

PSYCHÉ, la plus jeune des trois filles d'un roi d'Asie, était belle comme le jour, mais d'un caractère si léger et si inconstant que rien ne la pouvait fixer. Aucune prévenance ne la flattait, aucun amant n'avait de prise sur son cœur : le souffle du zéphyr, le vol du papillon, donneraient une idée imparfaite de sa volage humeur.

Un prince puissant, jeune, aimable, l'Amour lui-même[1], se prit d'affection pour elle, et imagina une ruse pour s'en faire aimer. Ayant su que la curiosité était le côté faible ou plutôt la véritable passion de Psyché, il chercha à irriter ce sentiment, et il enveloppa ses actions et ses démarches d'un profond mystère. Au centre d'un magnifique jardin, il fit construire un palais où il rassembla avec art tout ce qui peut réjouir la vue, tout ce qui peut flatter le goût et l'odorat ; et une voix douce dit à Psyché : « *Tu es la maîtresse de ce palais : commande, et tu seras obéie,* » Psyché ordonne ; et tour à tour des ameublements de toute espèce, des étoffes brillantes, des parfums exquis, des fruits rafraîchissants s'offrent à elle ; un nombreux domestique s'empresse de la servir. L'existence lui paraît délicieuse ; mais il manque à son bonheur de savoir à qui elle doit tant d'hommages et de libéralités. Elle questionne ses sœurs, ses amies, ses esclaves, sans rien apprendre.

Le bienfaiteur restait caché pendant le jour ; mais la nuit, il se glissait sous les berceaux de verdure, abordait Psyché, lui parlait affectueusement, lui demandait la promesse de n'avoir que lui pour époux. Avant l'aube il disparaissait, et livrait Psyché aux tourments de la curiosité non satisfaite. « *Qui donc es-tu ? s'écriait-elle alors. Qui donc es-tu, ô toi qui semblés me chérir ? Tu veux que je t'aime, et tu te dérobes à mes regards, toi, le plus généreux des mortels !* » Le prince persistait à demeurer invisible.

De leur côté, les sœurs de Psyché, jalouses de son bonheur et de la préférence que lui accordait l'Amour, redoublaient malicieusement sa curiosité inquiète, se faisaient une joie de son tourment, et lui inspiraient de la défiance contre son bienfaiteur. « *Craignez, lui disaient-elles, craignez, ma sœur, d'être tôt ou tard victime de votre* sécurité. *Savez-vous si cet amant qui se cache et craint le grand jour, n'est point un monstre, un vampire, qui, après s'être familiarisé auprès de vous, finira par vous étouffer ? Prévenez-le. Prenez cette lampe et ce poignard. Voyez à qui vous avez affaire ; et si nos craintes se trouvent fondées, frappez votre ennemi.* » Psyché, simple et crédule, ne découvre pas la perfidie de ce discours, et ne rêve plus qu'aux moyens d'éclaircir son doute.

Quand donc la nuit est venue, et que le jeune prince fatigué repose, elle s'approche du sofa où il sommeille... Quelle est sa surprise de voir endormi celui qu'elle cherche depuis si longtemps ! Il dort, se dit-elle tout bas ; profitons du moment. Il ne peut cette fois échapper à mes avides regards. Je saurai si c'est un vampire ou un mortel, et si je dois l'aimer ou le frapper de ce fer. Elle approche davantage, elle est près de lui : « *Dieux immortels ! Quoi ! l'Amour est mon amant ! Et c'est là le monstre que je redoutais, et que mes sœurs m'avaient peint avec de si affreuses couleurs ! C'est l'Amour lui-même, dans toute la fleur de l'adolescence ! Félicité inappréciable ! C'est lui qui me demande pour épouse !* » A ces mots la jeune curieuse se baisse pour le contempler, et ne songe pas que ce mouvement fait pencher la lampe. Une goutte brûlante tombe sur le beau dormeur. Il se réveille en sursaut : « *Ingrate Psyché, lui dit-il, vous me connaissez maintenant. Votre bonheur dépendait de votre ignorance ; je ne puis plus être à vous.* »

Et soudain le palais aux riches colonnes disparaît. Psyché se trouve seule, mal vêtue, au milieu d'un désert aride, immense. Partout le vide, le silence, la désolation. Le bruit d'un torrent lointain interrompt seul ses gémissements : elle court vers cette onde écumeuse pour y terminer son existence ; elle s'y précipite ; mais la mort ne veut pas d'elle ; les flots la déposent mollement sur l'autre rive.

Elle se décide alors d'aller interroger l'oracle de *Vénus* à Paphos. Mais Vénus, qui en voulait à Psyché de ce qu'elle avait réussi à captiver l'Amour, la reçoit durement, et au lieu de lui répondre, la condamne à divers travaux non moins rebutants que difficiles. Psyché obéit avec la docilité d'un enfant ; elle espère ainsi expier sa faute et fléchir son bienfaiteur. Le premier travail fut d'aller puiser une cruche d'eau bourbeuse à une fontaine que gardaient quatre dragons furieux. Le second fut de gravir le sommet d'une haute montagne, et de couper sur des moutons qui y paissaient, un flocon de laine dorée. Son courage la fait triompher deux fois. Pour troisième épreuve, Vénus lui dit : « *Va chez Proserpine, et demande-lui pour moi, dans cette boîte, une portion de sa beauté ; mais garde-toi de l'ouvrir ; tu n'as pas besoin de nouveaux attraits.* » Psyché entreprend ce message et l'accomplit ; mais elle ne peut vaincre son désir curieux. Elle veut voir ce qui constitue la beauté ; elle ouvre la boîte... Une fumée noire s'en exhale, s'épaissit autour d'elle et se dépose sur son visage ; un miroir lui montre le masque hideux dont elle vient de se couvrir. A cette vue, elle s'évanouit ; on craint pour sa vie ; on la transporte au pied des autels de Vénus. Elle y recouvre ses sens, et adresse une ardente prière à cette inflexible divinité.

Dans ce moment, et tandis que son visage est encore noirci de fumée, le prince paraît. Qu'on juge de sa confusion ! Il la rassure, et lui tend la main avec bonté.

Psyché est si interdite qu'elle ne peut parler ; elle se jette aux pieds du généreux vainqueur, et implore avec humilité son pardon. Satisfait de cette soumission et de cet aveu, l'époux céleste se hâte de faire disparaître les traces fuligineuses de dessus le visage de la jeune princesse, et ils passèrent tous deux du temple de Vénus dans le temple de l'Hyménée. La joie présida à la cérémonie du mariage ; et jamais union ne fut plus parfaite ni plus heureuse[2].

---

1. L'*Amour* ou *Cupidon. Voyez* section première, § 17.
2. Ce conte, que nous ayons dû abréger, est tiré d' Apulée, écrivain latin. La Fontaine l'a reproduit, en l'embellissant, dans son roman de *Psyché*.

§ 2. HÉRO ET LÉANDRE

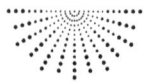

L ÉANDRE, jeune homme d'Abydos ville d'Asie, aimait passionnément la belle Héro, jeune prêtresse qui demeurait à Sestos, en Europe. (Ces deux villes, bâties sur le détroit de l'Hellespont, au bord du rivage et vis-à-vis l'une de l'autre, ne sont séparées que par un espace d'environ une demi-lieue.)

Chaque soir, Léandre traversait le détroit à la nage, pour se rendre auprès de Héro. Héro, de son côté, pour diriger la route de cet amant courageux, allumait une lampe au sommet de la tour qu'elle habitait. Ces voyages durèrent tout l'été sans accident ; mais l'automne arriva ; la mer devint orageuse et le trajet périlleux. Pendant sept jours, Léandre, détourné par l'aspect menaçant des ondes, différa sa course ; le huitième, il ne put résister au désir de voir et d'entretenir son amante. Il partit : l'air était agité et le ciel obscur. Il lutta quelque temps contre l'impétuosité des vagues ; mais ses forces épuisées ne le soutenaient plus, et il disparut dans l'abîme. Peu de jours après, son cadavre fut porté par les flots au pied de cette même tour, d'où Héro, troublée d'un noir pressentiment, ne cessait d'étendre ses regards sur la plaine blanchissante. A la vue du corps de son amant, elle ne put modérer l'excès de son désespoir, et se donna la mort. — Cette aventure a été le sujet de plusieurs tableaux et de quelques poèmes. Le quatrain suivant, imité d'un auteur latin, mérite d'être cité :

Léandre, conduit par l'amour,
En nageant disait à l'orage :
« Laissez-moi gagner le rivage ;
« Ne me noyez qu'à mon retour. »

— *VOLTAIRE, À L'ÂGE DE 15 ANS.*

§ 3. HYPERMNESTRE

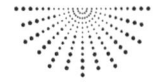

Danaüs, frère jumeau d'Égyptus, occupait avec lui le trône d'Égypte, lorsqu'une querelle survenue entre eux, força Danaüs de s'expatrier avec ses 50 filles, et de chercher en Asie ou en Europe un établissement. Il vint d'abord à Rhodes, où il consacra une statue à Minerve ; puis il aborda sur les côtes du Péloponèse, où Gélanor, roi d'Argos, l'accueillit avec honneur. Le royaume d'Argos était déchiré par des guerres intestines dont l'habile Danaüs profita, et à l'issue desquelles, le peuple, qui n'aime que le changement, lui adjugea la couronne.

Égyptus, voyant l'état florissant du royaume que gouvernait son frère, lui demanda ses filles en mariage pour ses 50 fils, et les obtint. Mais Danaüs eut à peine donné son consentement à cette alliance, qu'il se souvint d'un oracle qui lui avait conseillé de se défier de ses gendres. Danaüs était cruel : il ne recula pas devant le plus monstrueux des forfaits. Il appelle ses filles près de lui, il les arme d'un poignard, et leur fait jurer d'égorger leurs maris la première nuit des noces. Elles prêtent le serment fatal, et y obéissent toutes, toutes excepté Hypermnestre, qui osa trahir son père, et sauver son jeune époux. « Lève-toi, lui dit-elle, lève-toi, de peur qu'un bras dont tu ne redoutes rien ne te plonge dans le sommeil de la mort. Trompe la fureur de ton beau-père ; échappe à mes barbares sœurs, qui, dans ce moment, assassinent chacune leur époux. Je ne veux ni te frapper ni t'empêcher de fuir. Que Danaüs me charge de chaînes pour t'avoir épargné, qu'il me jette dans un vaisseau, et m'exile au fond de la Numidie !… Toi, vole où te conduiront tes pieds rapides et le souffle des vents. Pars ! Vénus et la nuit te favorisent. » Lyncée, c'était son nom, s'échappa du palais à la faveur des ténèbres, parvint heureusement aux frontières d'Argolide, et fut à l'abri des poursuites meurtrières de Danaüs. Hypermnestre, citée en jugement par son père, allait subir une injuste condamnation ; mais le peuple d'Argos se prononça en sa faveur, et la rendit à son époux.

§ 4. ATALANTE ET HIPPOMÈNE

ATALANTE, fille de Schénée roi de Scyros, était si passionnée pour la chasse, qu'elle ne quittait plus les bois ni les monts. Dans ces exercices répétés, elle devint si légère à la course qu'il était impossible de l'atteindre. Poursuivie un jour par deux centaures, elle eut assez d'agilité et de force pour les tuer à coups de flèches.

Demandée en mariage par une multitude d'amants, *Atalante* leur annonça, de concert avec son père, qu'elle ne donnerait sa main qu'à celui d'entre eux qui pourrait la vaincre à la course, mais qu'elle tuerait sans pitié ceux dont elle serait victorieuse. Plusieurs prétendants avaient déjà perdu la vie, lorsque HIPPOMÈNE, favorisé par Vénus, se présenta pour cette lutte difficile. La déesse lui avait donné trois pommes d'or, cueillies au jardin des Hespérides, et l'avait instruit de l'usage qu'il en devait faire. Le signal de la course est donné : Hippomène s'élance le premier dans la lice, et laisse adroitement tomber ses trois pommes, à quelque distance l'une de l'autre. Atalante les ramasse, perd du temps, est devancée, et devient l'épouse de son vainqueur.

§ 5. SÉMÉLÉ

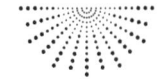

SÉMÉLÉ, fille d'Hermione et de Cadmus, habitait la ville de Thèbes en Béotie. Jupiter l'aimait : Junon imagina contre elle une ruse digne de l'enfer. Elle se déguisa en vieille femme pour l'aller trouver, couvrit sa tête de cheveux blancs, rendit sa peau toute ridée, marcha d'un pas mal assuré ; on l'eût prise pour Béroé, nourrice de Sémélé, tant elle en avait les traits, la démarche, la voix tremblotante. Après qu'elle eut entretenu la princesse de choses indifférentes, elle fit habilement tomber la conversation sur Jupiter. « *Plût au ciel, dit-elle, que ce fût Jupiter lui-même qui vous aimât ! Mais je crains pour vous ma pauvre enfant. Combien de jeunes personnes ont été trompées par de simples mortels, qui avaient emprunté le nom de quelque dieu ! S'il est vrai que Jupiter ait tant d'affection pour vous, exigez qu'il vous en donne une marque infaillible ; qu'il vienne vous voir dans tout l'appareil de sa gloire et avec toute la pompe de la majesté souveraine.* » La fille de Cadmus, persuadée par ce discours dont elle ne soupçonnait pas la méchanceté, implora de Jupiter une grâce, sans la lui spécifier d'avance. « *Vous pouvez exiger de moi, lui dit ce dieu, tout ce que vous voudrez : vous ne serez point refusée, j'en jure par le Styx.* » Sémélé, au comble de la joie, se hâte de poursuivre : « *Quand vous viendrez me voir, lui dit-elle, paraissez avec toute la majesté qui vous environne dans l'Olympe...* »

Jupiter voulut lui fermer la bouche pour l'empêcher d'achever ; il n'était plus temps. Pénétré de douleur, il remonta au ciel, où il assembla les nuages, le tonnerre, les éclairs, et ce foudre enflammé dont les coups sont inévitables. Dans cet appareil éblouissant, il vint accomplir le vœu imprudent de Sémélé : le palais s'embrasa, et elle fut réduite en cendres.

§ 6. LE SAUT DE LEUCADE

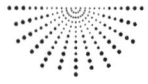

L EUCADE ou Leucate est une île de la mer Ionienne, près de Corfou.
Cette île est fameuse par son promontoire, d'où se précipitaient dans la mer les amants malheureux qui voulaient se guérir de leur passion, et perdre le souvenir de leurs peines. Vénus, qui regrettait toujours Adonis, et pleurait sa perte, eut recours à la science d'Apollon, dieu de la médecine, qui lui conseilla le saut de Leucade : elle obéit, et fut toute surprise, au sortir des flots, de se trouver tranquille et consolée.

Ce remède était regardé comme infaillible. Des pays les plus éloignés on se rendait à Leucade. On se préparait à l'épreuve du saut par des sacrifices et des offrandes ; on s'y engageait par un acte religieux ; on se persuadait qu'avec l'aide d'Apollon on survivrait à la chute, et qu'on retrouverait, en cessant d'aimer, le calme et le bonheur.

Quel fut le mortel qui osa le premier suivre l'exemple de Vénus ? On l'ignore ; mais on sait que nulle femme ne survécut à cette redoutable épreuve ; quelques hommes y résistèrent : tel fut le poète Nicostrate.

Les prêtres de l'île, voyant qu'on abandonnait ce remède, pire en effet que le mal, cherchèrent un moyen de rendre le saut moins dangereux. Des filets, artistement tendus au pied du roc, empêchaient les amants de se blesser dans la chute ; et des barques, disposées à l'entour les recueillaient au plus vite et leur prodiguaient des soins. Plus tard enfin, ceux qui allaient à Leucade, trouvant encore insuffisantes ces précautions, se rachetèrent du saut en jetant à la mer, du haut du promontoire, un coffre plein d'argent : les prêtres veillaient à ce que rien ne se perdît, et la cérémonie se terminait à la satisfaction générale.

§ 7. PHAON ET SAPHO

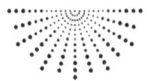

P HAON était un jeune batelier de la ville de Mitylène, dans l'île de Lesbos.
Vénus s'étant présentée un jour, déguisée en mendiante, à la barque de *Phaon*, celui-ci, sans être rebuté par ses haillons, l'admit avec bonté, la transporta sur le rivage d'Asie, et l'aida même, par quelques secours d'argent, à continuer sa route. La déesse, touchée de ce bienfait, lui donna un vase de parfums, dont il n'eut qu'à faire usage pour devenir le plus beau des hommes. Toutes les dames de Mitylène cherchèrent à le captiver ; Sapho même, jusqu'alors insensible, éprouva pour lui un insurmontable attachement, et se flatta de pouvoir gagner son cœur. Elle se trompait. Phaon, d'un caractère froid et morose, donnait à peine quelque attention à ses prévenances. Mais les voyant se répéter, et devenir à la fin journalières et importunes, il prit une résolution dictée par sa farouche humeur ; il s'exila volontairement, et mit, entre la jeune lesbienne et lui, l'intervalle des mers. Sapho ne se décourage pas ; elle part ; elle arrive en Sicile, où Phaon venait de débarquer, et essaie encore de l'attendrir par le double charme de ses vers et de sa voix. Nouvelles mortifications : elle le trouve aussi glacé que jamais. Alors, n'écoutant plus que son désespoir, elle se rend à Leucade, se jette du haut de la roche fatale, et disparaît sous les flots. Les habitants de Lesbos lui élevèrent des temples, lui rendirent les honneurs divins, et firent graver son effigie sur leur monnaie. Le surnom de *dixième Muse* lui fut donné par la Grèce entière, admiratrice de ses élégies touchantes et de ses odes passionnées.

§ 8. ÉPIMÉNIDE

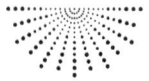

É PIMÉNIDE, philosophe crétois, vivait du temps de Solon. Fort jeune encore, il paissait les brebis de son père, et s'égara avec son troupeau. Forcé par l'approche de la nuit à chercher un gîte, il se coucha au fond d'une caverne, s'y endormit, et y resta plongé dans un sommeil qui dura 57 ans. Réveillé enfin par un grand bruit, il chercha son troupeau, ne le vit point, et s'en retourna plein d'inquiétude à son village. Tout y avait changé de face. Il cherche longtemps sa maison ; et, lorsque après beaucoup de peine il l'a trouvée, personne ne veut le reconnaître, excepté son frère cadet, qui était déjà vieux, et auquel il conta son aventure. Le bruit de ce miracle se répandit dans toute la Grèce ; Épiménide y fut regardé comme un homme chéri du ciel, et on vint le consulter comme un oracle. Il mourut âgé d'environ 200 ans ; et pendant cette longue carrière, sa seule nourriture fut l'ambroisie, que lui fournissaient les nymphes de Crète. — Cette fable semble signifier qu'*Épiménide* avait passé sa jeunesse dans des lieux solitaires, livré à l'étude de la nature, et cherchant à former son esprit, son imagination et même son extérieur, au rôle qu'il voulait jouer.

§ 9. GYGÈS

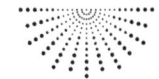

G YGÈS, courtisan d'un roi de Lydie appelé Candaule, se distingua par la magnificence des dons qu'il envoyait chaque année au temple de Delphes. Étant descendu un jour au fond d'un abîme, il y trouva un squelette humain d'une grandeur extraordinaire, au doigt duquel était un anneau d'or, qu'il s'appropria. Cet anneau avait la vertu de rendre invisibles ceux qui le portaient. Au moyen de ce talisman, Gygès entra inaperçu dans la chambre du roi, le tua, épousa sa veuve, et monta sur le trône de Lydie. — Les richesses de *Gygès*, comme celles de Crésus, avaient passé en proverbe chez les Grecs.

§ 10. LES SIRÈNES

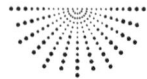

L es Sirènes, sorte de fées musiciennes, étaient filles de Calliope et du fleuve
Achéloüs, et habitaient ensemble une île voisine du cap Pélore, en Sicile.
Quoique nymphes des eaux, elles avaient des *ailes*, avec un visage de jeune fille. On
varie sur leur nombre, que quelques-uns fixent à trois, d'autres à cinq, d'autres
à huit.

Un murmure harmonieux annonçait leur présence : leur chant était une magie.
Leurs voix suaves allaient au cœur des matelots, qui, pour les mieux entendre, se
penchaient, s'approchaient insensiblement de la surface de la mer, s'y plongeaient
enfin, et ne revenaient plus. Mais il était décrété que quand un homme aurait passé
devant les Sirènes sans se précipiter vers elles, ces filles des eaux périraient. Ulysse
amena leur jour fatal. Tout son équipage se boucha les oreilles avec de la cire ; pour
lui, les oreilles libres, il se fit attacher à son grand mât. Le navire traversa ainsi le
parage mélodieux sans qu'il arrivât d'accident. Les matelots étaient privés de
l'usage de l'ouïe, le chef de l'usage de de ses jambes ; les uns n'avaient aucune
envie de s'élancer vers les cantatrices marines, qu'ils n'entendaient pas ; l'autre
suppliait à grands cris ses compagnons de le délier, mais il suppliait et criait en
pure perte. Une des Sirènes, *Parthénope*, noyée après le triomphe d'Ulysse fut jetée
par la vague sur les sables de la côte d'Italie et enterrée avec honneur. A son
tombeau succéda un temple ; au temple, un village, que d'heureuses circonstances
transformèrent en une ville capitale. Cette ville est la fameuse *Naples*, appelée
anciennement *Parthénope*.

Les Lamies ont certains points de ressemblance avec les Sirènes. Séduisantes et
enchanteresses comme elles, leur corps se terminait en queue de poisson, et au lieu
de mains elles avaient des *griffes*. Quand les voyageurs, attirés par la douce mélodie
de leurs chants, s'approchaient pour les admirer, elles se relevaient subitement,
couraient sur eux et les étouffaient.

§ 11. CÉPHALE ET PROCRIS

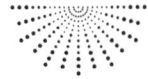

C ÉPHALE[1], roi de Thessalie, chasseur habile et infatigable, parcourait dès le point du jour les forêts, les vallons, les montagnes, et ne rentrait que le soir dans son palais. Procris, sa femme, d'un caractère jaloux, voyait avec inquiétude ses longues absences, et ne pouvait croire que la chasse seule captivât ses goûts. Pour s'en éclaircir, elle s'avisa de le suivre secrètement, et de se tenir cachée dans les taillis. Céphale, épuisé de fatigue et de chaleur, vint par hasard se reposer sous un arbre voisin, et, d'un accent passionné, appela le souffle rafraîchissant du zéphyr : « *Viens, douce Brise, viens ! Je ne suis rien sans toi ; sans toi je succombe, et je péris. Viens, Brise tant désirée, viens à moi !* » Sa femme qui entend des paroles si tendres, croit qu'elles sont adressées à une rivale, tressaille, et agite le feuillage. Céphale tourne la tête à ce bruit, croit à son tour qu'une bête fauve se glisse dans le buisson, et il y dirige son javelot. Un cri humain s'en échappe… Il reconnaît Procris, qui, blessée mortellement, se reproche sa coupable défiance, et expire entre les bras de son époux.

---

1. *Procris* était fille d'Érechthée roi d'Athènes, et sœur d'Orithyie, dont nous avons parlé, Voyez section II, § 16.

§ 12. MILON — POLYDAMAS

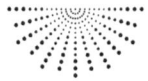

MILON, né à Crotone, dans le Brutium, surpassa tous les athlètes de son temps. On raconte qu'aux jeux du cirque, il chargea sur ses épaules un taureau de quatre ans, le porta au bout de la carrière sans reprendre haleine, l'assomma d'un coup de poing, et le mangea le même jour. Lorsque, appuyant son coude sur sa hanche, il présentait la main droite ouverte et les doigts serrés les uns contre les autres, à l'exception du pouce qu'il élevait, il n'y avait aucune force humaine qui pût lui écarter le petit doigt des trois autres. Il remporta six fois le prix de la lutte aux jeux pythiques, et autant de fois aux jeux d'Olympie.

Son imprudence fut cause de sa perte. Déjà très-avancé en âge, il se promenait seul, dans un bois écarté, où il aperçut un arbre que l'orage venait de fendre. Se souvenant alors de son ancienne vigueur, il essaya d'en séparer les deux moitiés ; mais son bras avait vieilli : l'arbre, qui s'était entr'ouvert à la première secousse, se referma, et les mains de Milon se trouvèrent si étroitement serrées qu'il ne les put retirer. La nuit suivante, il fut dévoré par des loups.

POLYDAMAS, rival de Milon, était jeune encore lorsqu'il étouffa sur le mont Olympe un lion monstrueux. Une autre fois il saisit un taureau par un des pieds de derrière, et le tint si bien que cet animal, malgré toute sa fureur et ses efforts, ne put se débarrasser des mains de Polydamas qu'en lui laissant la corne du pied par lequel il était tenu. D'un seul coup il assommait un homme ; d'une main il arrêtait un chariot attelé de six chevaux. Trop de confiance en ses forces hâta sa mort. Un jour que, dans une grotte, il buvait avec quelques amis, la voûte s'ébranla, le roc sembla s'entr'ouvrir, et les convives prirent la fuite. Lui seul resta, et de ses mains nerveuses, voulut soutenir la roche qui se détachait, mais la montagne entière venant à s'écrouler, il fut enseveli sous ses ruines.

§ 13. CIRCÉ

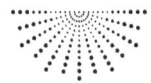

CIRCÉ, princesse de Colchide, fille du Soleil, était une magicienne cruelle, artificieuse et jalouse. Elle allait chaque matin sur les montagnes, à la recherche des plantes vénéneuses, et s'occupait mystérieusement le soir à en exprimer les sucs malfaisants. Un roi des Sarmates eut la folie de la rechercher en mariage, et le courage encore plus grand de l'épouser. Circé, qui voulait régner seule, se délivra bientôt de lui au moyen d'un breuvage empoisonné. Mais les Sarmates n'étaient pas hommes à se laisser gouverner par une reine homicide de son époux : ils lui arrachèrent le sceptre et la bannirent de leur pays. Elle prit la route de l'Italie, emportant ses secrets avec elle, et alla se fixer sur un cap de la mer d'Étrurie, dans une résidence magnifique. Malheur aux imprudents nautoniers qui jetaient l'ancre au pied du promontoire circéen ! L'enchanteresse les attirait dans son palais, les captivait par ses charmes, épuisait leur énergie et leurs trésors, et enfin les métamorphosait en de vils troupeaux.

Ulysse, poussé par la tempête sur les côtes de ce promontoire, eut la douleur de voir tous ses compagnons changés en *pourceaux* par les arts magiques de cette princesse ; il résista seul, au moyen d'une plante appelée moly, dont Mercure lui avait fait présent, pénétra courageusement dans le palais de Circé, et la contraignit, l'épée à la main, de rendre à ses compagnons leur forme première. Tant d'audace et un si noble caractère gagnèrent le cœur de la magicienne, qui s'attacha à Ulysse, et le combla de témoignages d'estime et d'affection. Enchanté à son tour, séduit par des flatteries répétées, Ulysse oublia près d'elle, pendant une année entière, sa patrie, son épouse et son fils.

§ 14. PYGMALION

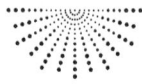

PYGMALION, sculpteur de l'île de Chypre, fit une statue si belle qu'il en devint amoureux, et pria le ciel de la rendre vivante et sensible. « *Grands dieux, s'écria-t-il, s'il est vrai que votre puissance n'ait point de bornes, faites qu'une créature si admirable devienne mon épouse !* » En achevant cette invocation, il approche de la statue et croit la voir se remuer ; il la touche, et le marbre paraît s'amollir. Étonné de ce prodige, il n'ose se livrer aux transports de joie qu'il éprouve. Il la touche encore ; elle est déjà moins froide ; déjà le sang circule dans ses veines. Il lui presse la main, il y imprime ses lèvres… Ce n'est plus une statue ; elle peut le voir, elle peut l'entendre ; elle descend de son piédestal et marche à lui. Le bonheur de Pygmalion n'est pas un songe ; c'est la plus douce et la plus chère des réalités.

§ 15. ARION

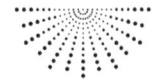

ARION, poète et musicien de l'île de Lesbos, vécut quelques années à la cour de Périandre roi de Corinthe ; il passa ensuite en Sicile et en Italie, où il exerça ses talents d'une manière utile à sa fortune. S'étant embarqué au port de Tarente pour retourner dans sa patrie, il eut l'imprudence d'étaler ses richesses aux yeux de quelques matelots avides, qui résolurent de le jeter à la mer pour se partager ensuite son or. Mais Arion pénétra leur affreux dessein, et demanda qu'il lui fût permis, avant de mourir, de jouer encore une fois de son luth. Il obtint cette grâce, fit retentir les airs d'une mélodie délicieuse, et se précipita dans les flots. Un dauphin, attiré par ses accords, le reçut dans sa chute et le transporta au cap Ténare, en Laconie. Il se rendit de là chez Périandre, qui fit mettre à mort les matelots, et éleva un monument de bronze au dauphin, sauveur d'Arion.

§ 16. ALCESTE ET ADMÈTE

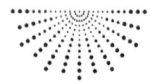

A LCESTE, fille de Pélias, fut recherchée en mariage par un grand nombre de princes. Son père, pour se délivrer de leurs poursuites importunes, jura qu'il ne la donnerait qu'à celui des prétendants qui pourrait atteler à un char deux bêtes féroces de différente espèce. Le roi de Thessalie, ADMÈTE, eut recours à Apollon dont il avait été jadis le bienfaiteur, et ce dieu s'empressa de lui amener un lion et un sanglier apprivoisés, qui traînèrent paisiblement le char d'Alceste.

Quelque temps après, Admète tomba dangereusement malade. Mais l'oracle ayant annoncé qu'il échapperait au trépas si quelqu'un mourait à sa place, Alceste son épouse, aussi courageuse que tendre, se dévoua et mourut pour lui. Hercule arriva en Thessalie le jour même où elle venait d'expirer ; et Admète, malgré l'affliction qu'il éprouvait, ne négligea envers lui aucun des devoirs de l'hospitalité. En retour d'un tel accueil, Hercule descendit aux enfers, combattit la Mort, la vainquit, et rendit Alceste à son époux.

§ 17. PHINÉE ET LES HARPYES

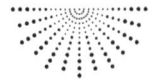

Phinée, roi de Bithynie, épousa en secondes noces une des filles de Dardanus, appelée Idæa. Cette femme, d'un naturel jaloux et pervers, prit en aversion les enfants du premier lit, résolut leur perte, et, à cet effet, les accusa de conspirer contre les jours de Phinée. Celui-ci, sans autre témoignage, et sur le seul rapport d'une marâtre, leur fit crever les yeux et les chassa du palais. Mais cette cruauté ne tarda pas à être punie : les dieux le rendirent aveugle à son tour, et lancèrent à sa poursuite les Harpyes.

Les Harpyes, filles de Neptune, étaient des monstres ailés, qui avaient le visage d'une vieille femme, le corps et les griffes d'un vautour avec une crinière de cheval. Jamais le courroux céleste n'enfanta des animaux plus hideux, ni un fléau plus redoutable : elles répandaient autour d'elles une odeur infecte, et corrompaient instantanément tous les aliments qu'elles touchaient. Assailli par elles, *Phinée* éprouvait les horreurs de la famine. Elles enlevaient ou empoisonnaient les viandes dont il couvrait sa table ; et s'il réussissait une fois à les éloigner, elles revenaient à la charge, telles que des chiens immondes et dévorants. A la fin, ses deux beaux-frères, Calaïs et Zéthès, touchés de son infortune, chassèrent de Bithynie ces oiseaux exécrables, et les poursuivirent jusqu'aux îles Strophades, lieu ordinaire de leur séjour. C'est là qu'Énée les rencontra dans son voyage, et qu'il eut cruellement à en souffrir.

Les Harpyes étaient fort nombreuses, mais trois seulement sont connues : Ocypétès, Aëllo et Céléno. — On varie beaucoup sur leur origine. Plusieurs croient que c'était une troupe d'énormes *sauterelles*, qui, après avoir ravagé une partie de l'Asie-Mineure, se jetèrent sur la Grèce et dans les îles du voisinage, où elles causèrent une grande famine, et jonchèrent de leurs cadavres les coteaux, les plaines et les rivières. D'autres y ont vu des *corsaires* qui faisaient fréquemment des descentes dans les États de Phinée ; d'autres enfin, des déesses malfaisantes qui présidaient aux Vents, aux Tempêtes et aux Maladies pestilentielles.

§ 18. IXION

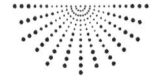

IXION, fils de Phlégyas, roi des Lapithes, épousa Dia, fille de Déjonée.
Ixion avait promis à Déjonée des présents magnifiques s'il lui accordait Dia
en mariage. Mais, après la célébration des noces, il refusa de tenir sa promesse ; et
le beau-père frustré vola à son gendre les plus beaux chevaux de son étable. Ixion
dissimula d'abord sa colère.

A la fin, feignant de vouloir acquitter sa dette, il invita Déjonée à un festin, et le
fit tomber dans une fosse remplie de feu, qui fut son tombeau. En horreur à tout le
monde, Ixion ne trouva nulle part un asile, et supplia vainement les prêtres de la
Thessalie de le *purifier* de son crime, c'est-à-dire de le lui faire expier par quelque
cérémonie religieuse. Dans cet abandon général, il eut recours à Jupiter, qui daigna
prendre pitié de lui, le transporta au ciel, et le fit asseoir à la table des dieux. Mais
dans cette haute fortune, son hypocrite perversité ne le quitta point : ébloui des
charmes de Junon, il osa lui avouer son amour, et la conjurer à genoux d'y
répondre : affront que la reine des dieux paya de dédain, mais qui reçut de Jupiter
un autre salaire. Il saisit sa foudre, en frappa Ixion, et le précipita dans le Tartare, où
Mercure l'attacha à une roue qui tourne sans relâche, et lui fait souffrir un éternel
tourment.

§ 19. SISYPHE. — SALMONÉE

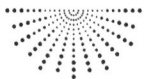

S ISYPHE, fils d'Éolus ou Éole, régna à Corinthe et s'y rendit fameux par ses fourberies, ses vols et ses brigandages. Autolycus, un de ses voisins, aussi artificieux que lui, et admirateur de ses impostures, désira l'avoir pour gendre, et lui fit épouser sa fille Anticlée[1].

Près de rendre le dernier soupir, Sisyphe imagina une supercherie des plus étranges et des plus hardies. Il appela sa femme au chevet de son lit, et lui demanda comme une grâce « *de ne point enterrer son corps.* » Il mourut, et sa veuve obéit à cette injonction formelle. Parvenu à la demeure de Pluton, Sisyphe se plaignit à ce dieu de la barbarie de sa femme, qui refusait à son corps la sépulture, et sollicita la permission de retourner sur la terre pour la châtier : Pluton le lui permit, à condition qu'il ne s'y arrêterait point, et qu'il reviendrait sous peu de jours. Mais le rusé personnage ne fut pas plus tôt hors du sombre empire, qu'il se vanta du succès de son mensonge, et découvrit l'intention où il était de ne pas redescendre aux Enfers. Il fallut recourir à la force. Mercure vint le prendre au collet, et le reconduisit chez Pluton, qui le condamna à rouler jusqu'au sommet d'une montagne un rocher énorme, qui retombait par son propre poids, et renouvelait indéfiniment le supplice de ce coupable.

SALMONÉE, frère de Sisyphe, poussa l'orgueil jusqu'à la dernière extravagance. Après avoir conquis toute l'Élide, il exigea de ses sujets qu'ils lui rendissent les mêmes honneurs qu'aux dieux ; et il tâcha d'imiter le bruit de la foudre en faisant rouler son char sur un pont d'airain.

Là, nouveau roi de l'Olympe, il lançait des torches enflammées sur quelques misérables, qu'il faisait assommer ensuite par ses soldats :

Mais Jupiter lança le véritable foudre :
Un seul coup de son bras mit tout l'ouvrage en poudre ;
Et le monarque impie, environné d'éclairs,
Avec son char brûlant tomba dans les enfers.

— DELILLE.

---

1. Cette même *Anticlée* épousa ensuite *Laërte*, roi d'Ithaque, et donna le jour à *Ulysse*.

§ 20. LES ORACLES

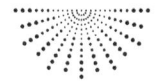

Les réponses faites aux hommes par les dieux, s'appelaient *oracles*. On donnait aussi ce nom à l'endroit où l'on recevait ces réponses, et à la divinité qu'on y interrogeait.

On consultait les oracles pour les grandes entreprises et pour de simples affaires domestiques. Fallait-il déclarer la guerre, conclure la paix, se délivrer d'un fléau, établir des lois, fonder une colonie : on avait recours aux oracles. Un particulier voulait-il faire un voyage, se marier, construire un palais, savoir s'il guérirait d'une maladie : il allait consulter une des divinités qui avaient la réputation de prédire l'avenir. *Jupiter* à Dodone et en Libye, *Apollon* à Delphes, à Claros et à Délos, *Esculape* à Épidaure, *Trophonius* en Béotie, jouissaient à cet égard de la plus grande réputation.

Chaque oracle avait une manière particulière d'annoncer la volonté du ciel. A Delphes, c'était une prêtresse, appelée *Pythie*, qui remplissait cette fonction. A Dodone, on faisait parler des *colombes* et des *chênes*. Jupiter-Ammon donnait ses oracles nettement et sans détour. Dans certains endroits on recevait en songe, pendant la nuit, la réponse du dieu. A Claros, le consultant ne posait pas de question ; il se contentait de donner son nom par écrit : la réponse résolvait la question qu'il avait en tête.

Les décisions de ces oracles étaient réputées infaillibles ; mais elles présentaient d'ordinaire un double sens ou une ambiguïté. Ainsi, quand la Pythie conseilla à Néron « *de se défier des 73 ans,* » cet empereur crut qu'il ne devait mourir qu'à cet âge avancé : il ne songea point à son lieutenant Galba, qui était âgé de 73 ans, et qui lui fit perdre le trône et la vie. Alexandre le Grand, avant son expédition d'Asie, vint à Delphes, dans un des mois où l'oracle ne donnait pas de réponses, et où la Pythie n'avait pas le droit de monter sur le trépied. Indigné de cet obstacle imprévu, il arracha la prêtresse de sa cellule ; et il l'entraînait au sanctuaire, lorsqu'elle s'avisa de s'écrier : « *Mon fils, tu es invincible !* » Alexandre ne voulut point d'autre oracle, et marcha plein de confiance à la conquête de l'Asie.

§ 21. LA PYTHIE

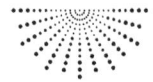

Les Grecs donnaient le nom de PYTHIE à la prêtresse qui rendait les oracles d'Apollon à Delphes ; ils appelaient *pythonisses*, toutes les devineresses et toutes les femmes qui se mêlaient de prédire l'avenir.

La Pythie était choisie parmi de jeunes filles d'une naissance obscure, mais honnête, et l'on n'exigeait d'elle aucune instruction : il suffisait qu'elle pût répéter ce que le dieu lui dictait. Elle ne prophétisait qu'une fois l'année, vers le commencement du printemps : les questions lui étaient soumises par écrit et cachetées. Avant de répondre à la foule des consultants, elle jeûnait trois jours, se baignait dans l'onde inspiratrice de Castalie, et mâchait des feuilles de laurier ; elle s'asseyait ensuite sur le trépied saint, posé au-dessus d'une cavité d'où s'exhalaient une odeur forte et une vapeur enivrante. A mesure que l'émanation divine l'enveloppait, ses cheveux se dressaient sur sa tête, son regard devenait farouche, sa bouche écumait, un tremblement violent s'emparait de tout son corps. Dans cet état de crise et de souffrance, elle se débattait contre les prêtres qui la retenaient de force sur le trépied, elle poussait des hurlements, et jetait l'effroi dans l'assemblée. Enfin, ne pouvant plus résister au dieu qui la subjuguait, elle proférait par intervalle des paroles mal articulées que les ministres recueillaient avec soin, arrangeaient à leur guise, et auxquelles ils donnaient un rhythme, une liaison et un sens qu'elles n'avaient pas en sortant de la bouche de la prêtresse. Dès que les oracles étaient prononcés, on retirait la Pythie du trépied pour la conduire dans sa demeure, où elle passait plusieurs jours à se remettre de ses fatigues. Souvent une prompte mort suivait son enthousiasme convulsif.

L'oracle parla d'abord en vers ; mais quelques malins voyageurs ayant trouvé étrange que le dieu de la poésie fît des vers dépourvus de poésie, la prêtresse parla dès lors en prose.

§ 22. LA SIBYLLE DE CUMES

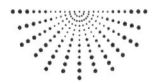

Les Sibylles étaient des vierges inspirées qui prédisaient l'avenir, et rendaient des oracles. On varie sur leur nombre, leurs noms, leur patrie, leur histoire. Quelques auteurs en comptent trois, d'autres quatre, d'autres vont jusqu'à dix.

La plus connue est sans contredit celle de *Cumes*. Apollon, qui l'aimait, lui promit d'exaucer un de ses vœux, si elle cessait d'être indifférente à son amour. *Déiphobe* (c'était son nom)[1], ramassant une poignée de sable, demanda de vivre autant d'années qu'elle avait de grains dans la main. Son souhait lui fut accordé ; mais alors elle se moqua du dieu trop crédule, et prit la fuite. Le dieu à son tour se moqua d'elle, parce qu'elle avait oublié de lui demander la jeunesse avec la longévité. Après trente ou quarante années, elle s'affaiblit ; une maigreur effrayante succéda à sa fraîcheur ; la caducité ralentit sa marche, sa voix s'éteignit, et l'existence devint pour elle un fardeau.

Énée, à son arrivée dans le Latium, alla consulter cette Sibylle, et ce fut elle qui l'introduisit aux Enfers.

Déjà très-avancée en âge, elle composa et apporta mystérieusement à Rome, sous le règne de Tarquin le Superbe, les *livres poétiques appelés Sibyllins*. Couverte d'un long voile, elle s'avança gravement et avec assurance vers le palais de Tarquin, et demanda à lui parler. Admise en sa présence, elle déroule à ses yeux neuf manuscrits, et lui dit : « *Prince, je veux recevoir 300 pièces d'or pour ces feuilles, qui contiennent les ce destinées de Rome.* » Tarquin, souriant à une proposition semblable, ne daigne pas y répondre. *Déiphobe* ne se déconcerte point ; elle jette au feu trois des manuscrits, et ajoute : « *Prince, vous ne sauriez trop payer ces six rouleaux ; ils renferment les destinées de Rome.* » A cette seconde instance, Tarquin lève les épaules, et traite cette femme d'extravagante. Déiphobe ne change pas de contenance, brûle trois des cahiers, et s'adressant encore au monarque : « *Roi des Romains, dit-elle, vous ne sauriez acquérir à un trop haut prix ce qui reste de ces oracles : je veux recevoir en échange 300 pièces d'or.* » Après un moment d'hésitation, Tarquin se ravise enfin, va consulter les grands de sa cour, compte à la vieille Sibylle la somme demandée, et

245

reçoit les précieux livres : c'était un recueil de prédictions sur les destinées de l'empire romain. On n'entreprenait rien d'important à Rome sans les consulter. Dans les temps de guerre, de sédition, de peste, de famine, on recourait aux *vers sibyllins* : c'était un oracle permanent, respecté et infaillible. A la conservation de ces livres était préposé un collège de prêtres appelés Quindécemvirs, qui seuls avaient le droit de les expliquer.

---

1. D'autres l'appellent *Hérophile* ; d'autres *Démophile* ; d'autres font de notre sibylle deux personnages distincts.

§ 23. LES MAGICIENNES

On appelle *magie* l'art de produire des effets surnaturels avec le secours des divinités infernales, ou par le moyen de paroles cabalistiques et de cérémonies mystérieuses.

Les anciens étaient persuadés que les *Magiciennes* (ou *Sorcières*) exerçaient leur empire au ciel, sur la terre et dans les enfers ; qu'elles pouvaient commander aux astres, faire descendre la lune du firmament, transporter les fruits et les moissons d'un champ dans un autre, évoquer les mânes, et converser avec les ombres.

A leur voix puissante, le jour et la nuit interrompent leurs vicissitudes ; Jupiter n'est plus obéi, et les tonnerres grondent à son insu ; la mer se calme ou se soulève en dépit de Neptune ; les monts s'aplanissent ; les fleuves remontent vers leur source, la nature entière est bouleversée.

Pour leurs opérations magiques, elles employaient des plantes vénéneuses, des œufs de chouette, le sang des crapauds, la moelle des jeunes garçons et les ossements des morts. De toutes ces matières, elles composaient des breuvages et des philtres, qui avaient la vertu d'inspirer de l'amour ou de la haine, de rajeunir ou de vieillir, de ressusciter ou d'ôter la vie. Les sorcières de *Thessalie* étaient les plus renommées de toute la Grèce : elles tenaient de Médée leurs connaissances magiques.

Némésis, Proserpine, Hécate, présidaient à la sorcellerie et aux enchantements.

§ 24. LES AUGURES

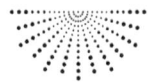

L es Romains donnaient ce nom à neuf magistrats chargés de prédire l'avenir, et qui étaient en quelque sorte les interprètes des dieux. On avait pour eux une vénération sans bornes, et on les consultait avant chaque entreprise importante, pour savoir quelle en serait l'issue.

Les réponses des AUGURES se tiraient de quatre sources principales : 1° des phénomènes célestes, tels que la foudre, les éclairs, les comètes et les éclipses ; 2° du vol et du chant des oiseaux ; 3° de la manière dont les poulets sacrés recevaient la nourriture qu'on leur présentait : s'ils ne voulaient ni sortir de leurs cages, ni manger, le présage était funeste ; s'ils dévoraient les grains, et ramassaient ceux qui échappaient de leur bec, le présage était favorable ; 4° enfin, les Augures tiraient leurs pronostics de certains événements fortuits, par exemple, de la chute d'une salière ; d'un éternuement ; d'un bruit étrange ; d'un incendie ; d'une chandelle qui s'éteignait sans cause apparente ; d'un rat qui rongeait des meubles ; de la rencontre d'un serpent, de celle d'un lièvre ou d'un renard.

Les Augures jouirent à Rome d'une considération non interrompue, jusqu'à la fin de la république. Vers cette époque, ils tombèrent en discrédit, puisqu'un citoyen éclairé disait alors : « *Je ne conçois pas comment deux Augures peuvent se regarder sans rire.* »

— Les *Aruspices*, autres ministres de la religion, étaient d'un rang très-inférieur à celui des Augures.

§ 25. JEUX PUBLICS DES GRECS

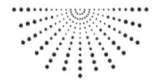

- *a) Jeux Olympiques.*
- *b) Jeux Pythiques.*
- *c) Jeux Isthmiques.*
- *d) Jeux Néméens.*

L a religion avait établi chez les Païens des JEUX PUBLICS, sorte de spectacles qu'on donnait dans un cirque, ou dans un stade, ou dans d'autres lieux destinés à cet usage. Il n'y avait point de Jeux, soit dans la Grèce, soit à Rome, qui ne fussent consacrés à quelque divinité, et on ne les commençait jamais sans avoir préalablement offert des sacrifices.

Les quatre principaux Jeux de la Grèce étaient les Olympiques, les Pythiques, les Isthmiques et les Néméens.

a) Jeux Olympiques.

Les *Jeux Olympiques*, établis en l'honneur de Jupiter, se célébraient tous les cinq ans[1], à Olympie, ville de la province d'Élide, dans le Péloponèse. C'étaient les plus anciens, les plus solennels et les plus brillants de toute la Grèce. L'origine en est fort obscure ; mais on croit communément qu'ils furent institués par Pélops, fils de Tantale. Atrée en ordonna une seconde célébration, vers l'an 1230 avant l'ère chrétienne. Hercule, au retour de l'expédition de Colchide, assembla les Argonautes à Olympie, pour y répéter ces nobles exercices, en mémoire du succès de l'expédition ; et chaque spectateur, chaque athlète, prit l'engagement de revenir à Olympie pour le même objet, après quatre ans accomplis. Les guerres intestines de la Grèce interrompirent ces convocations jusqu'au règne d'Iphitus, roi d'Élide, contemporain de Lycurgue, c'est-à-dire pendant trois siècles.

Les *Jeux Olympiques* commençaient le 22 du mois de juin, et duraient cinq jours.

Les cinq exercices d'usage étaient : 1° la Course, qui se fit d'abord à pied, puis à cheval et sur des chars ; 2° le Saut, qui consistait à franchir un fossé ou une élévation quelconque ; 3° le Disque ou Palet, qui était une pierre fort pesante qu'il fallait lancer le plus loin que Ton pouvait ; 4° la Lutte, ou combat de deux athlètes corps à corps ; 5° le Pugilat, sorte d'escrime à coups de poing. Les deux athlètes avant de combattre armaient leurs vigoureuses mains d'un *ceste*, ou gantelet de cuir garni de plomb, fondaient l'un sur l'autre, et se frappaient à coups redoublés, jusqu'à ce que l'un des deux, ou s'avouât vaincu, ou y laissât la vie[2]. Quand on voulait désigner tous ces jeux par un seul mot, on disait le *pentathle*, c'est-à-dire les cinq combats.

Des juges, pris chez les Éléens, présidaient à ces fêtes ; ils y maintenaient le bon ordre, et empêchaient qu'on n'eût recours, pour gagner les prix, à la fraude ou à la supercherie. Les vainqueurs n'obtenaient pour toute récompense qu'une couronne d'*olivier*, mais ils étaient reconduits en triomphe dans leur patrie, sur un char traîné par quatre chevaux blancs, et l'on pratiquait une brèche aux murs de leur ville pour les y'introduire avec plus de distinction. Un poète latin, Horace, va jusqu'à dire que le laurier d'Olympie élevait l'athlète victorieux au-dessus de la condition humaine : « *Ce n'était plus un homme, dit-il, c'était un dieu.* »

b) Jeux Pythiques.

Les *Jeux Pythiques* ou *Pythiens* furent institués à Delphes par Apollon lui-même, à l'occasion de sa victoire sur le serpent Python. Ces jeux qu'on célébrait tous les cinq ans, ne consistaient dans l'origine qu'en des combats de poésie et de musique : les prix s'adjugeaient au concurrent qui avait composé et chanté le plus bel hymne à la louange du dieu dont les flèches avaient abattu le reptile monstrueux. Dans la suite on y joignit les autres combats des jeux Olympiques. Le *laurier* fut la récompense des vainqueurs.

c) Jeux Isthmiques.

Les *Jeux Isthmiques* ou *Isthmiens* sont ainsi nommés de l'isthme de Corinthe où on les célébrait. Thésée les institua vers l'an 1260 avant notre ère, en l'honneur de Neptune, et ils furent continués dès lors tous les trois ans, en été, avec une splendeur extraordinaire. L'affluence des spectateurs était si grande que les notables seuls des villes grecques y pouvaient obtenir une place. On y disputait, comme aux jeux d'Olympie, les prix de la course, du saut, du disque, de la lutte et du pugilat, sans exclure les combats de poésie et de musique. Une branche de *pin* couronnait le front des athlètes victorieux.

— Selon quelques auteurs, les Jeux isthmiques furent établis par les Corinthiens en l'honneur de *Mélicerte*, fils d'Athamas, dont le cadavre avait été déposé par les flots sur le rivage de l'isthme.

d) Jeux Néméens.

L'établissement de ces Jeux remonte à la victoire d'Hercule sur le lion de Némée ; ou plutôt ils furent institués par les Argiens, à l'occasion de la fin tragique du jeune Archémore, dont voici l'histoire abrégée :

Hypsipyle, réduite en esclavage par *Lycurgue*, roi de Némée, fut donnée pour nourrice à Archémore, fils nouveau-né de ce prince. Un jour qu'elle le portait entre ses bras et cheminait paisiblement dans la campagne, les Sept Chefs argiens qui marchaient à l'expédition contre Thèbes, traversèrent la forêt de Némée, et, pressés d'une ardente soif, prièrent Hypsipyle, qui se trouvait là, de leur indiquer une source. Dans son empressement, ou son trouble, elle déposa le nourrisson à terre sur une touffe d'ache (sorte de persil), et les conduisit vers une fontaine peu éloignée. A son retour l'enfant ne vivait plus : un serpent entortillé autour de son cou l'avait étouffé. Hypsipyle fut jetée en prison par Lycurgue, et la mort allait être la punition de sa négligence ; mais les Argiens intercédèrent en sa faveur, obtinrent sa grâce, et firent au jeune Archémore de magnifiques funérailles. Dès lors, tous les trois ans, on célébra dans ce même endroit, et avec le même appareil, la commémoration de cette catastrophe. Les Argiens contribuaient seuls aux frais de ces Jeux, auxquels ils présidaient en habits de deuil. Les vainqueurs mêmes se couronnaient d'ache, plante funèbre.

---

1. Les Jeux Olympiques se célébraient chaque cinquième année, c'est-à-dire après quatre ans révolus. Il y avait donc entre chaque célébration un intervalle de quatre ans pleins, intervalle appelé *Olympiade*, et qui servit aux Grecs (dès l'année 776, ou 777 avant J.-C.), à supputer les temps.
2. On appelait *pancrace* un combat où les athlètes réunissaient les deux exercices de la lutte et du pugilat.

§ 26. MYTHOLOGIE ÉGYPTIENNE

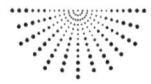

- *a) Osiris et Isis.*
- *b) Horus.*
- *c) Anubis.*
- *d) Le bœuf Apis.*
- *e) Harpocrate.*
- *f) L'ibis.*
- *g) Le phénix.*
- *h) Le lac d'Achérusie.*

Les divinités égyptiennes qui tiennent le premier rang, sont Osiris et Isis ; celles d'un ordre inférieur : Horus, Anubis, Apis et Harpocrate.

a) Osiris et Isis.

Osiris, ancien roi d'Égypte, s'appliqua à polir les mœurs sauvages de ses sujets, leur enseigna l'agriculture, et leur donna des lois sages et équitables. Quand il crut sa tâche accomplie, il confia l'administration des affaires à Isis, sa femme, et alla, accompagné de son fils *Horus*, répandre chez d'autres nations et en d'autres pays, les bienfaits de l'agriculture, des lois et de la religion. Il visita l'Éthiopie, l'Arabie, les Indes ; propagea partout des connaissances utiles, et partout se fit admirer et chérir. A son retour, il s'aperçut que son frère *Typhon* avait soulevé une partie du peuple, et s'était rendu redoutable à Isis. Naturellement pacifique, Osiris chercha à calmer l'agitation des esprits ; mais il ne put ramener son frère, ni se garantir de sa méchanceté. Typhon, homme injuste et violent, jaloux de la puissance d'Osiris, l'attira dans une embuscade, le tua, enferma dans un coffre son corps mutilé, et le jeta dans le Nil. Isis voulait avoir la consolation de rendre à son époux les honneurs de la sépulture : elle chercha son cadavre sur les bords du Nil et sur les rivages de la Méditerranée, et le trouva enfin à Byblos, en Phénicie, où les flots l'avaient poussé.

252

Les funérailles achevées, elle songea à punir Typhon, rassembla des troupes, marcha contre ce tyran, et le vainquit dans deux batailles rangées. La vaillance d'Horus contribua puissamment à cette victoire. Des services d'un autre genre signalèrent la fin du règne d'Isis. Elle perfectionna les arts, inventa les voiles des navires, et facilita de cette manière les voyages sur mer[1]. A sa mort, les Égyptiens reconnaissants la placèrent au rang des dieux sous la figure d'une *vache*, et la qualifièrent de Mère de toutes choses, et de Déesse universelle.

Osiris est le *soleil* et Isis la *lune*. — *Osiris* est ordinairement représenté comme un personnage robuste, tenant de la main gauche un bâton recourbé comme une crosse, et de la droite un fléau à battre le grain. Sa tête est surmontée d'une mitre ou bonnet pointu. Quelquefois on le figure avec une tête d'épervier, parce que cet oiseau, emblème du soleil, a une vue perçante et un vol rapide.

Isis est représentée sous toutes sortes de formes qu'il serait trop long d'énumérer : tantôt c'est une belle femme dont la tête est armée de deux cornes, entre lesquelles s'élève un globe ou une espèce de disque ; sa main gauche s'appuie sur un bâton, sa droite porte la clef du Nil ; tantôt elle a une tête de vache à la place d'une tête de femme ; tantôt elle est assise et tient un enfant sur ses genoux.

b) Horus.

Horus, fils d'Osiris et d'Isis, accompagna son père en Éthiopie et aux Indes, conduisant à sa suite neuf habiles musiciennes, à l'aide desquelles il commença la civilisation des peuples. Revenu en Égypte, il tua le géant Typhon, meurtrier d'Osiris, et périt lui-même de la main des Titans. Isis, sa mère, le ressuscita, le rendit immortel, et lui enseigna la médecine et l'art de prédire l'avenir. — On le représente sous la figure d'un jeune enfant ; et on le reconnaît au vêtement étroit qui l'emmaillote, au sceptre augural sur lequel il est assis, enfin à sa chevelure artistement nouée.

c) Anubis.

Anubis était frère d'Horus. Dans les cérémonies funèbres qui suivirent la mort d'Osiris leur père, ce fut Anubis qui embauma les restes sacrés du monarque, et les confia au cercueil : circonstance qui le fit envisager comme un des dieux de Tenter. — On représente *Anubis* sous la figure d'un homme à tête de chien (ou plutôt de chacal), vêtu d'une cuirasse et d'une cotte de mailles, tenant d'une main un caducée et de l'autre un sistre égyptien. (Le *sistre* était un instrument de musique fait de métal, à jour, et à peu près de la figure d'une raquette.)

d) Le bœuf Apis.

Osiris, comme nous l'avons dit, avait inventé l'agriculture. Quand il mourut, le peuple s'imagina que l'âme de ce roi avait passé dans le corps d'un *bœuf*, animal indispensable aux travaux du labourage. Ils adorèrent le bœuf ; ils en firent un dieu sous le nom d'Apis.

Mais ils ne reconnaissaient pas pour leur dieu et pour leur Osiris incarné, toute espèce de bœuf : *Apis* devait être noir avec une tache blanche sur le front, un croissant blanc sur le côté droit, la figure d'un aigle sur le dos, et quelques autres signes que le peuple croyait naturels, mais qui étaient l'ouvrage des prêtres. Une fois trouvé, on le nourrissait pendant quarante jours à Nilopolis, où il était servi par des femmes, qui seules avaient le droit de le voir. On le descendait ensuite sur le Nil dans un brillant navire jusqu'à Memphis : à son débarquement il était accueilli par les prêtres, et salué d'acclamations par la foule des assistants. Conduit au sanctuaire d'Osiris, il y était placé en face de deux étables ; et selon qu'il se décidait pour l'une ou pour l'autre, c'était un présage favorable ou funeste. Apis ne sortait que pour prendre l'air sur une terrasse, ou pour faire, en certaines occasions, une promenade dans la ville ; il marchait alors précédé d'enfants qui chantaient ses louanges, et d'officiers qui écartaient la presse des curieux.

Suivant les livres sacrés des Égyptiens, Apis ne devait vivre qu'un nombre déterminé d'années. Ce temps expiré, les prêtres le conduisaient sur le bord du Nil, et l'y noyaient en grande cérémonie, avec toutes les démonstrations d'un profond respect. On l'embaumait ensuite, on lui faisait de somptueuses funérailles, et tout le peuple se lamentait comme s'il eût perdu Osiris. Ce deuil continuait jusqu'à ce qu'il convînt aux prêtres de lui donner un successeur. Alors éclatait la joie ; alors on se livrait à toute espèce de réjouissances : « *Osiris, s'écriait-on, est ressuscité* ! » et les fêtes publiques se prolongeaient pendant sept jours.

— Cette fable, et quelques autres, rappellent divers traits de la mythologie grecque. Par exemple, cette alternative de deuil et de fêtes a été l'origine de la fable d'*Adonis*. La déesse Isis, représentée sous la figure d'une vache, n'est autre chose qu'*Io*. Horus est *Apollon* ; Anubis *Mercure*. L'orient civilisé par Osiris, par son fils et par les neuf musiciennes, c'est l'expédition de *Bacchus*, enseignant à planter la vigne et à faire le vin. (La civilisation de l'Égypte remonte très-haut : les Grecs allèrent puiser dans cette contrée les principes de leur théologie, de leurs arts et de leurs sciences.)

e) Harpocrate.

HARPOCRATE, dieu du silence, chez les Égyptiens, est ordinairement représenté sous la figure d'un jeune homme debout, qui a le doigt collé sur les lèvres, et dont le vêtement est une peau de loup parsemée d'yeux et d'oreilles : emblèmes qui signifient qu'on doit tout voir et tout entendre, mais parler peu. Les Romains adoptèrent cette divinité, dont ils placèrent la statue à l'entrée de leurs temples, pour marquer qu'il ne faut parler des dieux qu'avec circonspection, puisque l'homme ne les peut jamais connaître qu'imparfaitement.

f) L'ibis.

L'Égypte rendait aux *animaux* un culte particulier : les temples de ce pays étaient pleins de leurs simulacres. Logés et nourris avec soin pendant leur vie, ils étaient embaumés après leur mort, et enterrés honorablement dans les catacombes qui leur étaient destinées. Ce culte était fondé, 1° sur la persuasion où était le peuple que les dieux, poursuivis par le géant Typhon, s'étaient cachés en Égypte sous la figure de divers animaux ; 2° sur le dogme de la métempsycose, ou transmigration des âmes dans différents corps d'hommes et de bêtes ; 3° sur l'utilité qu'on retire de plusieurs de ces animaux. L'ibis, par exemple (oiseau du genre de la cigogne), était en si grande vénération chez les Égyptiens, qu'il y avait peine de mort pour quiconque tuait un *ibis*, même par mégarde. Ce respect venait des services que cet oiseau rend à l'Égypte, en y détruisant les chenilles, les sauterelles et surtout les serpents ailés, qui, aux premiers jours du printemps, sortent en grand nombre de l'Arabie, et infestent les bords du Nil. Ils adoraient aussi l'*ichneumon*, sorte de rat, qui cherche sans cesse les œufs des crocodiles pour les casser ; — le *chat*, — le *faucon*, et beaucoup d'autres animaux, tant volatiles que quadrupèdes... Vous riez, lecteurs, de cette superstition ! Mais nous-mêmes ne rendons-nous pas une sorte de culte aux *hirondelles*, à ces oiseaux si utiles et si confiants ? Ne croyons-nous pas que c'est un crime de les tuer, et que ce crime ne demeure jamais impuni ?

g) Le phénix.

Le Phénix, oiseau fabuleux, fruit de l'imagination des prêtres d'Égypte, ressemble au paon pour la grandeur ; il a une huppe ou aigrette sur la tête, les plumes du cou dorées, la queue blanche mêlée d'incarnat, et les yeux étincelants comme des étoiles.

Quand il voit sa mort approcher, il se construit un nid avec du bois résineux et des gommes aromatiques : il l'expose aux rayons du soleil, s'y couche et s'y éteint. De la moelle de ses os naît un ver, qui produit un autre *phénix*, jeune, brillant, radieux, dont le premier soin est de rendre à son père les honneurs de la sépulture. Cet oiseau-merveille n'apparaissait qu'une fois tous les cinq siècles, tantôt dans une contrée, tantôt dans une autre, mais surtout à Héliopolis, ville d'Égypte. Il fut aperçu une dernière fois, lorsque Byzance, l'an 350, prit le nom de Constantinople, et l'on en tira, pour les destinées de cette capitale, un favorable augure. — Chez les Païens, le *phénix* était le symbole de la chasteté et de la tempérance. Il est devenu chez les Chrétiens le symbole de la résurrection des corps.

h) Le lac d'Achérusie.

Non loin de Memphis, et au delà d'un petit lac nommé *Achérusie*, était le cimetière principal des Égyptiens ; on apportait sur le rivage de ce lac les cadavres de ceux qui venaient de mourir, et ils y étaient jugés selon leurs œuvres. Si le personnage défunt avait violé les lois du pays, on le jetait dans une espèce de voirie appelée *tartare* ; s'il s'était conduit en homme de bien, un batelier le transportait au delà de ce lac, dans une prairie charmante, embellie de fleurs, de ruisseaux et de bosquets, où il recevait la sépulture. Ce lieu se nommait *Élysion*, c'est-à-dire séjour du repos et de la joie. — La fable des Champs Élysées, celle du Tartare, celle des Juges de l'enfer, celle de Caron et de sa barque, doivent sans doute leur origine à cette coutume.

---

1. Les Grecs attribuent l'invention des *voiles* à Dédale, artiste athénien. (*Voyez* section III, § 23.)

§ 27. LES SEPT MERVEILLES DU MONDE

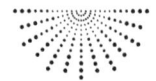

Les anciens donnèrent ce nom à sept monuments d'une grandeur et d'une magnificence prodigieuses.

C'étaient :

- le Temple de Diane, à Éphèse ;
- les Pyramides d'Égypte ;
- les Jardins de Sémiramis, à Babylone ;
- le Colosse de Rhodes ;
- la Statue de Jupiter Olympien ;
- le Tombeau du roi Mausole ;
- le Phare d'Alexandrie.

I. Temple de Diane à Éphèse.

Ce superbe édifice avait plus de quatre cents pieds de longueur sur deux cents de largeur. On admirait, dans l'enceinte intérieure, *cent vingt-sept* colonnes (hautes chacune de soixante pieds), élevées par autant de princes, qui avaient cherché à se surpasser les uns les autres dans la dépense qu'ils faisaient pour la somptuosité de l'ouvrage. Les rois de l'Asie contribuèrent tous à la construction et à l'ornement de ce temple, qui ne fut achevé qu'après deux siècles. Il était décoré de peintures, de statues et de bas-reliefs, chefs-d'œuvre des meilleurs maîtres : les portes en étaient de bois de cyprès, la charpente de bois de cèdre ; la statue de *Diane* était d'or.

On venait de fort loin visiter ce temple, et les étrangers tâchaient à l'envi d'en emporter des modèles. Un fanatique obscur, nommé Érostrate, voulant s'immortaliser par un grand crime, incendia ce monument, l'an 556 avant notre ère. Les Éphésiens le réédifièrent avec une égale beauté ; mais Néron le pilla, et les Scythes le brûlèrent, vers l'an 260 après J.-C.

II. Pyramides d'Égypte.

Ces Pyramides, la seule des merveilles du monde qui subsiste encore, furent bâties par les anciens monarques de l'Égypte pour servir de sépulture aux rois, à la famille royale et aux grands dignitaires de la nation. Ce sont d'immenses constructions granitiques, à base carrée, dont les quatre arêtes se réunissent en un sommet commun. L'intérieur est percé de souterrains qui conduisent à des chambres sépulcrales voûtées. La plus grande des pyramides, peu éloignée du Caire, s'élève à une hauteur de 450 pieds[1] : on parvient jusqu'à la cime sans trop de difficulté.

III. Jardins de Sémiramis.

Sémiramis, épouse de Ninus, roi de Babylone, agrandit cette capitale, l'embellit de palais, de temples, d'aqueducs, et surtout de jardins *suspendus*, qui excitèrent une admiration universelle. Ces jardins étaient soutenus en l'air par des colonnes de marbre, sur lesquelles reposait un plancher fait de poutres de palmier, et recouvert d'un fond considérable de terre. Dans ce sol artificiel croissaient les légumes, les fleurs, les plantes et les plus grands arbres ; l'eau y arrivait en abondance par des canaux et des machines hydrauliques. L'historien latin Quinte-Curce nous a laissé une description détaillée de ce prodige de l'art.

IV. Colosse de Rhodes.

C'était une statue de bronze, haute de soixante et dix coudées, soit 105 pieds, et dédiée à *Apollon*. Ses pieds reposaient sur deux rochers à l'entrée du port, et les navires pouvaient passer à pleines voiles entre ses jambes. Un escalier intérieur conduisait au sommet de ce monument, du haut duquel on découvrait, dit-on, les côtes de Syrie et même les vaisseaux qui croisaient dans la mer d'Égypte. Quatre-vingts ans après son érection, un tremblement de terre l'ayant renversé, les peuples voisins, désirant qu'il fût remis sur pied, envoyèrent, à cet effet, des sommes considérables ; mais les Rhodiens se partagèrent l'argent, sous prétexte que les décisions de l'oracle s'opposaient à ce qu'il fût jamais rétabli. La statue resta ainsi gisante pendant dix siècles. Mais, vers l'an 651, les Arabes conduits par Moawia, s'étant emparés de l'île de Rhodes, le colosse fut mis en pièces, et vendu à un Juif, qui en chargea neuf cents chameaux : (un *chameau* porte jusqu'à huit cents livres pesant).

V. Statue de Jupiter Olympien.

Cette statue, ouvrage de *Phidias*, athénien, était d'or et d'ivoire. Elle représentait Jupiter couronné d'olivier, assis sur un trône d'or, tenant de la main droite une Victoire et de la gauche un sceptre surmonté d'un aigle. Aux quatre coins du trône étaient sculptées quatre autres Victoires, qui semblaient se donner la main pour danser ; les Grâces et les Heures, chef-d'œuvre du même ciseau, s'inclinaient mollement sur la tête du souverain des dieux. Quand Phidias eut terminé son ouvrage, il pria Jupiter de témoigner par un signe décisif l'approbation qu'il donnait à ce travail : et aussitôt les tonnerres commencèrent à gronder, le pavé du temple fut frappé de la foudre, et aucune trace du coup ne put s'y apercevoir[2].

VI. Tombeau de Mausole.

Mausole, roi de Carie, un des plus riches et des plus puissants princes de son siècle, fut si regretté d'*Artémise II*, son épouse, qu'elle lui fit dresser dans Halicarnasse un tombeau magnifique, dont la splendeur effaçait tout ce qu'on avait vu jusqu'alors en ce genre. Il avait 400 pieds de tour, 440 de hauteur, et renfermait trente-six colonnes dans son enceinte. La pyramide qui couronnait le monument était surmontée d'un char de marbre attelé de quatre chevaux. Plusieurs sculpteurs célèbres, entre autres Timothée, Scopas et Léocharès, l'avaient enrichi de statues et de bas-reliefs. — Le nom de *mausolée* a été donné depuis à tous les monuments funèbres élevés en l'honneur d'un prince ou d'un autre personnage de distinction.

VII. Phare d'Alexandrie.

On appelle *phare*, une tour bâtie à l'entrée d'un port ou aux environs, et sur laquelle on tient des feux allumés pendant la nuit, pour guider les navires qui approchent de la côte. Le phare d'*Alexandrie,* en Égypte, construit sous le règne de Ptolémée II, se composait de plusieurs étages, qui, allant chacun en se rétrécissant, donnaient à l'ensemble une forme pyramidale : chaque étage, soutenu par des colonnes de marbre blanc, était embelli d'une galerie extérieure. L'intérieur du phare contenait quelques centaines de chambres et une multitude d'escaliers qui s'entrecroisaient avec art, et formaient une sorte de labyrinthe. Sa hauteur, s'il faut en croire les écrivains orientaux, était de mille coudées, soit quinze cents pieds : (hauteur presque fabuleuse), et la clarté du fanal pouvait être aperçue à une distance de deux cents lieues : autre exagération[3]. Un premier tremblement de terre le diminua de moitié ; un deuxième le réduisit à deux cent trente coudées, un troisième à cinquante. Il se soutenait à cette modeste élévation, lorsque, en 1303, une dernière et terrible secousse acheva sa ruine, et n'en laissa plus que d'insignifiants vestiges.

— Certains auteurs substituent d'autres Merveilles à quelques-unes de celles que j'ai rapportées. Ils retranchent la Statue de Jupiter Olympien et les Jardins de Sémiramis, qu'ils remplacent par le *Labyrinthe de Crète*[4], et par le *Palais de Cyrus* à Ecbatane, ou par le *Lac Mœris,* en Égypte : *lac* creusé près de la ville de Memphis, pour recevoir les eaux du Nil quand elles étaient trop abondantes, et les répandre au moyen d'écluses sur les plaines, dans les années où le fleuve fertilisateur ne débordait pas.

---

1. C'est la hauteur de la cathédrale de Strasbourg.
2. Ce monument était élevé dans le *temple* de Jupiter, à Olympie, et ce temple pouvait passer lui-même pour une merveille.
3. Le fanal de *Nieuwediep,* à l'extrémité septentrionale du Nord-Hollande, est formé de la réunion de 54 lampes, et se voit à une distance de huit lieues. Le phare de *Belle-Ile* (Morbihan), qui est à feux tournants, a une portée de 9 lieues (ou 5 myriamètres).
4. Le *Labyrinthe d'Égypte* surpassait de beaucoup en magnificence celui de Crète. C'était un assemblage de douze palais qui contenaient ensemble 1500 chambres éclairées et 1500 chambres souterraines taillées dans le roc ; ces chambres souterraines étaient des temples et des sépultures.

§ 28. EMBLÈMES DIVERS

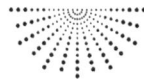

- *a) Emblèmes des animaux.*
- *b) Emblèmes des couleurs.*

a) Emblèmes des animaux.

- L'abeille est le symbole du travail ;
- l'Agneau, de la douceur ;
- l'Âne, de la stupidité ;
- le Bœuf, de la patience ;
- le Caméléon, du changement ;
- le Chat, de la liberté ;
- le Cheval, de la victoire et de l'autorité ;
- le Chien, de la fidélité ;
- la Colombe et le Pigeon, de la tendresse ;
- le Coq, de la vigilance ;
- la Fourmi, de la prévoyance ;
- le Lièvre, de la timidité ;
- le Lion, de la force ;
- le Paon, de l'orgueil ;
- le Papillon, de l'inconstance ;
- la Pie, du bavardage ;
- le Renard, de la ruse ;
- le Serpent, de la santé,
- la Tortue, de la paresse ;
- le Tigre, de la cruauté et de la fureur.

b) Emblèmes des couleurs.

- Le *bleu* marque la fidélité ;
- le *blanc*, l'innocence ;
- le *brun*, la mélancolie ;
- le *violet*, la constance ;
- le *vert*, l'espérance ;
- le *souci*, la passion ;
- le *bouton d'or*, la richesse ;
- le *lilas*, l'amitié ;
- le *rose*, l'amour ;
- *le noir*, le deuil ;
- *l'amarante*, l'indifférence ;
- le *jaune pâle*, l'infidélité.

ÉPILOGUE

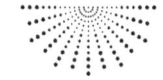

L a *Mythologie* ou la *Fable* est le nom donné à l'histoire des dieux, des demi-dieux et des héros de l'antiquité païenne. Ces fables ne sont pas toutes des mensonges ou de pures fictions ; quelques-unes reposent sur des fondements histo-riques ; plusieurs sont empruntées à l'*Ancien Testament*. Le déluge de *Deucalion* rappelle le déluge de Noé ; dans les *Géants* qui escaladent le ciel, on reconnaît les fils des hommes élevant, avec une folle audace, la tour de Babel ; la formation de l'homme par *Prométhée* est une imitation de la *Genèse* ; le sacrifice d'*Iphigénie* semble copié de l'histoire de Jephté.

L'Égypte, la Phénicie, la Chaldée, furent le berceau de la mythologie. Vers l'an 2000 avant l'ère chrétienne, Ninus, roi de Babylone, fit élever au milieu de la place publique une statue de Bélus, son père, et exigea de ses sujets qu'ils offrissent à ce vain simulacre des prières et de l'encens. Les peuples voisins, entraînés par cet exemple, déifièrent leurs princes, leurs législateurs, leurs guerriers, leurs grands hommes, ceux même qui s'étaient acquis une célébrité honteuse. On divinisa les passions et les vices. Mais c'est aux peuples de la Grèce que la mythologie doit son plus grand éclat ; ils l'embellirent d'ingénieux ornements, ils l'enrichirent de fictions riantes, ils y versèrent à pleines mains les charmes de leur imagination. A leurs yeux, tout ce qui était naturel parut trop simple ; les récits d'actions véritables furent accompagnés de circonstances extraordinaires. Dans les bergers, ils virent des Satyres et des Faunes ; dans les bergères, des Nymphes ; dans les cavaliers, des Centaures ; dans les héros, des Demi-dieux ; dans les oranges, des pommes d'or ; un vaisseau à voiles devint un dragon ailé. Un orateur avait-il captivé ses compa-triotes par les charmes de son éloquence, on prétendait qu'il avait apprivoisé les lions, et rendu sensibles les rochers. Une femme qui avait perdu son époux passait-elle le reste de sa vie dans les pleurs, on la supposait changée en fontaine. La poésie anima ainsi toute la nature, et peupla le monde d'êtres fantastiques ; et comme le dit élégamment Boileau :

Chaque vertu devient une divinité :
Minerve est la prudence, et Vénus la beauté...
Écho n'est plus un son qui dans l'air retentisse,
C'est une nymphe en pleurs qui se plaint de Narcisse.

Quoique la mythologie soit presque un tissu continuel de fables, elle ne laisse pas d'avoir une incontestable utilité. Elle nous met en état d'expliquer, en les admirant, les chefs-d'œuvre des peintres et des sculpteurs ; elle rend facile et intéressante la lecture des poètes ; elle éclaircit l'histoire des nations païennes ; elle fait connaître dans quelles ténèbres étaient plongés les Égyptiens, les Grecs, les Romains, et à quel degré d'égarement peut arriver l'homme, abandonné à ses seules et faibles lumières. Sans doute une grande partie des fables qui la composent sont invraisemblables et absurdes : des dieux boiteux, aveugles, matériels, se battant entre eux ou contre les hommes ; des dieux pauvres, exilés du ciel et obligés d'embrasser sur la terre la profession de maçon ou de berger, doivent paraître ridicules. Mais la mythologie offre çà et là des fables morales, où l'on trouve, sous le voile de l'allégorie, d'excellents préceptes et des règles de conduite. Les Furies acharnées sur Oreste, le vautour qui ronge les entrailles de Prométhée, sont des tableaux frappants du remords. L'histoire de Narcisse nous peint la sotte vanité, et l'amour exagéré de soi-même. La mort tragique d'Icare est une leçon donnée aux fils désobéissants. Phaéton est le type des orgueilleux punis. Les compagnons d'Ulysse, changés en pourceaux par les breuvages de Circé, sont l'image trop fidèle de l'abrutissement où jettent l'intempérance et la débauche.

Les sages de l'antiquité croyaient-ils à toutes ces tables de la mythologie ? Non, sans doute ; mais ils n'osaient les combattre ouvertement ; ils se contentaient d'en rire au sein de leur famille et avec leurs amis. Socrate voulut éclairer les Athéniens sur la nature du seul vrai Dieu et attaquer le polythéisme : Socrate paya de sa vie ses nobles efforts. Cicéron, chez les Romains, s'étant égayé, dans un de ses ouvrages, sur le compte des dieux, encourut le blâme de ses contemporains. Au Christianisme était réservée la gloire de détruire cet antique édifice, et de faire disparaître, devant le flambeau d'une révélation divine, ces ténèbres, cette ignorance et ces grossières superstitions.